2025

북한인권에 대한 국민인식조사

2025. 12. 5.

북한인권정보센터
DATABASE CENTER FOR NORTH KOREAN HUMAN RIGHTS

NK ㈜엔케이소셜리서치
SR NK Social Research

2025 북한인권에 대한 국민인식 조사

| 발행일 | 2025년 12월 5일
| 발행처 | (사)북한인권정보센터
| 주 소 | (03190) 서울시 종로구 삼일대로 393, 규당빌딩 4층
| 문 의 | 02)723-6045
| F A X | 02)723-6046
| E-mail | nkdbi@hanmail.net
| 제 작 | (사)북한인권정보센터(www.nkdb.org)

ISBN 979-11-90000-62-8

2025 결과 요약

2025 북한인권에 대한 국민인식 조사

북한인권에 대한 관심도

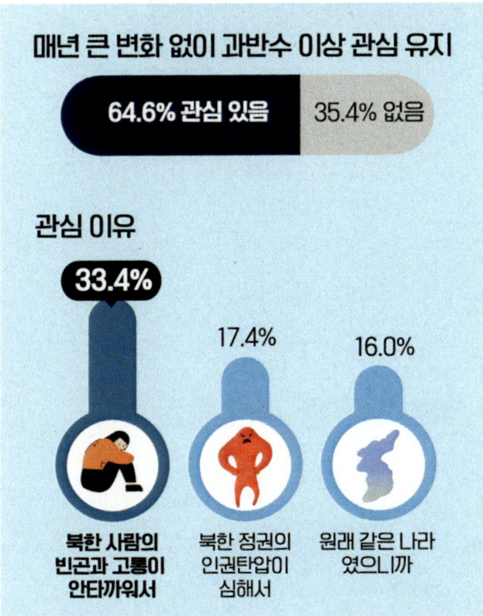

북한인권 상황 인식 및 개선 여부

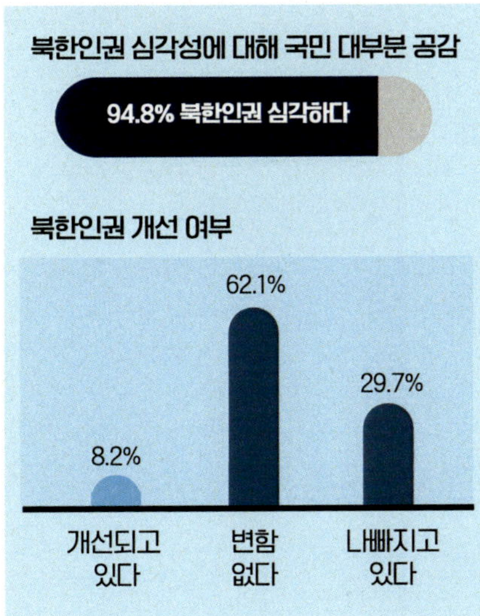

북한인권 개선 가능성

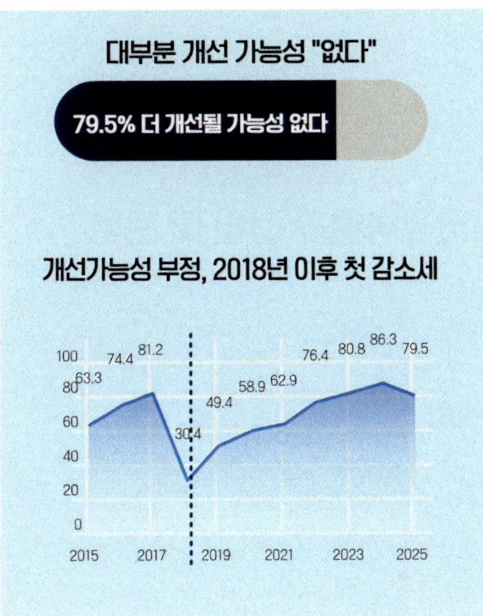

북한 난민 대규모 발생 시 대응

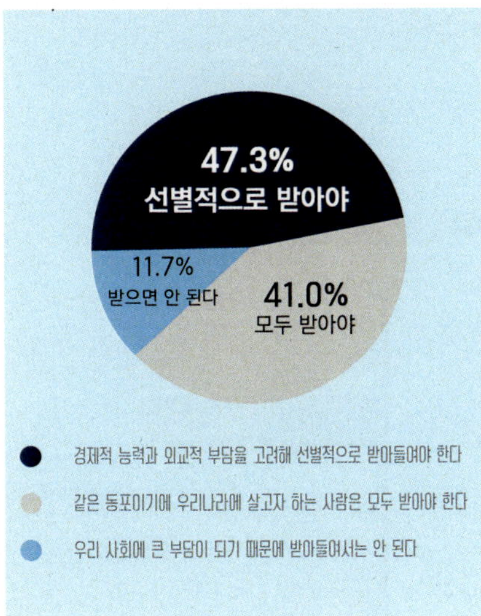

북한인권 이슈 인지도

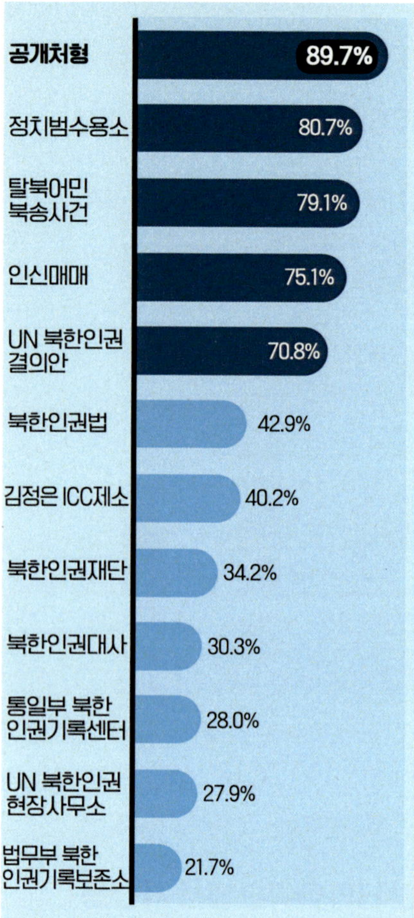

북한인권 개입 여부

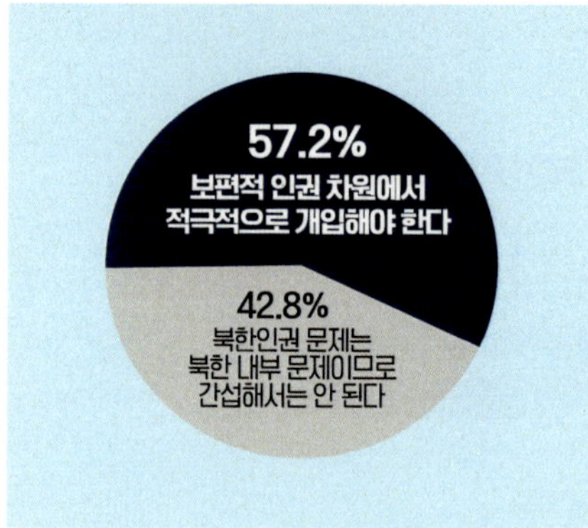

북한인권법 개선 효과

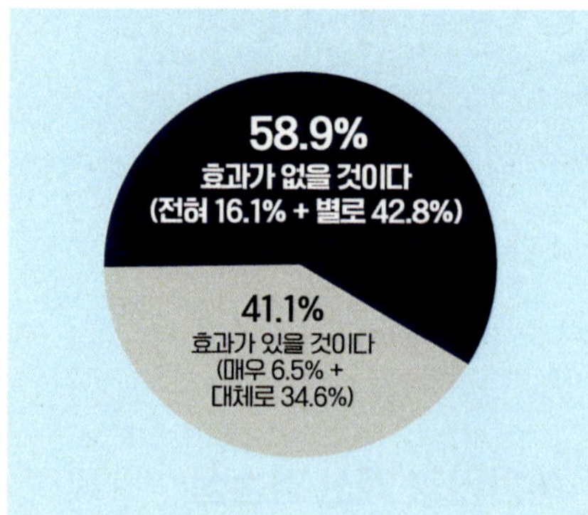

진행 주체 적절성

북한인권 피해 조사기록

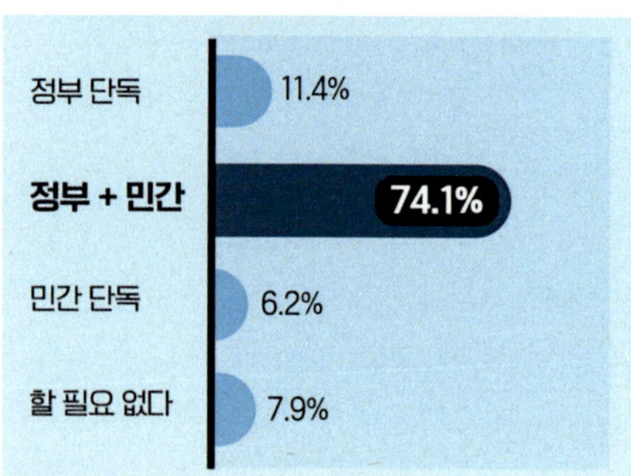

진행 주체 적절성

북한인권박물관 건립 및 운영

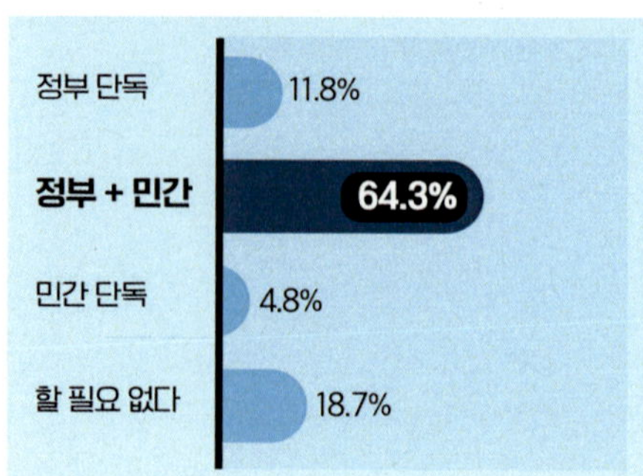

북한인권 개선 위해
우선적으로 해야 할 사항

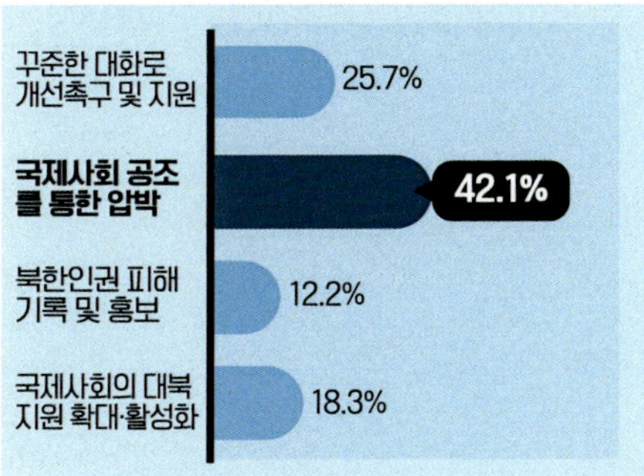

북한인권 개선 위해
북한인권 단체 가장 우선할 역할

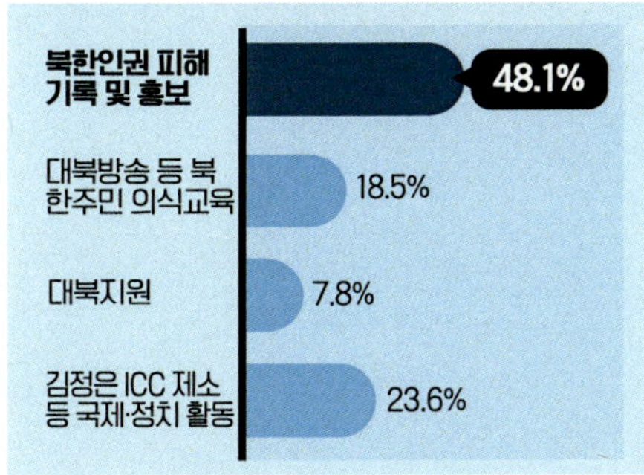

북한인권 개선 위해
가장 노력해야 할 집단

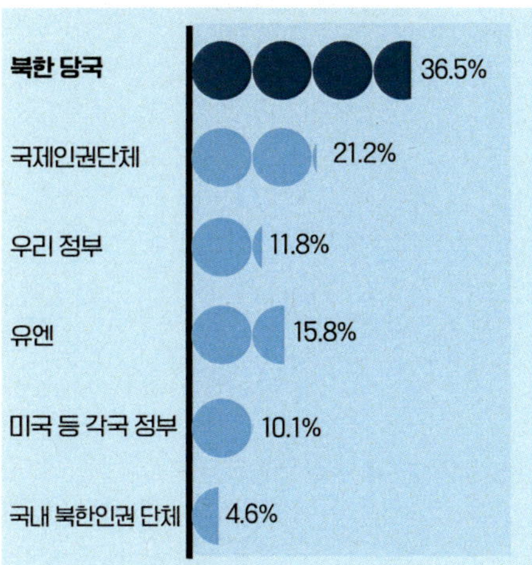

북한인권 개선 위해
북한인권 단체 활동 필요성

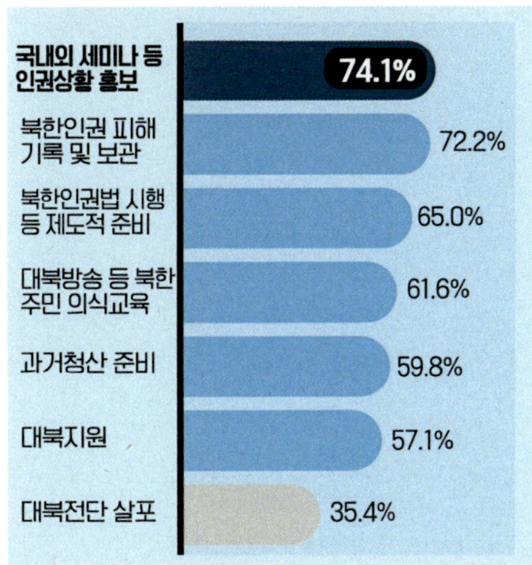

한국 정부 북한인권 문제제기

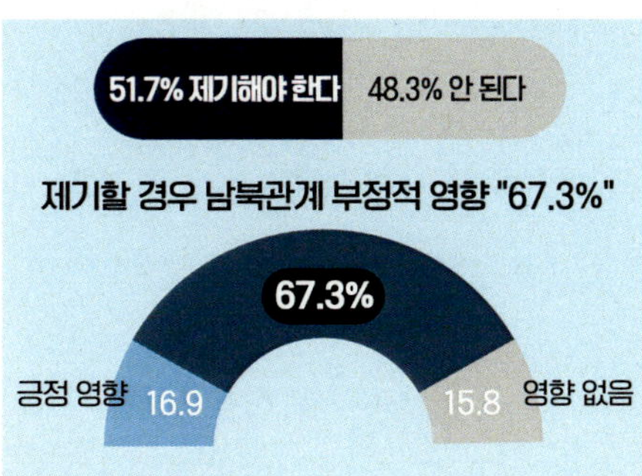

북한인권 과거청산 준비 및 가해자 처벌 필요성

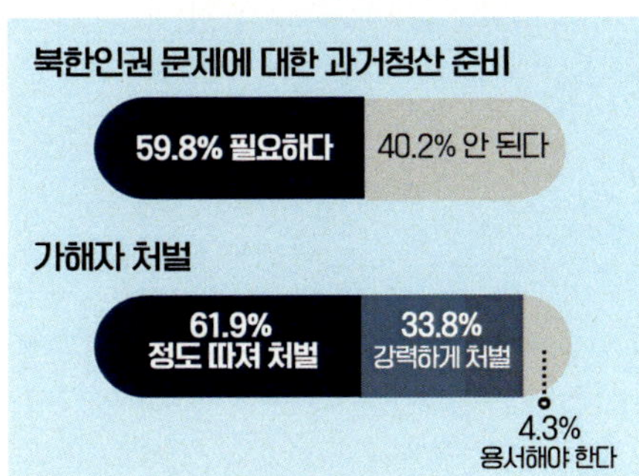

목차

목 차

표·그림 목차

표

그림

제1장. 조사 개요

1. 조사 목적 및 필요성

○ 본 조사는 UN의 북한인권결의안 정례적 통과와 UN 안보리 회부, 한국의 정권교체와 북한인권법 시행, 남북 및 미북 정상회담 개최 등 매년 변화하는 북한인권 관련 환경을 바탕으로 일반 국민의 북한인권에 대한 인식과 관심 수준을 정례적으로 파악하고자 실시되었으며 구체적인 목적과 필요성은 다음과 같음

- 일반 국민 대상 북한인권에 관한 정례적 의식조사 연구 결과 미비
- 정례(연간)적으로 북한인권에 대한 국민의식 조사를 통해 시기별 비교 가능한 정책 기초 데이터 수집
- 북한인권 정책 개발과 통일대비 정책 개발에 활용
- 북한인권 정책에 대한 정부 성과 평가 자료로 활용

○ 2025년 조사는 전국의 만 19세 이상 성인 남녀를 대상으로 온라인 조사 방법을 사용하였음

- 기존 2020년까지 진행된 조사는 전국의 만 19세 이상 성인 남녀를 대상으로 전화 조사 방법을 사용하였음
- 2021년 조사는 기존 전화 조사와 온라인 조사를 동시에 실시하여 그 결과를 비교분석한 바 유의한 차이가 없어 온라인으로 전환을 결정, 이후 온라인 조사 진행

○ 2025년 온라인 조사 방법과 설계는 다음 표와 같음

조사 개요

〈표 1〉 조사 개요

구 분	내 용
모 집 단	· 전국에 거주하는 만19세 이상 성인남녀
표 집 틀	· ConsumerInsight 패널(약80만 명)중 성, 연령, 지역 인구 구성비에 따른 할당 후 추출
표집 방법	· 성별, 연령별, 지역별 기준 비례할당추출
표본 크기	· 1,000명
표본 오차	· 무작위추출을 전제할 경우, 95% 신뢰수준에서 최대허용 표집오차는 ±3.1%p
조사 방법	· 구조화된 설문지를 통한 온라인 조사
가 중 치 부여방식	· 성별, 연령별, 지역별 가중치 부여(림가중) (2025년 7월 행정안전부 발표 주민등록 인구 기준)
조사 일시	· 2025년 9월 24일~9월 26일
조사 기관	ConsumerInsight (주)컨슈머인사이트 (대표이사 김진국)

2. 응답자 특성

〈표 2〉 응답자 특성

Base=전체	사례수 (명)	비율 (%)
▣ 전체 ▣	**1,000**	**100.0**
성별	1,000	100.0
남자	495	49.5
여자	505	50.5
연령	1,000	100.0
19-29세	133	13.3
30-39세	153	15.3
40-49세	175	17.5
50-59세	200	20.0
60세 이상	339	339
권역	1,000	100.0
서울	187	18.7
인천/경기	323	32.3
대전/세종/충청	107	10.7
광주/전라	96	9.6
대구/경북	96	9.6
부산/울산/경남	148	14.8
강원/제주	43	4.3
학력	1,000	100.0
고졸 이하	157	15.7
대재 이상	843	84.3
직업	1,000	100.0
농/임/어업	9	0.9
자영업	83	8.3
판매/영업/서비스직	61	6.1
생산/기능/노무직	77	7.7
사무/관리/전문직	540	54.0
주부	99	9.9
학생	37	3.7
무직/퇴직/기타	94	9.4

[계 속]

Base=전체	사례수 (명)	비율 (%)
▣ 전체 ▣	**1,000**	**100.0**
가구 소득	1,000	100.0
200만 원 이하	74	7.4
201-300만 원 이하	133	13.3
301-400만 원 이하	156	15.6
401-500만 원 이하	153	15.3
501만 원 이상	484	48.4
이념 성향	1,000	100.0
진보	234	23.4
중도	425	42.5
보수	341	34.1
북한인권 개선	1,000	100.0
개선되고 있다	82	8.2
변함 없다	621	62.1
나빠지고 있다	297	29.7
북한인권 개선 가능성	1,000	100.0
가능성이 있다	205	20.5
가능성이 없다	795	79.5
북한인권 관심도	1,000	100.0
관심이 있다	646	64.6
관심이 없다	354	35.4
북한인권 심각성	1,000	100.0
심각하다	948	94.8
심각하지 않다	52	5.2
북한인권 개입	1,000	100.0
간섭해서는 안 된다	428	42.8
개입해야 한다	572	57.2
인권단체 도움 여부	1,000	100.0
도움이 된다	508	50.8
도움이 안 된다	492	49.2

제2장. 조사 결과

1. 북한인권에 대한 관심도

○ 응답자의 64.6%는 평소 북한인권에 “관심이 있다”(매우 15.5%+대체로 49.1%)고 응답한 반면, 35.4%는 “관심이 없다”(전혀 6.3%+별로 29.1%)고 응답함

○ 북한인권에 대해 “관심이 있다”는 응답은 2018년을 제외하고 50%대를 유지해왔으나, 2022년 이후 조사에서부터는 약 65% 수준을 유지하고 있음. 2022년은 윤석열 정부가 들어선 시기로 정부의 북한인권 논의 확대로 인한 결과로 해석할 수 있음

○ 2023년부터 통일부는 북한 내 인권 실태를 공식적으로 조사·공개한 북한인권보고서를 발간함. 이는 일반 국민과 국제사회에 북한인권을 알리기 위해 공개된 최초의 정부 보고서로 의미를 가짐

○ 북한인권에 대한 일반 국민의 관심도는 남북 정상회담 개최나 북미 정상회담 등 새로운 이슈가 발생할 경우 관심도가 높아지기는 하지만 그 변화폭이 크지 않으며 매년 평균 50-60%대를 유지하고 있음

○ “관심이 있다”는 응답은 광주/전라에서 69.8%로 가장 높은 수치를 보였고, 그 뒤를 서울 69.0%, 강원/제주가 67.4%로 따랐으며, 대전/세종/충청이 58.9%로 가장 낮게 나타남

○ 성별로는 남성의 71.3%가 관심이 있다고 응답하였고, 여성은 58.0%가 관심이 있다고 응답하여 상대적으로 남성의 관심이 높다는 걸 확인할 수 있음

○ 연령별로는 60세 이상의 72.6%가 관심이 있다고 가장 높은 응답 수치를 보였고, 이후로 50대 62.5%, 30대 62.1%, 19-29세 60.2%, 40대 57.1% 순으로 나타나면서 40대의 관심도가 가장 낮게 나타남

〈그림 1〉 북한인권에 대한 관심도

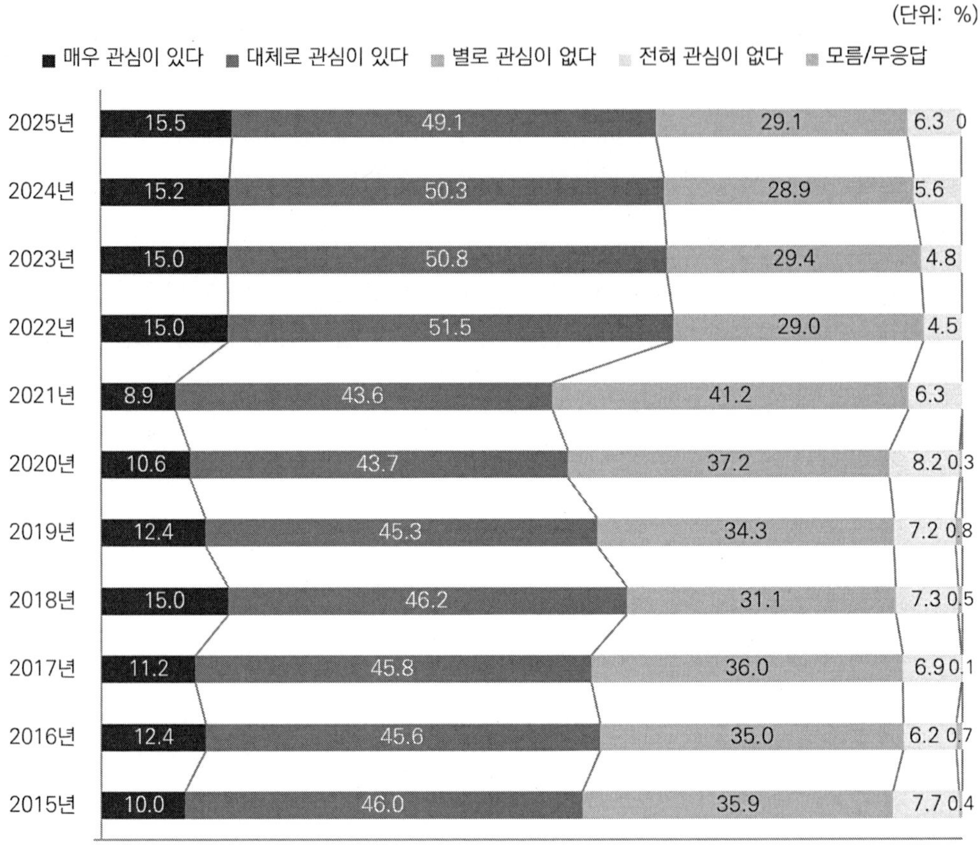

▷ "관심이 있다"는 응답은 △60세 이상(72.6%) △생산/기능/노무직(74.0%) 및 자영업(71.1%) 종사자 △진보 성향(70.9%) △북한인권 나빠지고 있다(77.1%) △북한인권 개선 가능성이 있다(72.7%) △북한인권 개입해야 한다(77.1%) △인권단체 도움이 된다(78.3%) 응답자에서 상대적으로 높음

1-1. 북한인권 관심 이유

○ 올해 북한인권에 대해 관심이 있다고 응답한 수는 64.6%이며, 그 이유에 대해 “북한 사람들의 빈곤과 고통이 안타까워서”라는 응답이 32.2%로 가장 높은 수치를 보임. 그 뒤로 “북한 정권의 인권탄압이 심해서”가 18.7%, “원래 같은 나라였으니까” 14.7%로 나타남

○ “북한 사람들의 빈곤과 고통이 안타까워서”라는 응답은 작년에 이어 가장 높은 수치였는데 이는 일반 국민이 북한의 식량난 및 열악한 인권상황에 대해 전반적으로 인식하고 있음을 알 수 있음

〈표 3〉 북한인권 관심 이유

(단위: %)

구분	2024년	2025년
원래 같은 나라였으니까	16.0	14.7
미디어(뉴스/프로그램/유튜브 등)를 통해 알게 되어서	12.1	14.1
통일이 될 것 같아서	3.7	3.9
북한 정권의 인권 탄압이 심해서	17.4	18.7
기본적인 인권에 관심이 많아서	10.2	10.2
북한에 대한 관심이 있어서	6.1	5.7
북한 사람들의 빈곤과 고통이 안타까워서	33.4	32.2
기타	1.1	0.5
계	100.0	100.0

〈그림 2〉 북한인권 관심 이유

(단위: %)

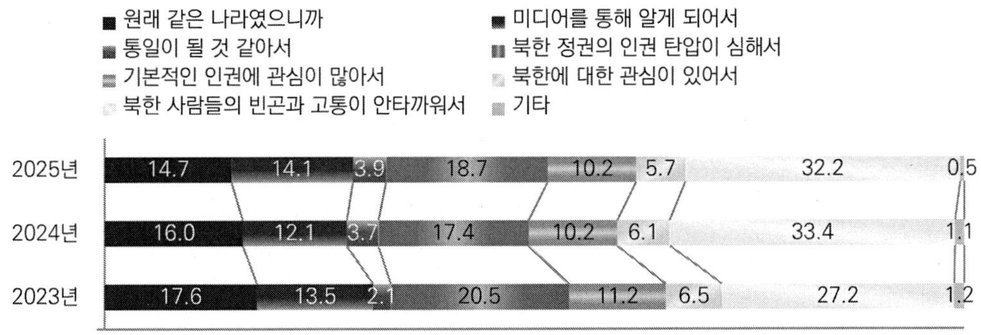

1-2. 북한인권 무관심 이유

○ 올해 북한인권에 관심이 없다고 응답한 비율은 35.4%로 그 이유에 대해 "별다른 해결책이 없어서"라는 응답이 29.4%로 가장 높은 수치를 보임. 그 뒤로 "북한에 대한 관심이 없어서"가 16.7%, "북한인권 상황에 대한 충분한 정보를 접하지 못해서" 14.1%로 나타남

○ 북한인권에 무관심한 첫 번째 이유는 별다른 해결책이 없어서(29.4%)로 지난해와 동일하게 1순위로 나타남. 다음으로 지난해 2순위 "우리나라 인권도 좋지 않아서"(13.3%), 3순위 "다른 나라라는 생각이 들어서"(12.8%)와 "충분한 정보를 접하지 못해서"(12.8%)로 나타난 반면, 올해 응답에서는 2순위 "북한에 대한 관심이 없어서"(16.7%), 3순위 "충분한 정보를 접하지 못해서"(14.1%)로 차이를 보임.

○ 북한인권에 대한 무관심을 해결하기 위해서는 북한 및 북한인권에 대한 다양한 유형의 객관적인 정보들이 충분히 제공되어야 할 필요성이 있음. 이를 바탕으로 북한인권 개선을 위한 해결책을 고민하는 과정에서 해당 문제에 대한 관심을 제고할 수 있을 것임

〈표 4〉 북한인권 무관심 이유

(단위: %)

구분	2024년	2025년
다른 나라라는 생각이 들어서	12.8	12.4
북한인권 상황에 대한 충분한 정보를 접하지 못해서	12.8	14.1
통일이 안 될 것 같아서	10.1	12.4
우리나라 인권도 좋지 않아서	13.3	9.6
인권 문제에 대한 개인적인 관심이 부족해서	4.9	4.5
북한에 대한 관심이 없어서	11.9	16.7
별다른 해결책이 없어서	33.0	29.4
기타	1.2	0.8
계	100.0	100.0

〈그림 3〉 북한인권 무관심 이유

(단위: %)

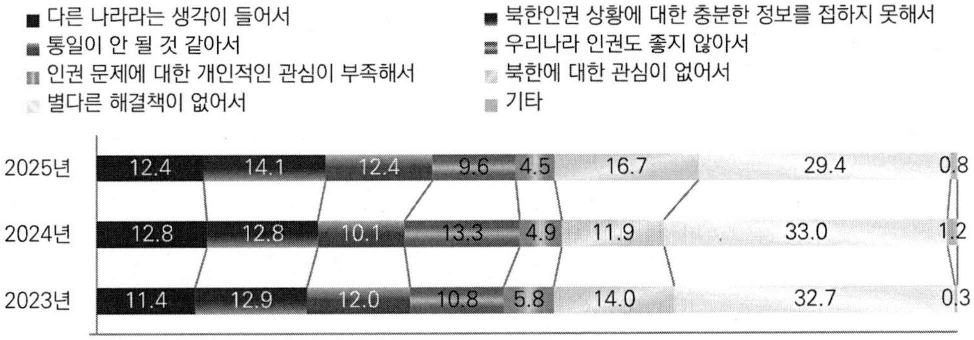

2. 북한인권 심각성에 대한 인식

○ 북한인권 상황에 대해 응답자의 94.8%는 “심각하다”(매우 54.5%+어느 정도 40.3%)고 응답한 반면, 5.2%는 “심각하지 않다”(전혀 1.0%+별로 4.2%)고 응답함

○ 북한인권 상황에 대해 “매우 심각하다”라는 응답은 54.5%로 나타남. 해당 응답은 2021년(38.8%), 2022년(55.0%), 2023년(58.9%). 2024년(64.6%)까지 지속적인 증가추세였으나 올해 조사에서는 지난해 대비 10.1%p 감소한 값을 나타냄

○ 지난 조사결과 그래프를 살펴보면, 진보정권(2017년~2021년 문재인 정권)이던 조사 시점에서는 상대적으로 북한인권 심각성 인식 비율이 낮아지고, 보수정권(2022년~2024년 윤석열 정권)에서는 북한인권 심각성 인식 비율이 높아지는 경향성을 보임

○ 이처럼 국내적으로 북한인권 이슈는 정쟁의 도구로 왜곡되었다는 비판이 제기되고 있음. 관련 국내 인권단체 및 전문가그룹은 정권에 따라 북한인권에 대한 인식과 정책이 달라지지 않도록, 보편적 인권으로서의 가치에 바탕한 지속적인 정책을 요구하고 있음

〈그림 4〉 북한인권 심각성에 대한 인식

(단위: %)

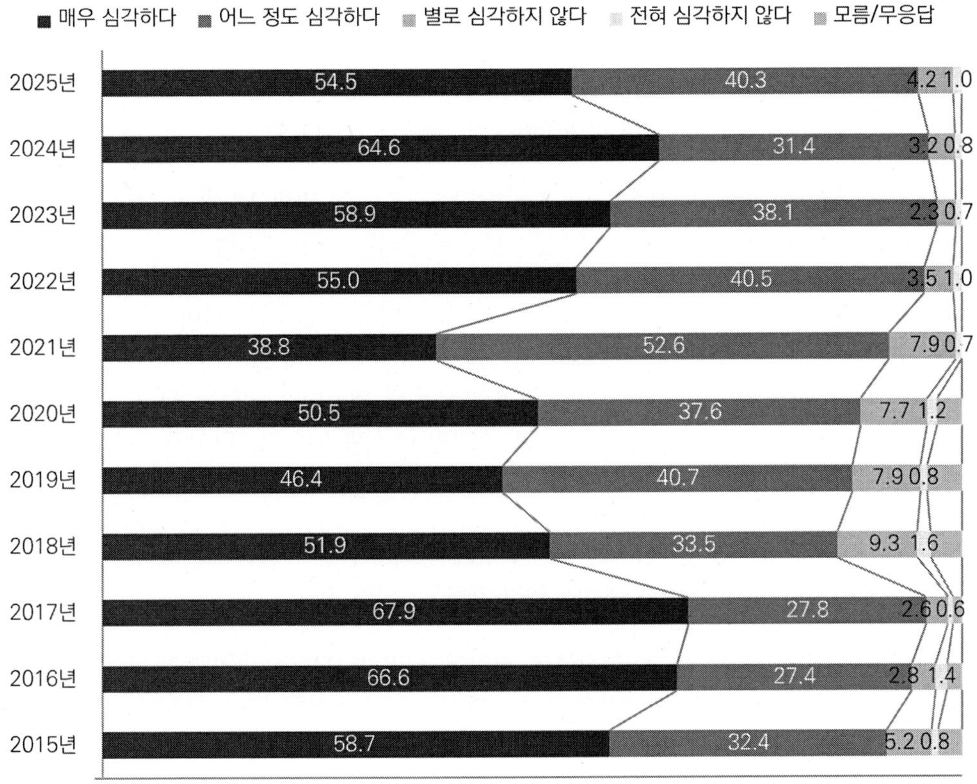

※ 모름/무응답: 2015년(2.9), 2016년(1.8), 2017년(1.1), 2018년(3.8), 2019년(4.2), 2020년(3.0)

▷ 북한인권 상황이 “심각하다”는 응답은 성별, 연령, 지역, 이념 성향에 따른 구분 없이 높게 나타남

3. 북한인권 개선 여부

○ 북한인권 개선 여부에 대해 응답자의 29.7%는 "나빠지고 있다"고 응답한 반면, 8.2%는 "개선되고 있다"고 응답함. 한편, "변함없다"는 응답은 62.1%임

○ 북한인권이 예전에 비해 "나빠지고 있다"는 응답은 지난해에 비해 12.4%p 감소했고, "변함없다"는 응답은 8.4%p 증가함. "개선되고 있다"는 응답은 4%p 증가함

○ 북한인권 개선 여부에 대한 긍정 답변은 2018년 남북 정상회담, 북미 정상회담 등 한반도 긴장 완화가 북한인권 개선으로 이어질 수 있다는 기대감으로 최고 수치(38.3%)를 보인 이후 지속적으로 감소해 왔음. 그러나 올해 개선되고 있다는 긍정 답변(8.2%) 비율은 지난해(4.2%) 대비 약 2배 가량 증가한 수치를 보이며, 다시금 북한인권 개선에 대한 기대감을 보임

○ 북한인권이 나빠지고 있다는 평가보다 현상 유지 중이거나 일부 개선되고 있다는 응답 원인은 최근 국제사회에서의 북한의 행보와 연결 지을 수 있을 것임

- 최근 북·러 조약 및 북·중·러 밀착으로 북한에 식량과 외화가 유입되고 있다는 뉴스를 접할 수 있으며, 북·미 대화 재개에 대한 기대감 역시 이러한 긍정 평가에 영향을 미쳤을 것으로 보임

〈그림 5〉 북한인권 개선 여부

(단위: %)

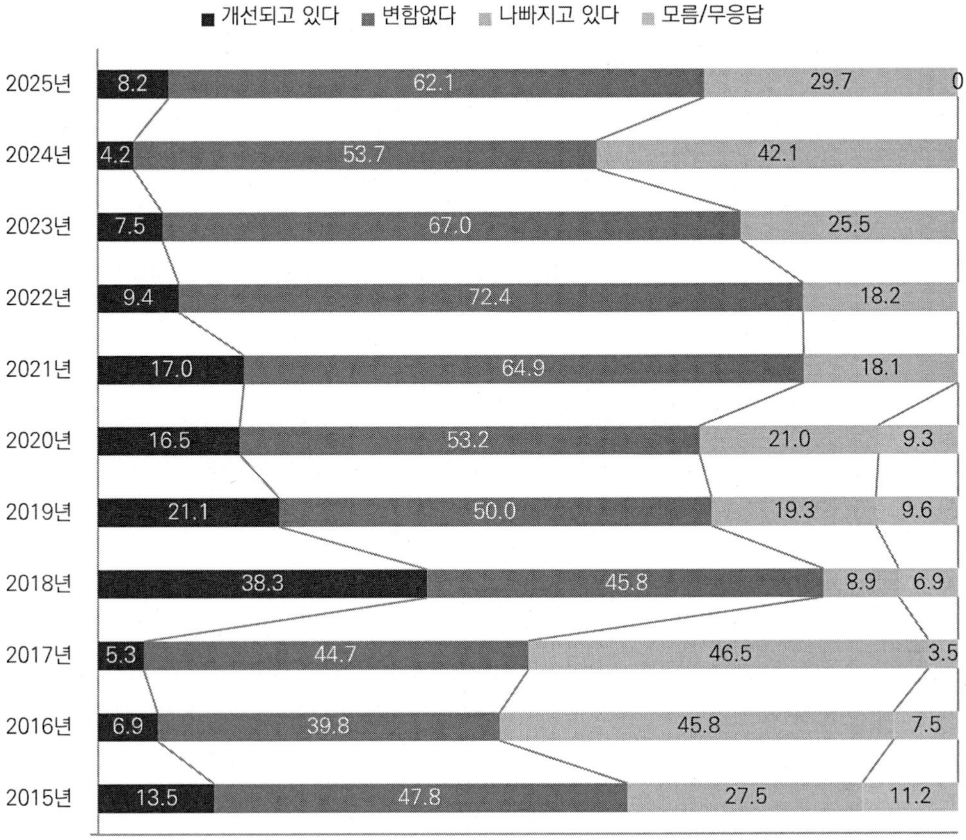

▷ "변함없다"는 응답은 △여자(65.1%) △주부(69.7%) 및 자영업 종사자(66.3%) △북한인권 개선 가능성이 없다(62.6%) △북한인권 관심이 없다(74.0%) △북한인권 심각하지 않다(65.4%) △북한인권 간섭해서는 안 된다(67.1%) △인권단체 도움이 안 된다(67.9%) 응답자에서 상대적으로 높음

4. 북한인권 개선 가능성

○ 북한인권 개선 가능성에 대해 응답자의 79.5%는 “더 개선될 가능성이 없다”고 응답한 반면, 20.5%는 “더 개선될 가능성이 있다”고 응답함

○ 북한인권이 “더 개선될 가능성이 있다”는 응답은 2018년 조사에서 65.1%로 최대치를 기록한 이후 지속적인 감소세를 보여왔으나, 2025년 조사결과 지난해보다 6.8%p 증가한 20.5%로 나타남

○ 북한인권 개선 가능성에 긍정적인 답변이 증가한 것은 앞서 살펴본 북한인권 개선 여부 응답 결과처럼, 2025년 새 정부 출범과 APEC 진행과정에서의 북미 대화 기대 등 2018년과 유사하게 막연한 기대감이 반영된 것으로 정권의 성격에 따라 결과치가 달라지는 반복적인 경향을 보임

○ 북한인권 문제의 최종 책임은 북한에 가장 큰 책임이 있으나 온전히 북한만의 문제라 할 수 없고, 현재는 국제관계 안에서 상당 부분 다루어지는 경우가 많음. 그럼에도 남·북 혹은 북·미 간 관계 개선이 그대로 인권개선으로 연결될 것이라는 인식은 경계할 필요가 있으며, 실질적 개선을 위한 적극적 관심과 노력이 뒷받침되어야 할 것임

○ 연령별로는 60세 이상에서 “가능성이 있다”는 응답 비율(16.2%)이 가장 낮게 나타났고, 50대(27.0%)가 상대적으로 높게 나타남. 또한 19-29세에서 가능성이 있다(21.1%)는 응답 비율은 지난해(9.4%) 대비 2배 이상 높게 나타남

〈그림 6〉 북한인권 개선 가능성

(단위: %)

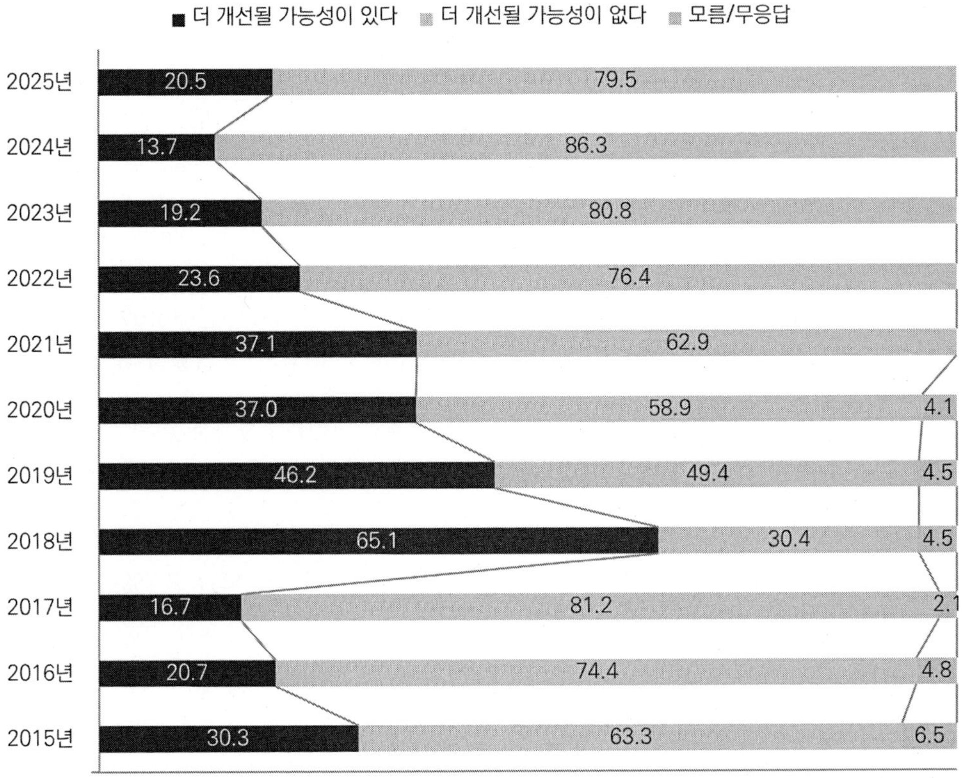

▷ "개선 가능성 있다"는 응답은 △광주/전라 거주자(22.9%) △진보(26.5%) △북한인권 개선되고 있다(84.1%) △북한인권 심각하지 않다(30.8%) △북한인권 간섭해서는 안 된다(24.5%), 인권단체 도움이 된다(26.4%) 응답자에서 상대적으로 높음

5. 북한 난민 대규모 발생 시 우리 정부가 취해야 할 대응책

○ 북한 난민이 대규모로 발생할 경우 우리 정부가 취해야 할 적절한 대응책으로 응답자의 41.0%는 "같은 동포이기 때문에 우리나라에 살고자 하는 사람은 모두 받아야 한다"고 응답한 반면, 47.3%는 "경제적 능력과 외교적 부담을 고려해 선별적으로 받아들여야 한다", 11.7%는 "우리 사회에 큰 부담이 되기 때문에 받아들여서는 안 된다"고 응답함

○ 북한 난민 대규모 발생 시 "모두 받아야 한다"는 응답은 2018년(35.6%), 2019년(34.3%)에 최저 기록을 보인 이후 2022년부터 40% 이상의 응답률을 보이고 있음

○ 2018년 조사에서 북한 난민 발생에 대한 국민 인식은 "전원수용에서 선별수용"으로 전환된 이후 지속해서 선별수용에 대한 선호가 높게 나타남

○ 2019년 "받아들여서는 안 된다"는 거부의견이 15.2%로 최고치를 찍은 이후 2020년 12.2%, 2021년 13.1%, 2022년 11.8%, 2023년 9.9%, 2024년 8.7%로 감소추세를 보였으나 이번 조사에서는 11.7%로 지난해 대비 4%p 증가한 값을 보임

○ 19-29세와 30대에서 "받아들여서는 안 된다"는 응답이 각각 16.5%, 18.3%로 다른 연령대에 비해 비교적 높게 나타났으며, "모두 받아야 한다"는 응답은 60세 이상에서 50.7%로 가장 높게 나타나 연령대별 특성을 보임

〈그림 7〉 북한 난민 대규모 발생 시 우리 정부가 취해야 할 대응책

(연령별, 2025년)

(단위: %)

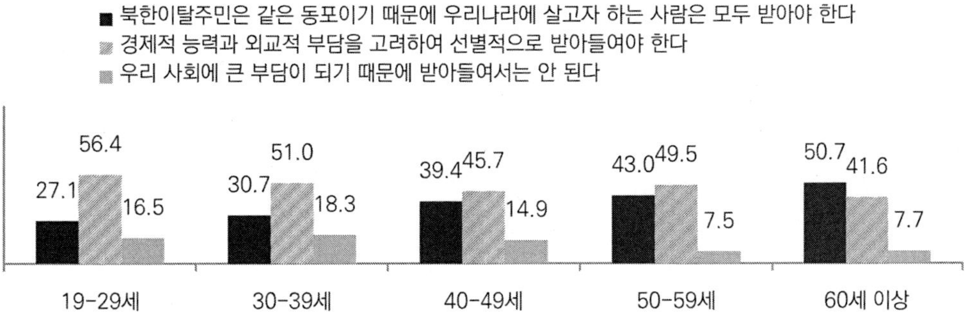

〈그림 8〉 북한 난민 대규모 발생 시 우리 정부가 취해야 할 대응책

(단위: %)

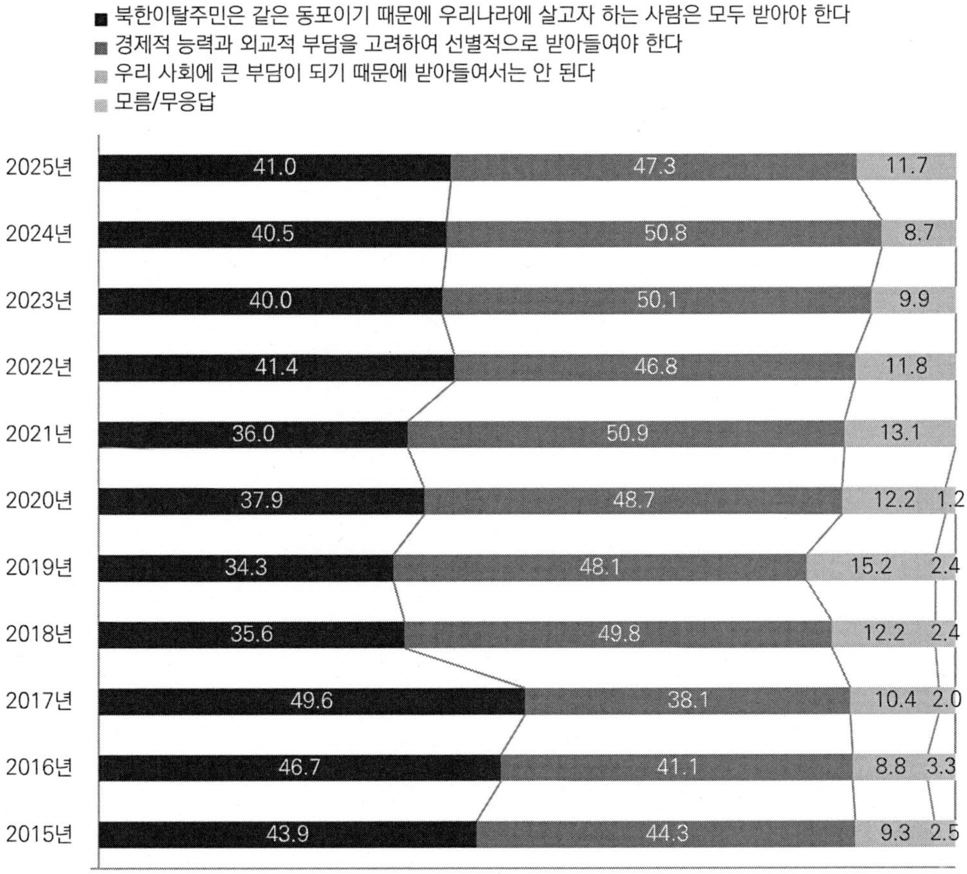

▷ "모두 받아야 한다"는 응답은 △남자(50.1%) △50대(43.0%) 60세 이상(50.7%) △판매/영업/서비스직 종사자(52.5%), 자영업 종사자(48.2%) △진보(50.4%) △북한인권 개선되고 있다(54.9%) △북한인권 가능성이 있다(47.3%) 응답자에서 상대적으로 높음

▷ "선별적으로 받아들여야 한다"는 응답은 △19-29세(56.4%) △대구/경북 거주자(50.0%) △학생(56.8%) △가구소득 301-400만 원 이하(52.6%) △북한인권 관심이 없다(52.0%) △북한인권 개입해서는 안 된다(50.9%) 응답자에서 상대적으로 높음

▷ "받아들여서는 안 된다"는 응답은 △30대(18.3%), 19-29세(16.5%) △가구소득 200만 원 이하(16.2%) △북한인권 심각하지 않다(32.7%) △북한인권 개입해서는 안 된다(19.4%) 응답자에서 상대적으로 높음

6. 북한인권 관련 이슈에 대한 인지도

○ 북한인권 관련 이슈에 대해 응답자의 89.7%가 “공개처형”에 대해 들어봤거나 알고 있다고 응답해 가장 높은 인지도를 보임

- 다음으로 “정치범수용소”(80.7%), “탈북어민 북송사건”(79.1%), “인신매매”(75.1%), “유엔 북한인권결의안”(70.8%) 순으로 나타남

- 한편, “북한인권법”(42.9%), “김정은 국제형사재판소(ICC) 제소”(40.2%), “북한인권재단”(34.2%), “북한인권대사”(30.3%), “통일부 북한인권기록센터”(28.0%), “유엔 북한인권 현장사무소 서울 설치 운영”(27.9%), “법무부 북한인권기록보존소”(21.7%)를 들어봤다는 응답은 절반 이하임

○ 2024년 조사결과와 비교하면 “법무부 북한인권기록보존소” 5%p, “북한인권대사” 4.7%p, “유엔 북한인권 현장사무소 서울 설치 운영” 3.9%p, “북한인권재단” 3.8%p, “통일부 북한인권기록센터” 2.6%p, “김정은 국제형사재판소(ICC) 제소” 0.8%p 순으로 관심도가 소폭 증가함

- 이에 반해 “인신매매” 3.5%p, “정치범수용소”, “공개처형”, “탈북어민 북송사건” 모두 3.4%p 관심도가 2024년 대비 감소함

〈표 5〉 북한인권 관련 이슈에 대한 인지도(2025년)

구분	비율(%)	순위	구분	비율(%)	순위
유엔 북한인권결의안	70.8	5	북한인권법	42.9	6
김정은 국제형사재판소 제소	40.2	7	북한인권재단	34.2	8
유엔 북한인권현장사무소 서울 설치	27.9	11	북한인권대사	30.3	9
정치범수용소	80.7	2	법무부 북한인권기록보존소	21.7	12
공개처형	89.7	1	통일부 북한인권기록센터	28.0	10
인신매매	75.1	4	탈북어민 북송사건	79.1	3

〈그림 9〉 북한인권 관련 이슈에 대한 인지도

(단위: %)

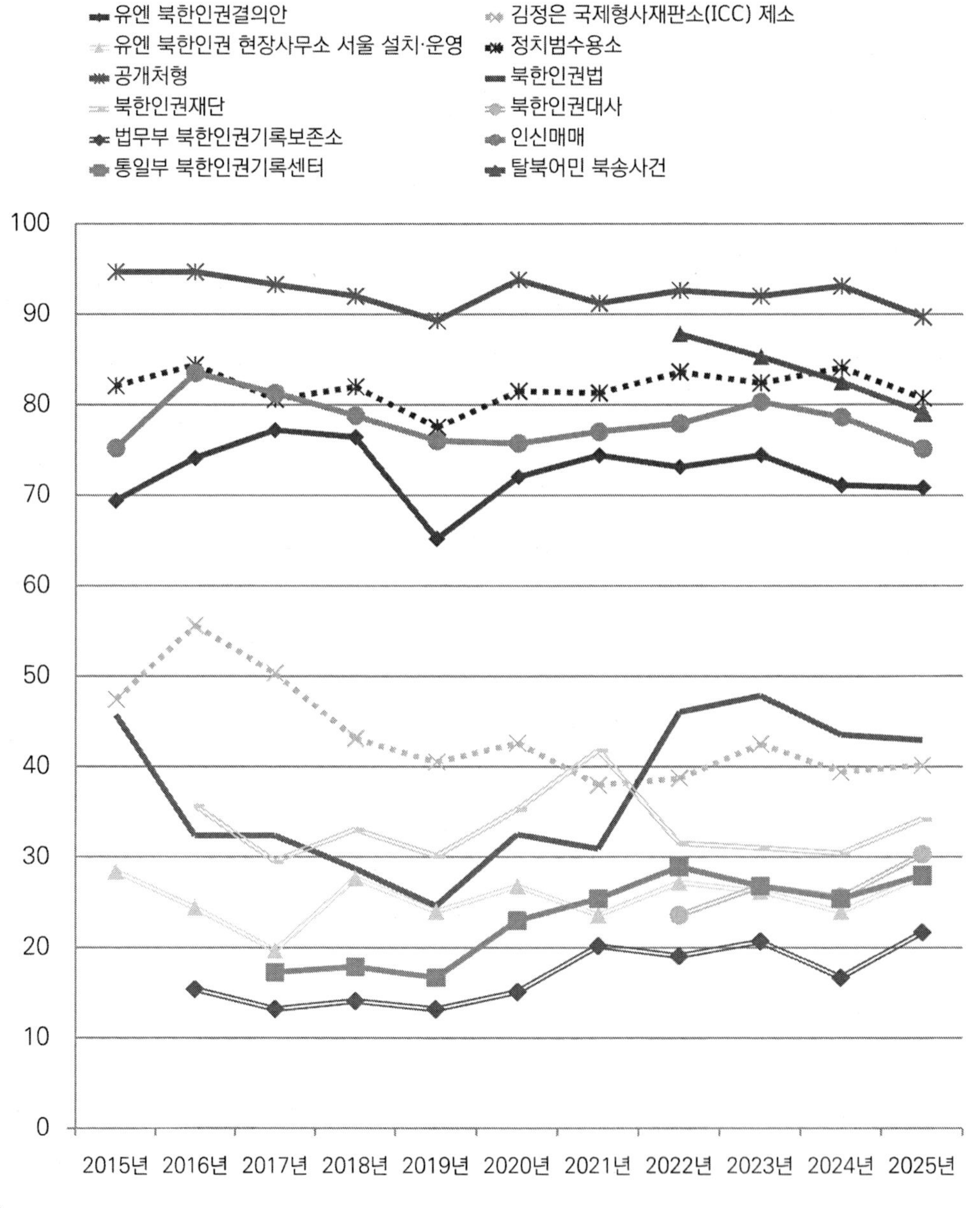

6-1. 북한인권 관련 이슈에 대한 인지도 여부 : 유엔 북한인권결의안

○ 유엔 북한인권결의안에 대해 들어봤거나 알고 있다는 응답은 70.8%로 2024년 71.1%에 비해 0.3%p 감소함

○ 유엔 북한인권결의안은 2003년 유엔인권위원회와 2005년 유엔총회 이후 매년 채택되고 있으며, 유엔총회에서는 2012년 이후 주로 표결없이 합의방식(컨센서스)으로 채택돼오고 있음

○ 우리 정부는 2008년부터 2018년까지 북한인권결의안 공동제안국으로 참여했음. 지난 2019년부터 2021년까지 공동제안국으로 참여하지 않았으나 2022년부터 공동제안국에 복귀하였고, 신 정부가 들어선 올해 유엔총회 북한인권결의안에도 공동제안국으로 참여함

- 올해 북한인권결의안에는 우리나라를 포함해 41개 나라가 공동제안국으로 참여하였으며, 북한의 심각한 인권상황에 깊은 우려를 표명함

- 또한 남북대화를 포함한 대화와 참여의 중요성을 강조하고 인도적 지원을 위한 환경조성을 촉구한다는 문구를 포함한 것으로 알려짐[1)]

○ 유엔 북한인권결의안에 대한 인지도는 19-29세 60.2%, 30대 64.7%, 40대 68.6%, 50대 74.0%, 60세 이상 77.0%로 연령대가 높을수록 더 높게 나타났음

1) 유엔 북한인권 결의안 '공동제안국' 참여··미국은 '불참'?, https://imnews.imbc.com/replay/2025/nwdesk/article/6774975_36799.html (검색일: 2025.11.14)

〈그림 10〉 북한인권 관련 이슈 인지 여부: 유엔 북한인권결의안

(단위: %)

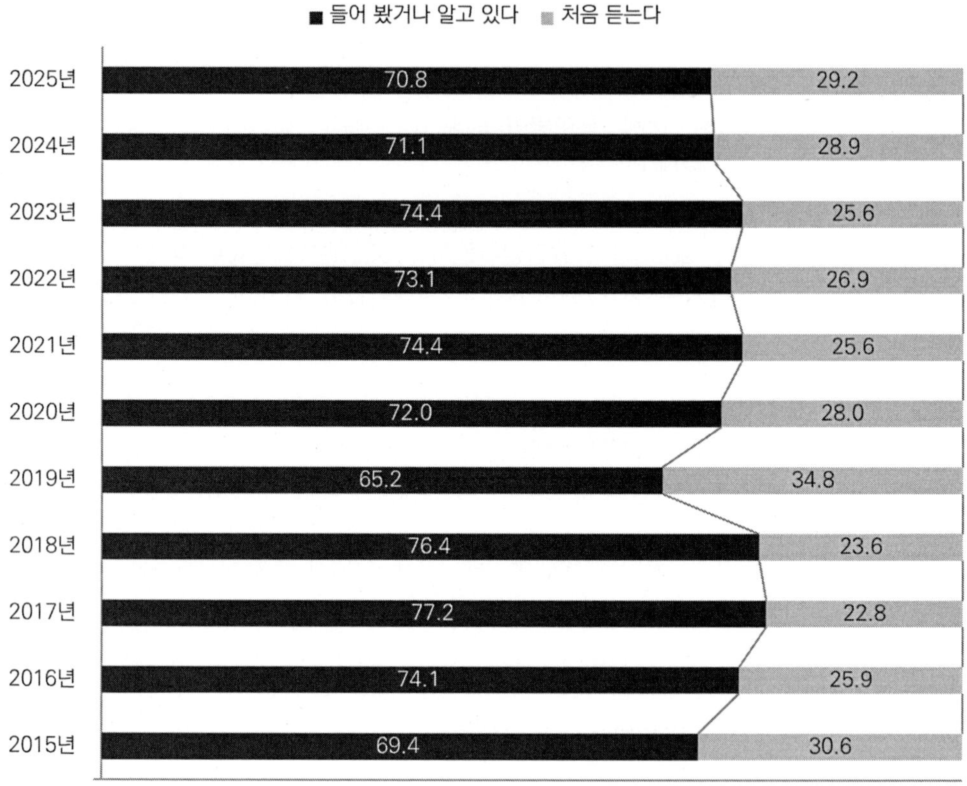

▷ "들어 봤거나 알고 있다"는 응답은 △남자(82.0%) △농/임/어업(100.0%), 자영업(79.5%), 사무/관리/전문직(72.2%) 종사자 △북한인권 나빠지고 있다(80.1%) △북한인권 관심이 있다(82.2%) △북한인권 개입해야 한다(75.3%) 응답자에서 상대적으로 높음

6-2. 북한인권 관련 이슈에 대한 인지도 여부 : 김정은 국제형사재판소(ICC) 제소

○ 김정은 국제형사재판소 제소에 대해 들어봤거나 알고 있다는 응답은 40.2%로 2024년 39.4%에 비해 0.8%p 증가함

○ 김정은에 대한 국제형사재판소 제소는 2014년 유엔 북한인권조사위원회(COI) 보고서에 명시된 이후로 매년 채택되고 있는 유엔 북한인권결의안에 포함돼 있지만, 김정은의 국제형사재판소 제소에 대한 국민의 인지도는 여전히 50%대 이하의 낮은 수준에 머무르고 있음

- 유엔총회가 북한인권 문제 최고책임자를 국제형사재판소에 넘기도록 권고하는 결의안을 채택했지만, 실질적인 제소가 이루어지지 않으면서 홍보나 알림 비중은 감소세임

- 최근 국제형사재판소는 2023년에 러시아의 우크라이나 침공에 대해 푸틴을 전쟁 범죄 혐의로 체포영장을 발부하였고, 2024년에는 이스라엘과 하마스 지도부 양측에 전쟁 범죄와 반인도적 범죄 혐의로 체포영장을 동시에 청구한 바 있음

- 관련하여 우크라이나 전쟁에 전투병을 파병한 행위에 대해 러시아 대통령과 공동정범으로 보고 우크라이나가 직접 김정은을 ICC에 제소하는 방법에 대한 의견[2]도 제시되고 있음

2) 송상현 "김정은, 푸틴과 우크라전 공동정범…ICC 회부할 적기", https://www.yna.co.kr/view/AKR20251021138600504?input=1195m (검색일: 2025.11.14.)

<그림 11> 북한인권 관련 이슈 인지 여부: 김정은 국제형사재판소(ICC) 제소

(단위: %)

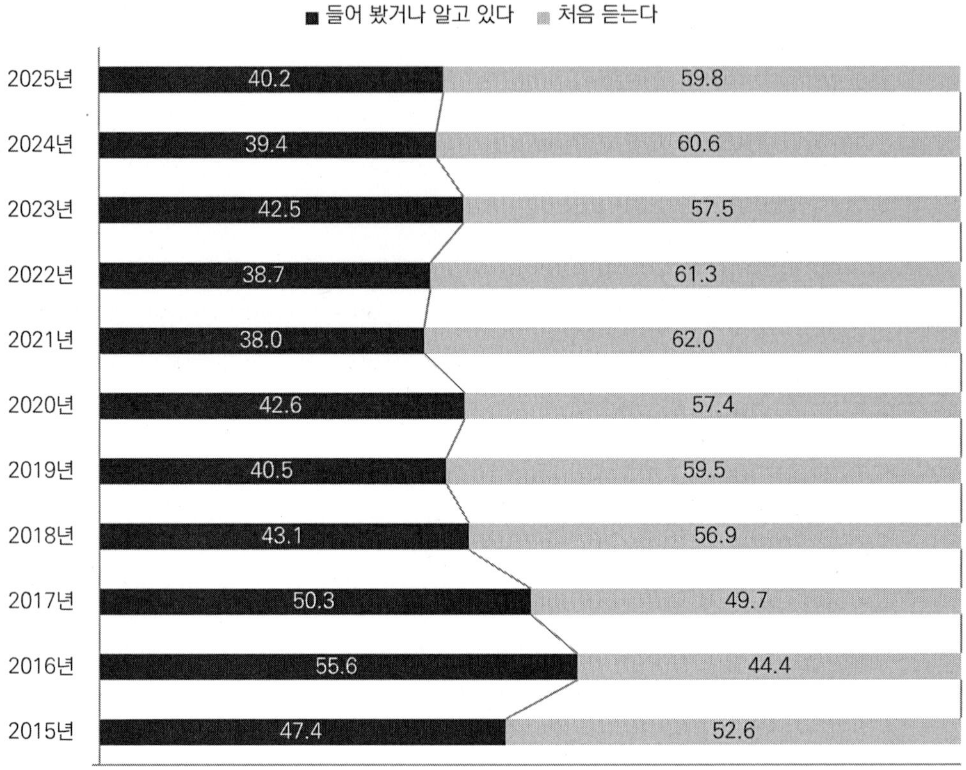

▷ "들어 봤거나 알고 있다"는 응답은 △남자(45.3%) △60세 이상(49.3%) △농/임/어업(55.6%) 및 자영업(48.2%) 종사자 △가구소득 501만 원 이상(44.0%) △보수(49.6%) △북한인권 관심이 있다(49.4%) △북한인권 개입해야 한다(45.6%) △인권단체 도움이 된다(46.1%) 응답자에서 상대적으로 높음

6-3. 북한인권 관련 이슈에 대한 인지도 여부
: 유엔 북한인권 현장사무소 서울 설치·운영

○ 유엔 북한인권 현장사무소 서울 설치 운영에 대해 들어봤거나 알고 있다는 응답은 27.9%로 지난해 24.0%보다 3.9%p 증가했으나, 여전히 국민의 인지도는 낮은 수준으로 유지되고 있음

- 지속적인 북한인권결의안 채택에도 북한인권 개선이 이루어지지 않자 유엔 인권이사회는 2013년 3월 유엔 북한인권조사위원회 설립을 결의하고 유엔인권최고대표사무소(OHCHR) 서울 사무소를 2015년 6월에 개소
- 유엔 북한인권조사위원회(COI)는 북한인권 실태를 1년간 조사 후 결과보고서를 2014년 2월 제출하였고, 결과보고서 권고에 따라 북한인권 상황을 감시하고 기록할 목적으로 2015년 6월 서울에 현장사무소가 설치·운영중임
- 2024년 유엔 북한인권 서울사무소는 COI 보고서 채택 10주년을 맞아 기존 보고서의 영향을 재평가하고 새로운 전략을 개발하기 위해 국제사회와 협력했으며, 2025년 6월에는 지난 10년간의 북한 내 인권 상황에 관한 공개세션을 개최하고, 9월에는 10년 평가 보고서를 발간함

○ 연령별로 살펴보면 19-29세에서 유엔 북한인권 현장사무소를 들어봤다는 응답 비율이 30.1%로 상대적으로 높게 나타남. 반면 50대가 25.5%로 가장 낮은 인지도를 보임

〈그림 12〉 북한인권 관련 이슈 인지 여부: 유엔 북한인권 현장사무소 서울 설치·운영

(단위: %)

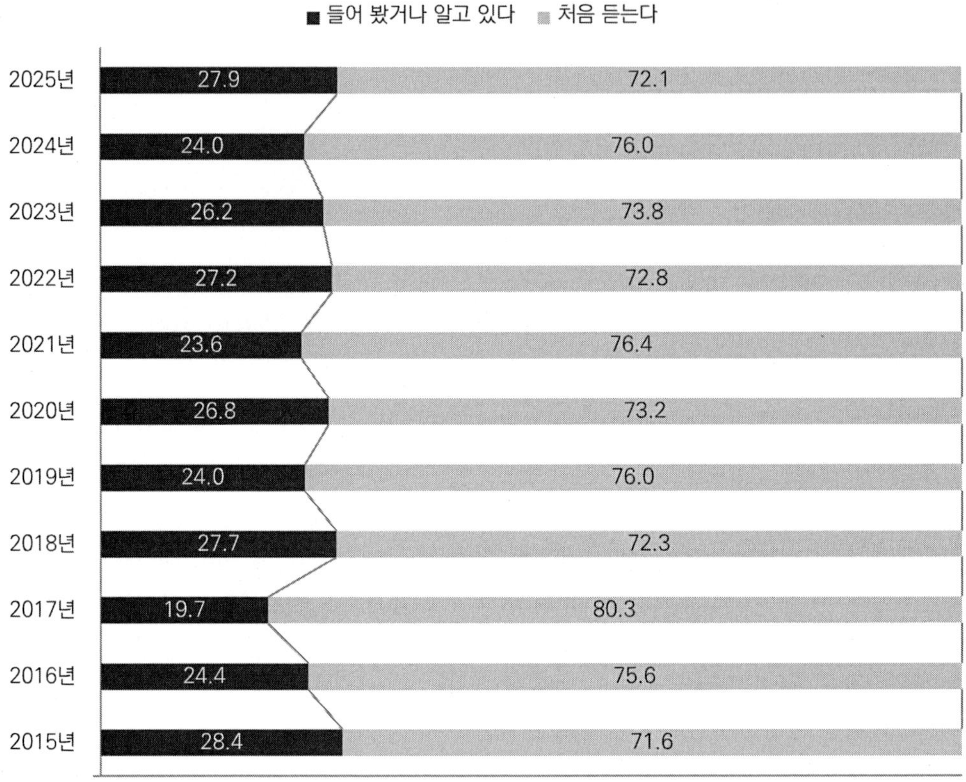

▷ "들어 봤거나 알고 있다"는 응답은 △19-29세(30.1%) △판매/영업/서비스직(36.1%) 및 학생(35.1%) △보수(32.3%) △북한인권 개선되고 있다(47.6%) △북한인권 가능성이 있다(37.6%) △북한인권 관심이 있다(36.1%) 응답자에서 상대적으로 높음

6-4. 북한인권 관련 이슈에 대한 인지도 여부 : 정치범수용소

○ 북한 정치범수용소에 대한 국민의 인지도는 2019년을 제외하고 매년 80% 이상으로 매우 높은 수준을 유지하며 북한인권 문제의 핵심적 의제로 인식돼 오고 있음

○ 2025년 조사에서 정치범수용소를 들어봤거나 알고 있다는 응답은 80.7%로 지난해 84.1%보다 3.4%p 감소한 값을 보임

〈그림 13〉 북한인권 관련 이슈 인지 여부: 정치범수용소

(단위: %)

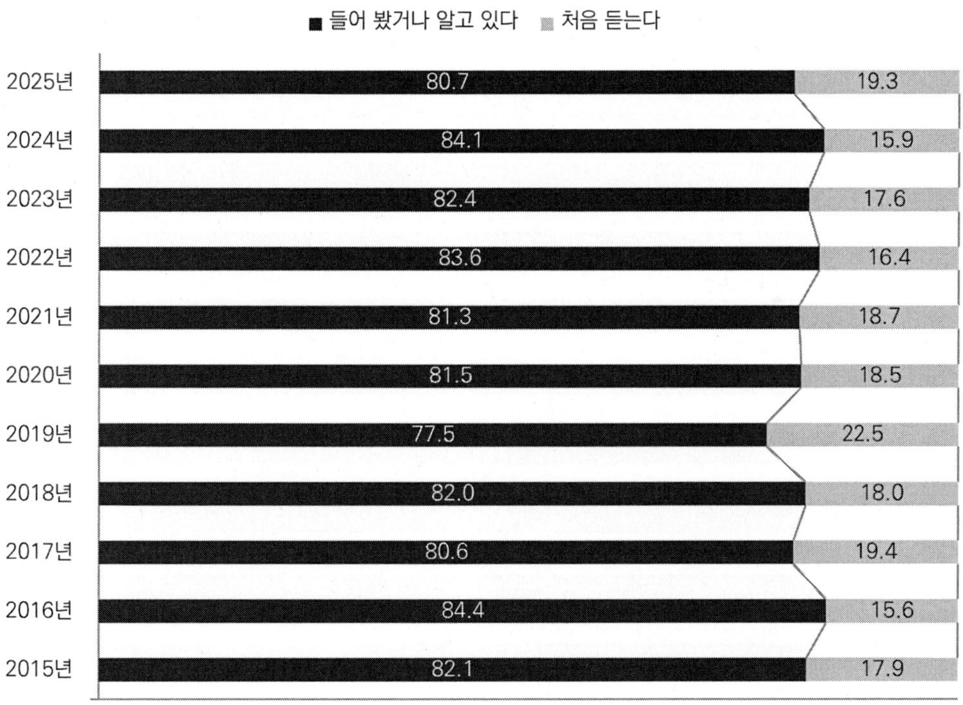

▷ "들어 봤거나 알고 있다"는 응답은 △60세 이상(89.7%), 50대(86.0%) △가구소득 501만 원 이상(86.4%) △북한인권 나빠지고 있다(87.9%) △북한인권 관심이 있다(87.5%) 응답자에서 상대적으로 높음

6-5. 북한인권 관련 이슈에 대한 인지도 여부
: 공개처형

○ 공개처형을 들어봤거나 알고 있다는 응답은 89.7%로 2024년 93.1%보다 3.4%p 감소한 값이나, 여전히 북한인권 관련 이슈 중에서 가장 높은 수준의 인지도를 보임

〈그림 14〉 북한인권 관련 이슈 인지 여부: 공개처형

(단위: %)

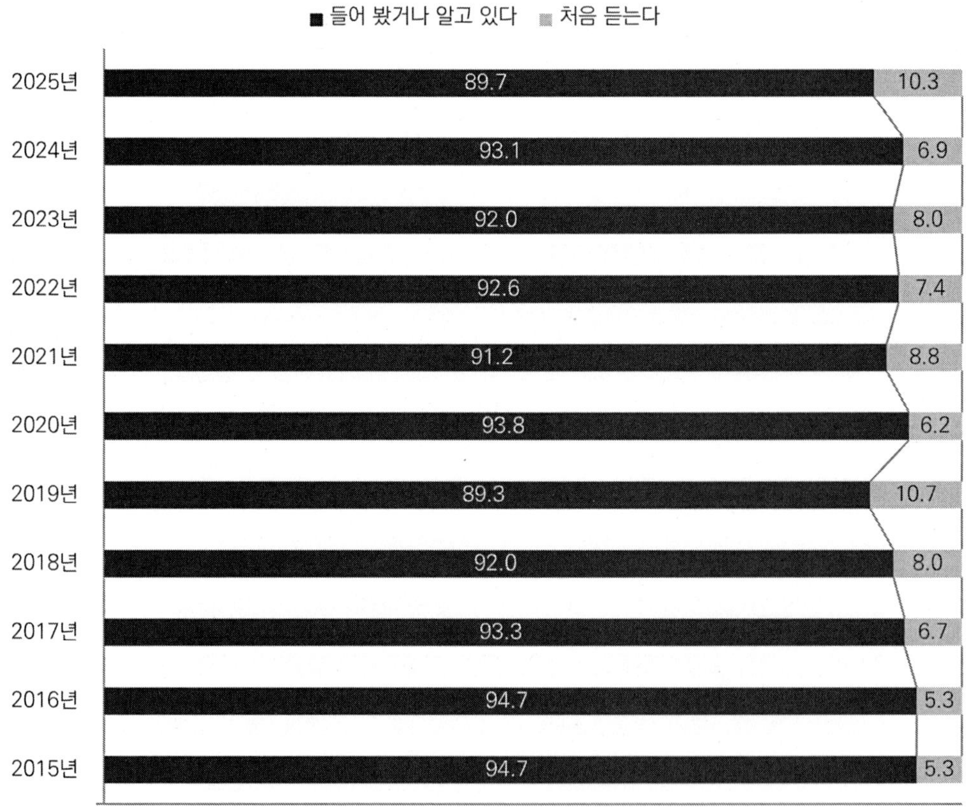

▷ 공개처형에 대해 "들어 봤거나 알고 있다"는 응답은 성별, 연령, 지역, 이념 성향을 막론하고 높게 나타남

6-6. 북한인권 관련 이슈에 대한 인지도 여부 : 인신매매

○ 인신매매를 들어봤거나 알고 있다는 응답은 75.1%로 지난해 78.6%에서 3.5%p 감소한 값을 보임

〈그림 15〉 북한인권 관련 이슈 인지 여부: 인신매매

(단위: %)

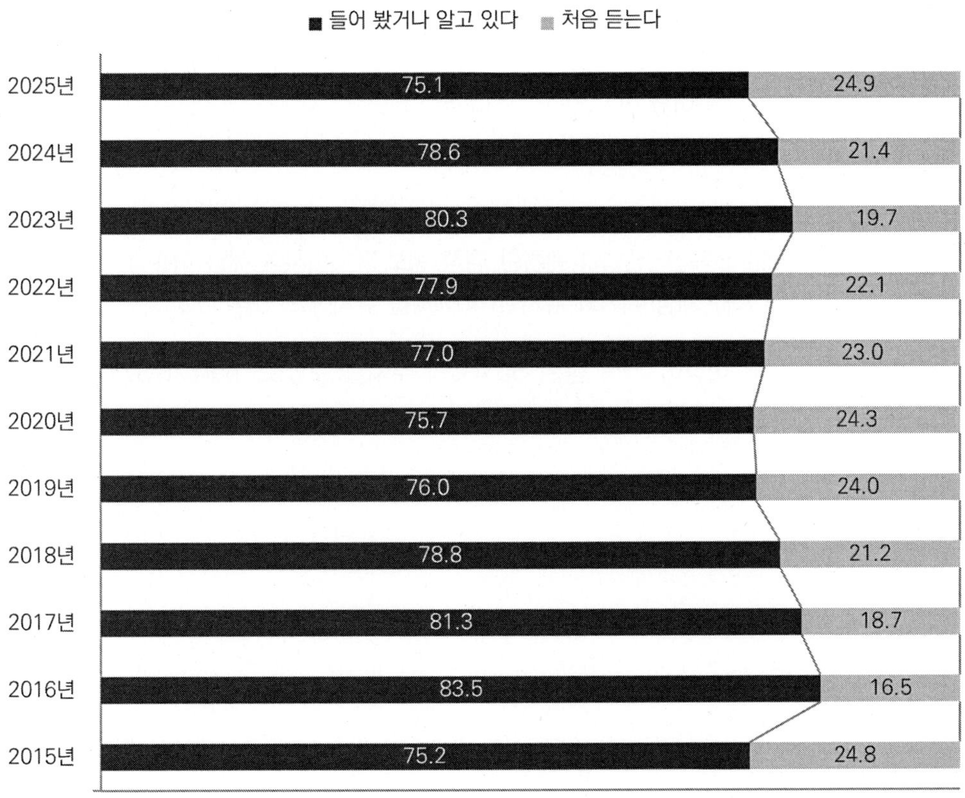

▷ 인신매매에 대해 “들어 봤거나 알고 있다”는 응답은 성별, 연령, 지역, 이념 성향을 막론하고 높게 나타남

6-7. 북한인권 관련 이슈에 대한 인지도 여부
: 북한인권법

○ 북한인권법을 들어봤거나 알고 있다는 응답은 42.9%, 처음 듣는다는 응답은 57.1%로 나타남

- 발의와 폐기를 반복했던 북한인권법은 2016년에 여야 합의에 의해 통과·시행됨
- 북한인권법에는 북한인권증진자문위원회, 북한인권재단 설립, 북한인권기록센터 등 북한 주민의 인권 보호와 증진을 위한 다양한 기구 운영과 활동이 포함되어 있음

○ 북한인권법에 대해 "들어봤거나 알고 있다"는 응답은 지난해 43.5%에서 42.9%로 0.6%p 감소한 값을 보임

○ 북한인권법에 대한 인지도는 2016년부터 20-30%대의 낮은 인지도를 유지하다가 2022년 새 정부 출범 이후부터 북한인권법과 관련한 정책 행보가 이어지며 해당 이슈에 대한 관심이 제정된 2015년(45.7%) 제정 시기와 유사한 40%대를 유지하고 있음

○ 연령별로 보면 60세 이상이 가장 높은 50.4%의 수치를 보였고, 50대가 37.0%로 가장 낮은 수치를 보였음

〈그림 16〉 북한인권 관련 이슈 인지 여부: 북한인권법

(단위: %)

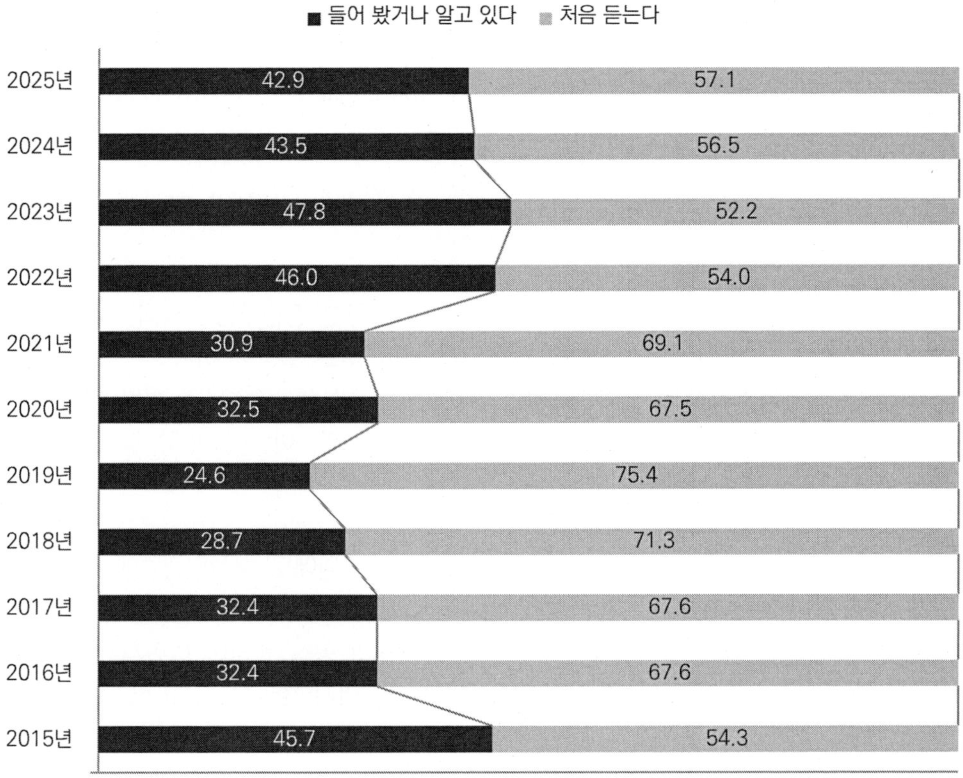

▷ "들어 봤거나 알고 있다"는 응답은 △남자(48.5%) △60세 이상(50.4%) △강원/제주(46.5%) △자영업 종사자(50.6%) △북한인권 개선 가능성이 있다(44.4%) △북한인권 관심이 있다(52.0%) 응답자에서 상대적으로 높음

6-8. 북한인권 관련 이슈에 대한 인지도 여부
: 북한인권재단

○ 북한인권재단을 들어봤거나 알고 있다는 응답은 34.2%로 2024년 30.4%보다 3.8%p 증가한 값을 보임

○ 북한인권재단은 2016년 제정된 북한인권법에 의거 설립·운영돼야 하지만 재단 이사 선임 문제 등으로 인해 여전히 출범하지 못하고 있음

- 현행 북한인권법에는 북한인권재단 이사 추천권을 통일부 장관(2명), 국회 여야 교섭단체(각 5명)에 부여했으나 추천 기한이 정해지지 않아 어느 일방이 이사 추천 명단을 제출하지 않으면 재단 출범 및 운영이 불가능한 문제가 발생함. 2024년 법원은 재단출범에 12명 이사를 모두 추천할 필요없다는 판결을 내렸지만, 여전히 여·야 갈등으로 실질적인 출범은 미지수인 상태임

○ 북한인권재단 설치와 운영은 북한인권법에 명시된 사항임에도 북한인권법에 대한 인지도가 42.9% 수치를 보이는 것과 달리 북한인권재단은 34.2%에 머물며 10%p 이상 차이를 보임. 이는 앞서 살펴본 것처럼 북한인권재단의 공식 출범이 이뤄지지 않으면서 활동성을 확보하지 못하고 있으며, 결국 낮은 수준의 인지도를 유지하고 있음

〈그림 17〉 북한인권 관련 이슈 인지 여부: 북한인권재단

(단위: %)

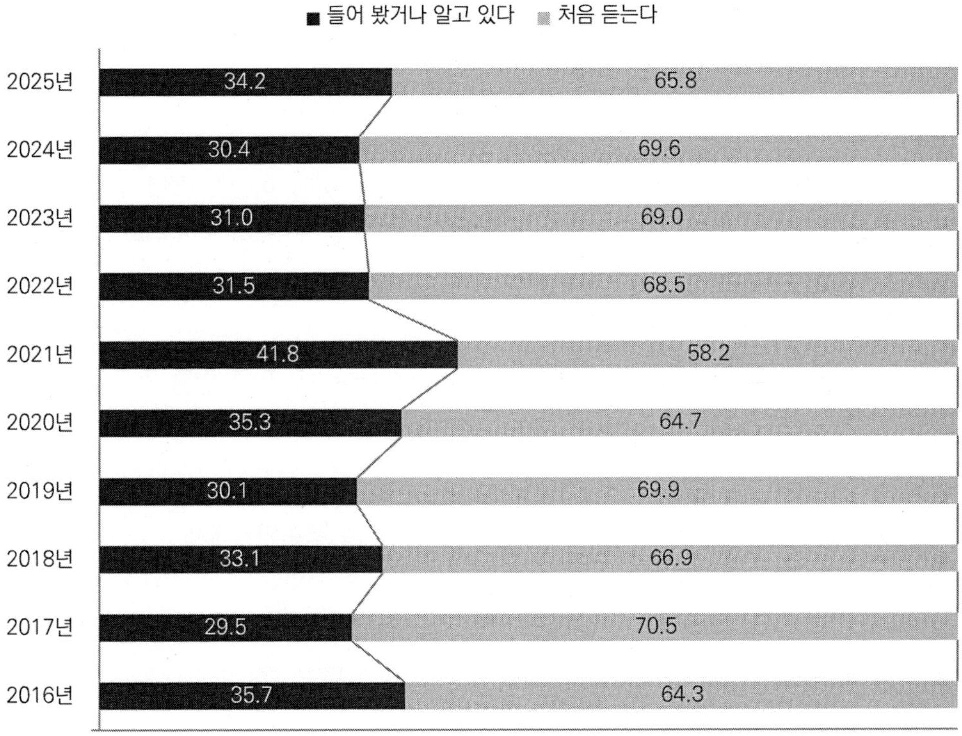

▷ "들어 봤거나 알고 있다"는 응답은 △남자(38.8%) △60세 이상(40.1%) △농/임/어업(55.6%) 종사자 △보수(42.8%) △북한인권 관심이 있다(42.9%) △북한인권 개입해야 한다(37.9%) △인권단체 도움이 된다(42.1%) 응답자에서 상대적으로 높음

6-9. 북한인권 관련 이슈에 대한 인지도 여부
: 북한인권대외직명대사

○ 북한인권법 제9조에서는 북한인권 증진을 위한 국제적 협력을 위해 북한인권대외직명대사(이하 북한인권대사)를 둘 수 있도록 규정하고 있음. 이에 이정훈 초대 북한인권대사가 임명되어 1년간 활동 후 2017년 9월부터 공석이 유지되다가 2022년 7월 이신화 교수가 2대 북한인권대사로 임명되어 활동했음

- 2대 북한인권대사가 2024년 8월 퇴임한 이후 외교부는 다수 후보군을 놓고 검토중이었으나 정권교체 이후 후임 대사 임명은 아직까지 이루어지지 않고 있음

〈그림 18〉 북한인권 관련 이슈 인지 여부: 북한인권대사

(단위: %)

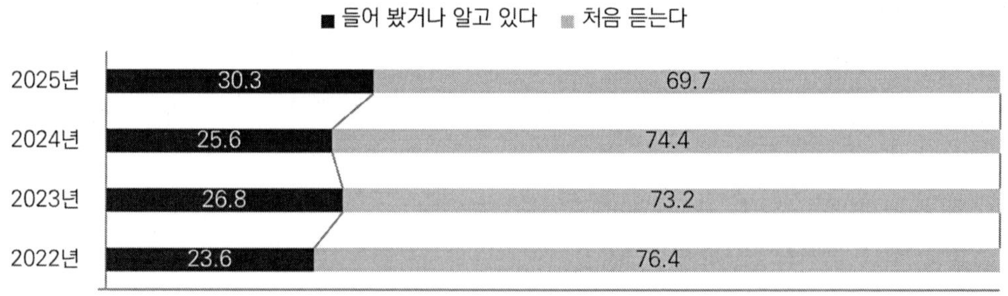

▷ "들어 봤거나 알고 있다"는 응답은 △남자(33.7%) △60세 이상(34.2%) △강원/제주 거주자(34.9%) △농/임/어업(55.6%) 종사자, 학생(37.8%) △401-500만 원 이하(34.0%) △보수(36.1%) △북한인권 관심이 있다(37.9%) △인권단체 도움이 된다(38.6%) 응답자에서 상대적으로 높음

6-10. 북한인권 관련 이슈에 대한 인지도 여부 : 법무부 북한인권기록보존소

○ 법무부 산하 북한인권기록보존소는 북한인권법이 제정되며 2016년 설치된 기구로 통일부 북한인권기록센터가 북한 내 인권 침해 실태를 조사하고 수집한 자료들을 분기마다 이관받아 보존하고 관리하는 역할을 수행함

○ 법무부 북한인권기록보존소를 들어봤거나 알고 있다는 응답은 2024년 16.7%에서 21.7%로 5.0%p 증가한 수치이나, 2016년부터 북한인권 관련 이슈 중 가장 낮은 인지도를 보이고 있음

- 법무부 북한인권기록보존소는 2016년 북한인권법 통과 이후 북한인권법에 근거해 설립·운영되고 있음. 초기 정부과천청사에 있던 북한인권기록보존소는 2018년 법무연수원 용인분원으로 이전·축소되었으나, 2023년 북한인권기록보존소 정상화 기치를 내걸며 5년 만에 정부 과천청사로 복귀함

- 법무부 북한인권기록보존소는 북한인권 침해 가해자들에 대한 증거를 보존했다가 추후 처벌 가능 시점에서 해당 자료를 활용한다는 기능적인 측면에서 현재 국민이 관심을 가지기에는 한계가 있어 가장 낮은 인지도를 유지하는 것으로 보여짐

〈그림 19〉 북한인권 관련 이슈 인지 여부: 법무부 북한인권기록보존소

(단위: %)

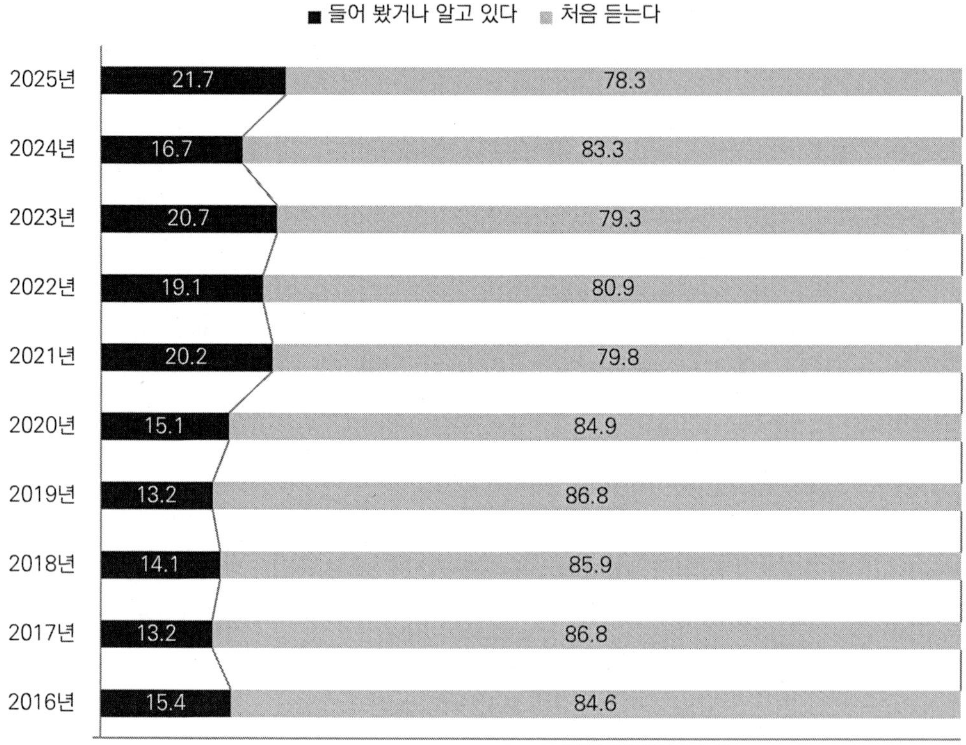

▷ "들어 봤거나 알고 있다"는 응답은 △60세 이상(24.6%) △생산/기능/노무직(28.6%) 종사자 및 주부(27.3%) △북한인권 개선되고 있다(37.8%) △북한인권 관심이 있다(28.5%) △인권단체 도움이 된다(28.9%) 응답자에서 상대적으로 높음

6-11. 북한인권 관련 이슈에 대한 인지도 여부
: 통일부 북한인권기록센터

○ 통일부 북한인권기록센터를 들어봤거나 알고 있다는 응답은 올해 28.0%로 지난해 25.4%보다 2.6%p 증가한 값이지만, 북한인권 관련 이슈에서는 여전히 낮은 인지도를 보임

- 통일부 북한인권기록센터는 2016년 북한인권법 통과 이후 북한인권법 제13조에 근거해 설립, 운영되고 있음
- 통일부 북한인권기록센터의 인지도는 초기 10%대를 유지해 오다가 2020년 이후 20%대의 인지도를 보임

〈그림 20〉 북한인권 관련 이슈 인지 여부: 통일부 북한인권기록센터

(단위: %)

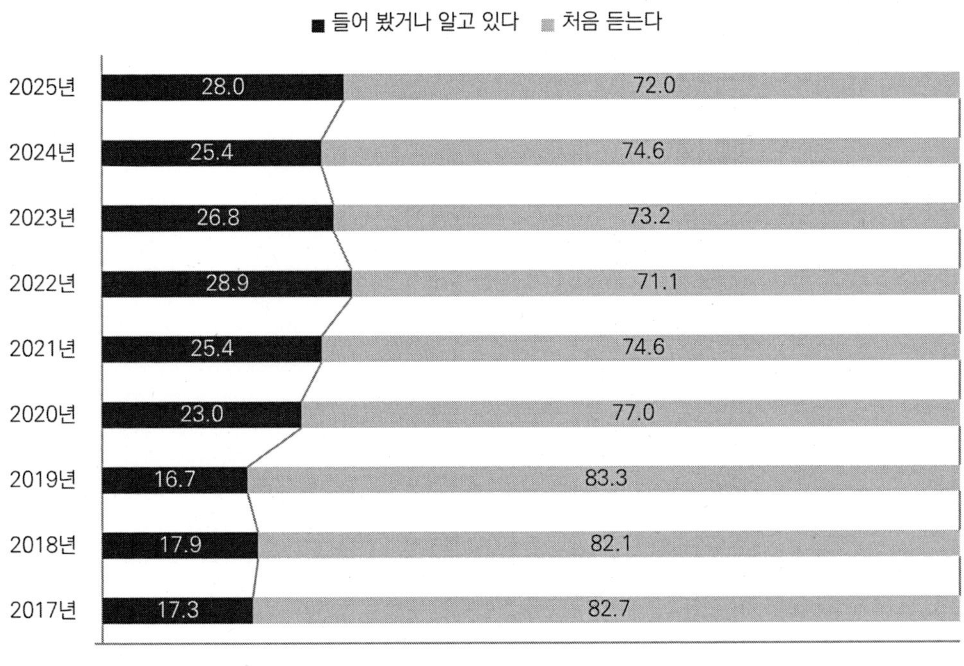

▷ "들어 봤거나 알고 있다"는 응답은 △60세 이상(34.3%) △농/임/어업(40.0%), 자영업(32.5%) 및 판매/영업/서비스직(35.1%) 종사자 △보수(31.6%) △북한인권 관심이 있다(32.7%) △ 인권단체 도움이 된다(30.8%) 응답자에서 상대적으로 높음

6-12. 북한인권 관련 이슈에 대한 인지도 여부 : 탈북어민 북송사건

○ 탈북어민 북송사건은 2019년 해경에 나포된 후 선상 살인 후 남측으로 도주한 것으로 알려진 탈북 남성 선원 2명을 정부가 판문점을 통해 본인들 의사에 반하여 강제 북송한 사건임

- 탈북 남성 선원 2명은 2일간 조사 과정을 거친 후 정부의 귀순 의사의 진정성이 없다는 판단 아래 북송당함
- 2019년 강제북송 당시 북한인권정보센터(NKDB)는 해당 사건에 대한 검토와 재발 방지를 위한 국회 세미나 등을 진행하고, 이후 2021년 정부로 인한 북한인권 침해에 대응하기 위한 인권침해지원센터를 공식 설립함
- 2022년 국정원의 관계자 고발, NKDB 인권침해지원센터의 관계자 고발 이후 2023년 첫 공판이 시작된 후 2025년 2월 1심은 선고유예 판결을 내렸고, 이에 검사와 피고인 모두 판결에 불복해 항소함

○ 탈북어민 북송사건에 대해 들어보거나 알고 있는지를 질문한 결과 응답자의 79.1%가 알고 있다고 응답하였으며, 지난해 82.5%에서 3.4%p 감소한 결과값을 보임

- 19-29세와 30대 인지도는 각각 59.4%, 56.2%로 다른 연령대에 비해 낮게 나타남

○ 또한, 탈북어민 북송이 적절하였는지에 대해 질문한 결과 "적절했다"는 응답은 33.2%(매우 7.3%+대체로 25.9%), "적절하지 않았다"는 응답은 53.5%(별로 27.9%+전혀 25.5%)로 과반수 이상은 북송이 적절하지 않다고 인식함

- "모름, 무응답"은 13.3%로 나타남

- 진보 성향 응답자 중 "적절했다" 53.0%, "적절하지 않았다" 35.7%로, 중도 성향 응답자는 "적절했다" 33.7%, "적절하지 않았다" 47.7%로 나타남. 보수 성향 응답자의 19.5%는 "적절했다", 72.2%는 "적절하지 않았다"고 응답함

〈그림 21〉 북한인권 관련 이슈 인지 여부: 탈북어민 북송사건

(단위: %)

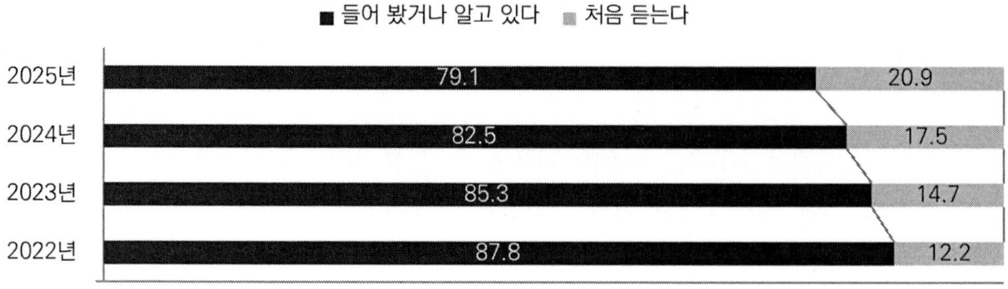

▷ 성별, 연령, 지역, 이념 성향의 구분 없이 탈북어민 북송사건을 "들어 봤거나 알고 있다"는 응답 비율이 타 항목 대비 높으며, 특히 △60대 이상(95.0%) △강원/제주 거주자(90.7%) 응답자에서는 90%를 상회함

〈그림 22〉 탈북어민 북송사건 적절성

(단위: %)

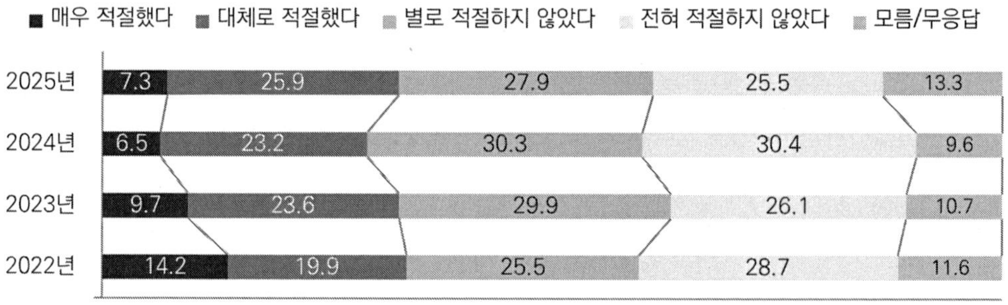

▷ "적절했다"는 응답은 △50대(45.7%) △광주/전라(43.2%) 거주자 △농/임/어업(40.0%) 종사자 △진보(53.0%) △가구소득 401-500만 원 이하(41.3%) △북한인권 개선되고 있다(63.3%) △북한인권 개선 가능성이 있다(52.2%) △북한인권 간섭해서는 안 된다(43.5%) 응답자에서 상대적으로 높음

▷ "적절하지 않았다"는 응답은 △60대(63.4%) △생산/기능/노무직(63.3%) 종사자 △보수(72.2%) △북한인권 나빠지고 있다(64.6%) △북한인권 개입해야 한다(64.0%) 응답자에서 상대적으로 높음

7. 법무부 북한인권기록보존소 운영성과 만족도

○ 법무부 북한인권기록보존소를 들어봤거나 알고 있다고 응답한 대상에게 북한인권기록보존소의 운영에 대한 만족여부를 조사한 결과 50.7%는 "만족하지 않는다"(전혀 12.0%+별로 38.7%)고 응답했고, "만족한다"는 응답은 36.9%(매우 5.5%+대체로 31.3%)로 응답함

- 2024년과 비교하면 만족한다는 응답은 34.7%에서 36.9%로 2.2%p 증가하였고, 만족하지 않는다는 응답은 50.9%에서 50.7%로 0.2%p 감소함

○ 북한인권법에 근거하여 설립된 법무부 북한인권기록보존소는 통일부 북한인권기록센터가 북한 내 인권침해 실태를 조사하고 수집한 자료들을 분기마다 이관받아 보존하고 관리하는 역할을 수행해오고 있음

○ 2017년 1월부터 올해 7월까지 통일부 북한인권기록센터로부터 이관받은 2,550건 자료를 근거로 작성된 인명카드는 총 4,443장(가해자 1990, 피해자 850, 참고인 1603)[3]인 것으로 알려짐

- 민간단체인 북한인권정보센터(NKDB) 부설 북한인권기록보존소는 2007년 설립 이래 현재까지 동일 명칭으로 운영되고 있으며, 약 14만 건에 달하는 북한인권 사건 정보와 인물 정보를 자체 개발한 「NKDB 통합인권DB」에 축적해 매년 「북한인권백서」와 「북한종교자유백서」 등을 발간해오고 있음

3) 조국혁신당 김준형의원실 자료

〈그림 23〉 법무부 북한인권기록보존소 운영 성과 만족도

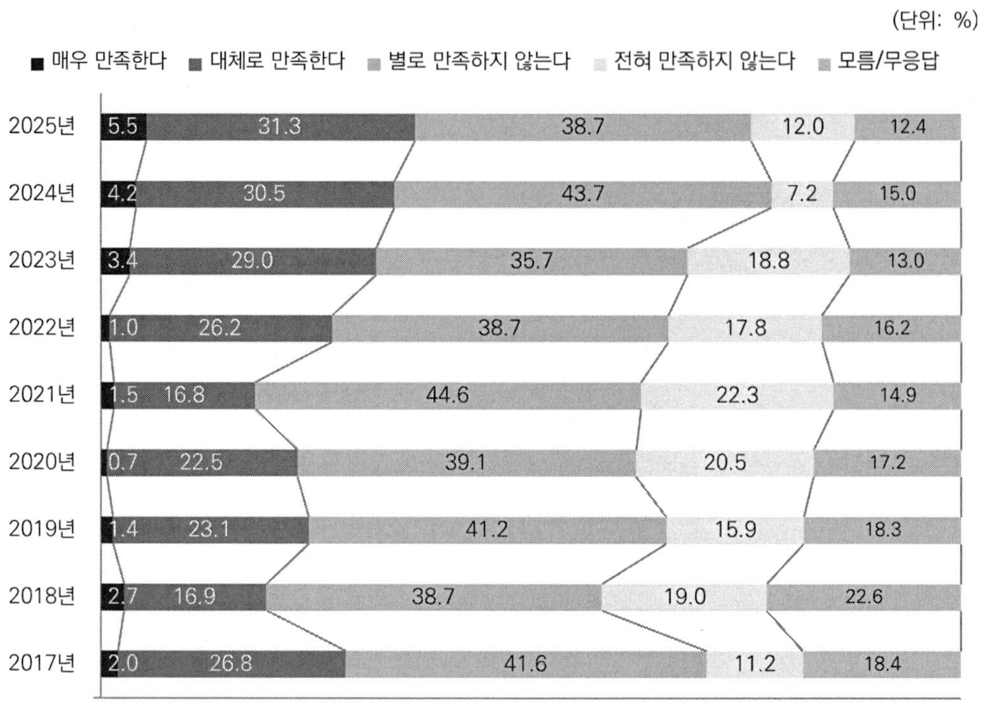

▷ "만족한다"는 응답은 △30대(50.0%) △강원/제주(50%) 거주자 △고졸 이하(50.0%) △농/임/어업 종사자(100.0%), 학생(55.6%) △가구소득 201-300만 원 이하(65.0%) △북한인권 개선되고 있다(80.6%) △북한인권 개선 가능성이 있다(63.0%) 응답자에서 상대적으로 높음

▷ "만족하지 않는다"는 응답은 △60세 이상(54.8%) △부산/울산/경남(60.0%), 광주/전라(57.1%) 거주자 △자영업(78.6%) 및 무직/퇴직/기타(56.5%) 종사자 및 주부(77.8%) △가구소득 501만 원 이상(57.8%) △보수(61.3%) △북한인권 개선 변함없다(56.6%) △북한인권 나빠지고 있다(59.4%) △북한인권 관심이 없다(60.6%) 응답자에서 상대적으로 높음

8. 통일부 북한인권기록센터 운영성과 만족도

○ 정부 차원의 북한인권 기록을 위해 설립된 통일부 북한인권기록센터를 들어봤거나 알고 있다고 응답한 대상에게 북한인권기록센터의 운영에 대한 만족 여부를 조사한 결과 53.9%는 "만족하지 않는다"(전혀 11.8%+별로 42.1%)고 응답했고, "만족한다"는 응답은 32.2%(매우 6.8%+대체로 25.4%)로 나타남

○ 2024년과 비교하면 만족한다는 응답은 33.1%에서 32.2%로 0.9%p 감소하였고, 만족하지 않는다는 응답은 52.0%에서 53.9%로 1.9%p 증가함

- 북한인권기록센터는 2023년 처음으로 북한인권보고서를 공개 발간하였고, 24년에도 공개보고서가 발간되었으나, 2025년 공개보고서를 다시 발간하지 않는다고 밝힘

- 이외 북한의 전반적인 인권상황을 알리는 「북한인권백서」는 통일연구원, 대한변호사협회, 북한인권정보센터에서 발간되어오고 있음

○ 민간단체인 북한인권정보센터(NKDB) 부설 북한인권기록보존소는 「NKDB 통합인권DB」에 축적된 약 14만 건의 자료를 바탕으로 매년 「북한인권백서」와 「북한종교자유백서」 등을 발간해오고 있음

- 2020년부터 2022년까지 이어진 정부의 민간단체 하나원 북한인권 실태조사 불허에 의해 북한인권정보센터가 매년 발간해오던 「북한인권백서」와 「북한종교자유백서」는 2021년 처음으로 발간이 중단된 바 있음

- 이후 하나원 북한인권 실태조사는 2023년 재개되었으며, NKDB 북한인권기록보존소는 2024년부터 「북한인권백서」를 재발간하기 시작함

〈그림 24〉 통일부 북한인권기록센터 운영성과 만족도

(단위: %)

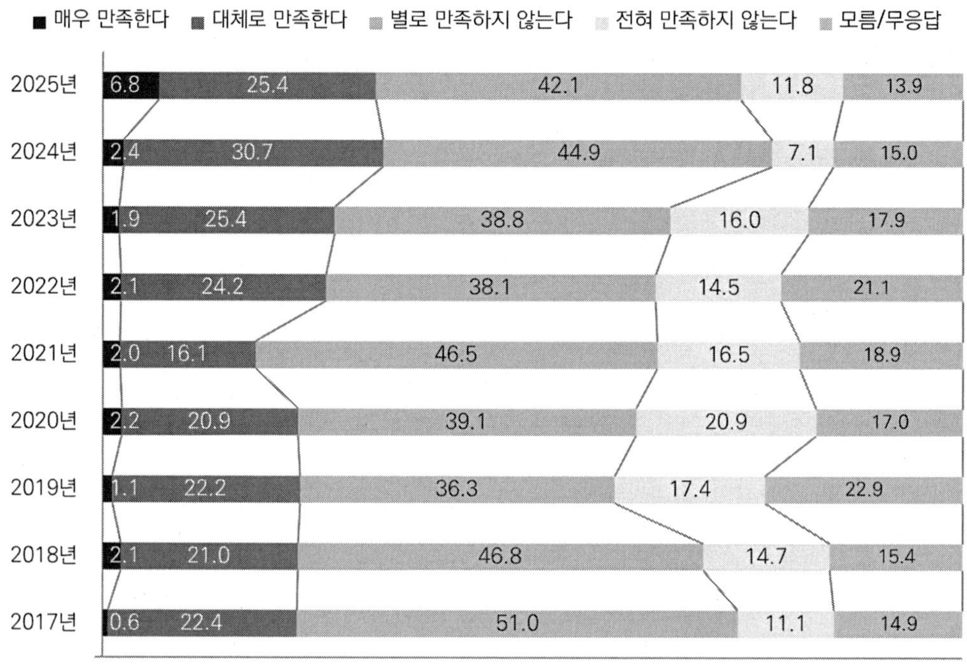

▷ "만족한다"는 응답은 △30대(39.5%) △대전/세종/충청(40.7%) 및 부산/울산/경남(45.9%) 거주자 △농/임/어업 종사자(100.0%), 판매/영업/서비스직(42.9%) 종사자 △가구소득 201-300만 원 이하(48.3%) △진보(42.9%) △북한인권 개선되고 있다(75.0%) △북한인권 개선 가능성이 있다(55.4%) △인권단체 도움이 된다(41.0%) 응답자에서 상대적으로 높음

▷ "만족하지 않는다"는 응답은 △대전/세종/충청(62.5%) 거주자 △자영업(83.3%) 종사자 및 학생(60.0%) △가구소득 501만 원 이상(61.9%) △보수(61.9%) △북한인권 나빠지고 있다(62.0%) △인권단체 도움이 안 된다(64.1%) 응답자에서 상대적으로 높음

9. 북한인권 피해 조사기록 진행 주체 적절성

○ 본 문항은 2020년 국정감사에서 북한인권 피해 조사 및 기록과 관련한 정부와 민간의 갈등이 공개되면서 추가된 문항임

- 2020년 외교통일위원회 국정감사에서는 민간단체인 북한인권정보센터가 20여 년간 지속해오던 하나원 북한인권 실태조사를 정부가 일방적으로 중단한 것과 관련, 사실과 다른 주장이 제기되고 증인 출석마저 거부되면서 갈등이 고조된 바 있음

○ 북한인권 피해를 조사, 기록하는 활동이 어떻게 진행되는 것이 적절한지에 대한 질문에 대한 응답 중 "정부와 민간기관이 협력해야 한다"는 응답이 74.1%로 가장 높게 나타남

- 국민의 대다수는 북한인권 피해에 대한 기록 조사를 민관이 상호 협력하에 진행함으로써 실질적이고 효과적인 결과를 가져올 수 있을 것으로 기대하고 있음

○ 민관이 협력해야 한다는 응답은 정치 성향과 무관하게 70% 이상의 높은 수치를 보임(진보 79.1%, 중도 71.8%, 보수 73.6%).

○ 2023년부터 기존 설문 문항에서 "국제기구 단독으로" 항목이 삭제되고 "할 필요 없다"가 신설됨. 올해 북한인권 피해 조사기록 활동을 할 필요 없다는 응답은 7.9%로 가장 낮게 나타남

〈그림 25〉 북한인권 피해 조사기록 진행 주체 적절성

(단위: %)

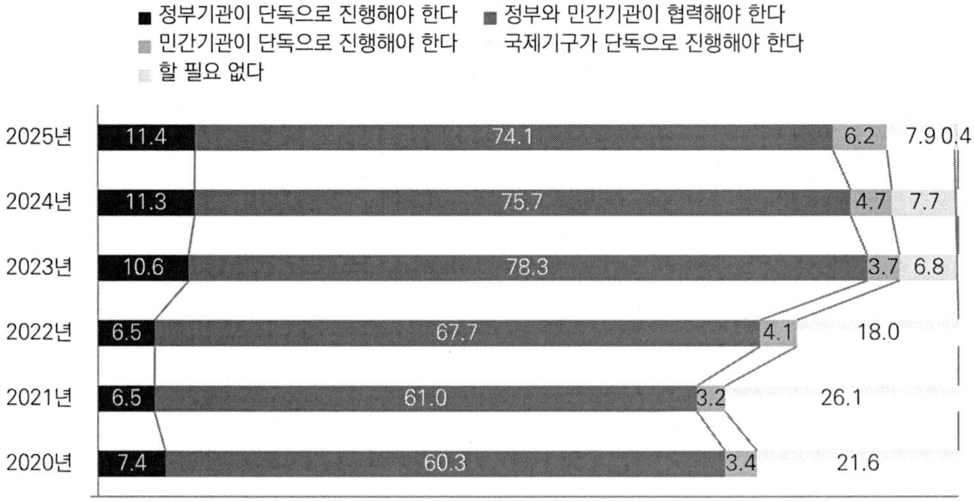

※ 기타: 2020년(4.6), 2021년(3.2), 2022년(3.7), 2023년(0.6), 2024년(0.6)

※ 모름/무응답: 2020년(2.7)

▷ "정부와 민간기관이 협력해야 한다"는 응답은 △50대(82.0%), 60세 이상(80.5%) △부산/울산/경남(80.4%), 강원/제주(79.1%) 거주자 △북한인권 나빠지고 있다(79.8%) △북한인권 개입해야 한다(84.6%) △인권단체 도움이 된다(80.9%) 응답자에서 상대적으로 높음

10. 북한인권박물관 건립 및 운영 주체 적절성

○ 지난 2016년 한국 정부는 북한 주민들의 인권 실태를 객관적이고 직관적으로 알릴 수 있는 북한인권박물관 설립을 추진하며 이듬해 통일부도 북한인권박물관 설치·운영 추진 계획 연구용역까지 마친 뒤, 2019년까지 박물관 설립 계획을 발표한 바 있음. 그러나 정권교체와 함께 2018년 예산 편성 시 북한인권박물관 건립 관련 예산이 반영되지 않으면서 북한인권박물관 건립이 보류됨

- 2024년 1월 29일 통일부는 북한인권 실상을 알리고 공감대 확산을 위한 거점으로 기능할 '국립북한인권센터' 건립을 위해 서울시 강서구 마곡지구 부지 매매계약을 체결했으며, 2026년에 개관을 목표로 추친해왔음

- 그러나 2025년 정권교체 이후 통일부는 기존에 진행해오던 사업을 중단하고, 사업전반을 재검토하여 같은 부지에 새 정부의 정책방향을 반영한 한반도평화공존센터를 짓는 것으로 발표함

○ 민간에서는 오래전부터 정권교체에 따른 북한 인권 이슈의 극심한 부침 발생 우려와 박물관의 독립성 및 안전성을 유지하기 위해 기획 및 운영은 민간을 중심으로 한 민관 공동 관리체계 형태가 되어야 한다며 민관협력을 촉구한 바 있음

○ 2023년부터 북한인권박물관 건립 및 운영을 어떻게 해야 하는지에 대한 조사항목을 신설했으며, 올해 조사 결과 "정부와 민간기관이 협력해야 한다"는 응답이 64.3%로 가장 높은 수치를 보임

○ 반면 "할 필요 없다"는 응답은 18.7%로 지난해보다 2.1%p 감소한 수치임

〈그림 26〉 북한인권박물관 건립 및 운영 주체 적절성

(단위: %)

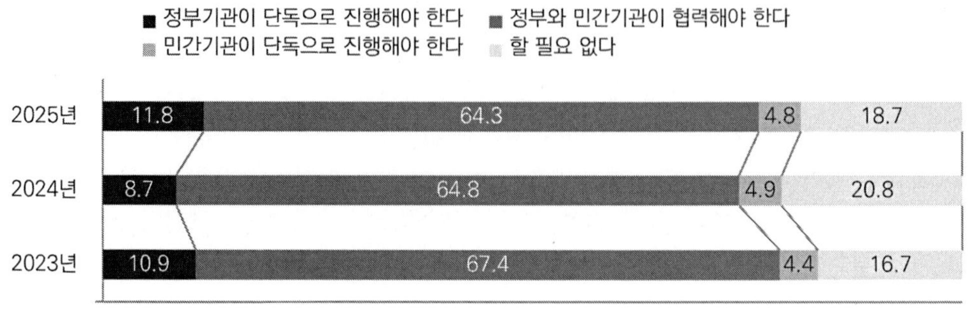

▷ “정부와 민간기관이 협력해야 한다”는 응답은 △50대(74.5%) △자영업(72.3%) 종사자 △북한인권 관심이 있다(72.3%) △북한인권 개입해야 한다(78.7%) △인권단체 도움이 된다(75%) 응답자에서 상대적으로 높음

▷ “할 필요 없다”는 응답은 △강원/제주(32.6%) 거주자 △고졸 이하(28.0%) △농/임/어업(44.4%) △중도(23.3%) △북한인권 개선되고 있다(26.2%) △북한인권 관심이 없다(35.3%) △북한인권 심각하지 않다(38.5%) △북한인권 간섭해서는 안 된다(36.0%) △인권단체 도움 안 된다(32.1%) 응답자에서 상대적으로 높음

11. 북한인권 개입 여부에 대한 입장

○ 북한인권과 관련한 주장에 대해 응답자의 57.2%가 “보편적 인권 차원에서 적극적으로 개입해야 한다”고 응답하였고, 이는 2024년(65.3%)에 비해 8.1%p 감소한 값임

- 북한인권에 대한 개입문제 역시 정치 성향과 무관하게 절반 이상이 보편적 차원에서 적극 개입을 지지하는 것으로 나타남(진보 65.4%, 중도 51.3%, 보수 58.9%)

- 연령별로 살펴보면 “보편적 차원에서 적극 개입해야 한다”는 의견을 보인 비율은 19-29세가 49.6%로 가장 낮은 반면, 60세 이상은 65.5%로 가장 높게 나타나며, 대체로 연령대가 높아질수록 북한인권 개입 필요성에 대해 공감하는 비중이 많아지는 추세로 나타남

○ “간섭해서는 안 된다”는 응답은 42.8%로 2024년(34.7%)에 비해 8.1%p 증가한 값을 보임

- 올해 조사에서 “북한 내부 문제이므로 간섭해서는 안된다”는 응답 비율은 본 조사를 시작한 이래 가장 높은 수치임

○ 국제사회의 북한인권 문제 제기에 북한 정권은 내부 간섭이라며 반발하고 있으나, 우리 국민의 과반 이상은 보편적 인권 차원에서 적극적으로 북한인권 문제를 해결해야 한다고 인식하고 있음

〈그림 27〉 북한인권 개입 여부에 대한 입장

(단위: %)

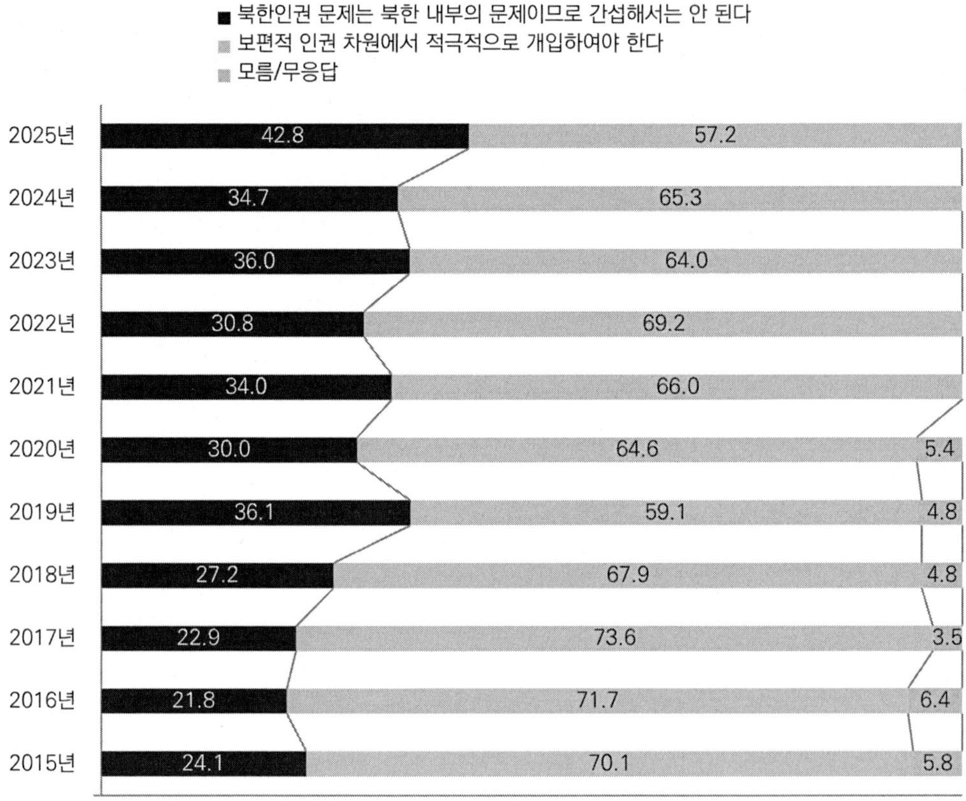

▷ “보편적 인권 차원에서 적극적으로 개입하여야 한다”는 응답은 △진보(65.4%) △남자(63.4%) △60세 이상(65.5%) △자영업(65.1%) 종사자 △북한인권 나빠지고 있다(68.4%) △북한인권 관심이 있다(68.3%) △북한인권 개입해야 한다(100.0%) △인권단체 도움이 된다(68.5%) 응답자에서 상대적으로 높음

▷ “북한인권 문제는 북한 내부 문제이므로 간섭해서는 안 된다”는 응답은 △농/임/어업 종사자(77.8%) △19-29세(50.4%) △강원/제주(58.1%) 거주자 △고등학교 졸업 이하(55.4%) △중도(48.7%) △북한인권 개선되고 있다(57.3%) △북한인권 개선 가능성이 있다(51.2%) △북한인권 관심이 없다(63.0%) △북한인권 심각하지 않다(55.8%) △인권단체 도움 안 된다(54.5%) 응답자에서 상대적으로 높음

12. 북한인권법의 북한인권 개선 효과에 대한 입장

○ 북한인권법 제정에 따른 북한인권 개선 효과에 대해 응답자의 58.9%는 "효과가 없을 것"(전혀 16.1%+별로 42.8%)이라고 응답한 반면, 41.1%는 "효과가 있을 것"(매우 6.5%+대체로 34.6%)이라고 응답함

○ "효과가 있을 것"이라는 응답은 남북관계의 개선에 대한 기대가 고조됐던 2018년(45.6%) 이후 감소추세를 보여왔으나, 이번 조사에서는 지난해 대비 10.4%p 증가한 값을 보임

- 앞서 북한인권법에 대한 인지여부 비율은 과거와 유사한 값을 보이는 반면, 북한인권법이 실제적인 개선효과를 가질 것이라는 긍정답변 비율이 증가한 것은 구체적인 법의 내용이나 실천적인 면에서의 고민보다는 새로운 정부의 출범으로 인한 변화의 기대감이 표현된 것이라 볼 수 있음

- 반면, 2025년 통일부 정동영 장관은 국회 외통위에 출석해 2016년 북한인권법 제정이 적절치 않았으며 북한인권법에 포함된 북한인권재단의 이사 추천에 대해서도 추천할 필요를 느끼지 않는다고 발언함

〈그림 28〉 북한인권법의 북한인권 개선 효과에 대한 입장

(단위: %)

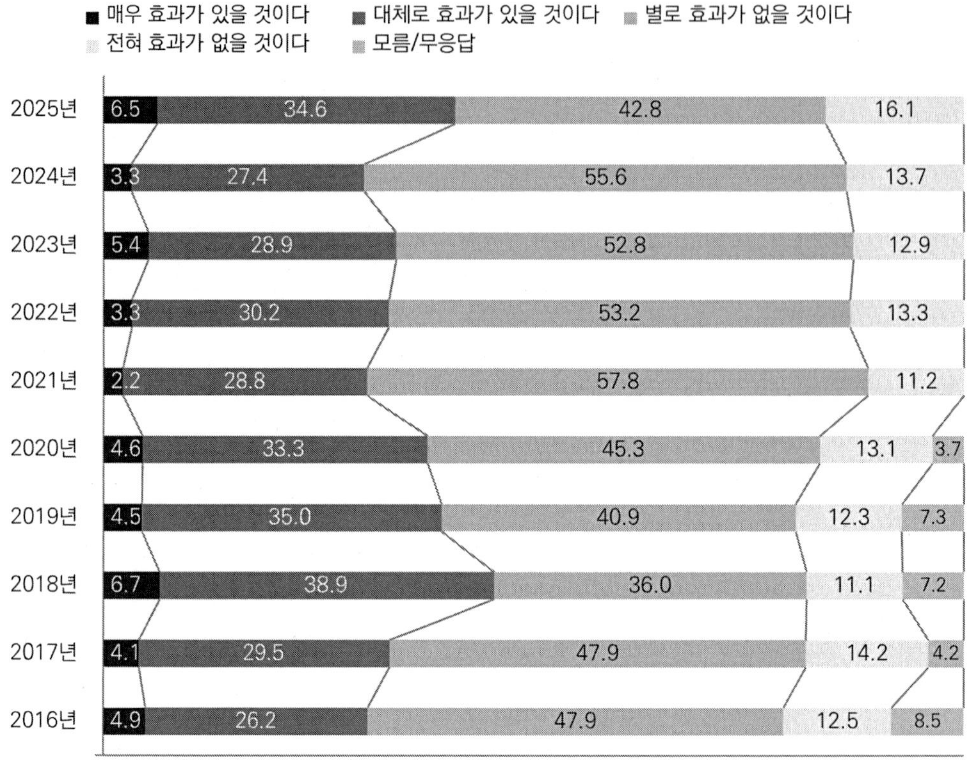

▷ 북한인권법 제정에 따른 북한인권 개선 효과에 대해 “효과가 있을 것이다”라는 응답은 △생산/기능/노무직(57.1%), 판매/영업/서비스직(49.2%) 종사자 △진보(49.6%) △북한인권 개선되고 있다(68.3%) △북한인권 개선 가능성이 있다(67.8%) △북한인권 관심이 있다(51.7%) △인권단체 도움이 된다(63.6%) 응답자에서 상대적으로 높음

▷ 북한인권법 제정에 따른 북한인권 개선 효과에 대해 “효과가 없을 것이다”라는 응답은 △농/임/어업(88.9%) 종사자 및 무직/퇴직/기타 (76.6%) △중도(65.6%) △대구/경북 거주자(64.6%) △보수(56.6%) △북한인권 관심이 없다(78.2%) △북한인권 간섭해서는 안 된다(70.8%) △인권단체 도움이 안 된다(82.1%) 응답자에서 상대적으로 높음

13. 북한인권 개선을 위해 우선적으로 해야 할 사항

○ 북한인권 개선을 위해 가장 우선적으로 해야 할 일은 “국제사회의 공조를 통한 압박”이 응답자 42.1%의 선택을 받으며 가장 높게 나타남

- 다음으로 “꾸준한 대화를 통한 개선촉구 및 지원”(25.7%), “국제사회의 대북지원 확대 및 활성화”(18.3%), “북한인권 피해 기록 및 홍보”(12.2%) 순으로 나타남

○ 2024년 결과와 비교하면 “국제사회의 공조를 통한 압박”은 4.3%p 감소한 반면, “북한인권 피해 기록 및 홍보”는 3.2%p 증가한 수치를 보임

○ 현재까지 북한인권 개선을 위한 우선적 방법은 “국제사회의 공조를 통한 압박”이 가장 높게 나타나고 있으며, 다음으로 “대화와 지원 중심”이라는 두 가지 방법이 함께 선호되고 있음

○ 2015년과 2018년은 남북회담 등 일시적으로 대화와 협력이 이루어졌지만, 근본적인 갈등 구조는 해결되지 않으면서 다수의 국민이 남북대화를 통한 개선촉구나 지원보다 국제사회 규범 안에서 북한인권 개선을 유도하는 것이 합리적이라고 인식하게 된 것으로 보여짐

- 약 60%의 응답자들은 북한인권 개선에 있어서 국내의 자체적인 해결 노력보다는 국제사회를 통한 방식을 우선해야 한다고 보고 있음

〈그림 29〉 북한인권 개선을 위해 우선적으로 해야 할 사항

(단위: %)

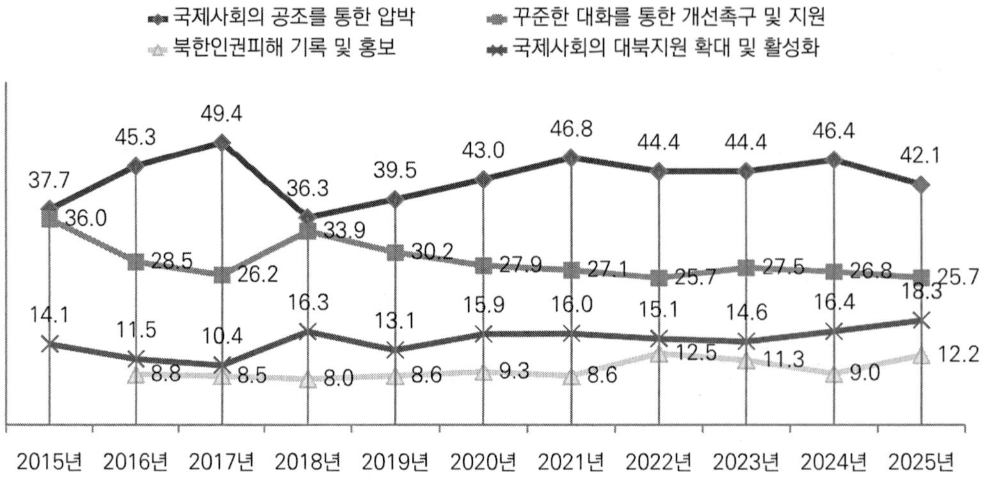

▷ 북한인권 개선을 위해 "국제사회의 공조를 통한 압박"이 필요하다는 응답은 △대구/경북 거주자(53.1%) △보수(51.0%) 응답자에서 상대적으로 높음

▷ 북한인권 개선을 위해 "꾸준한 대화를 통한 개선촉구 및 지원"이 필요하다는 응답은 △50대(35.0%) △농/임/어업(33.3%) 및 자영업(33.8%) 종사자 △진보(34.2%) △북한인권 개선되고 있다(40.2%) △북한인권 개선 가능성이 있다(36.6%) 응답자에서 상대적으로 높음

〈그림 30〉 북한인권 개선을 위해 우선적으로 해야 할 사항(이념 성향별, 2025년)

(단위: %)

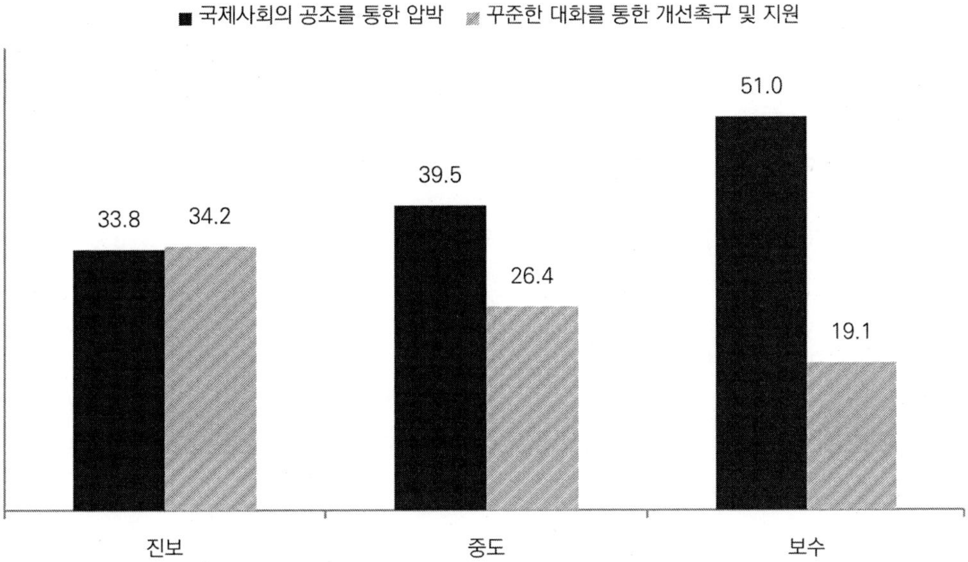

- 보수 성향 응답자의 과반 이상(51%)은 “국제사회 공조를 통한 압박”이 우선되어야 한다고 응답한 반면, 진보 성향 응답자의 경우 “꾸준한 대화를 통한 개선촉구 및 지원”(34.2%)과 “국제사회의 공조를 통한 압박”(33.8%)에 대한 정책 선호도 격차가 0.4%p로 매우 미미한 수치로 나타남

14. 북한인권 개선을 위해 북한인권 단체가 우선적으로 해야 할 역할

○ 북한인권 개선을 위해 북한인권 단체가 가장 우선해야 할 역할로 응답자의 48.1%가 "북한인권 상황 기록 및 피해 상황에 대한 국내외 홍보활동"을 선택하며 가장 높은 수치를 보였으며, "김정은 국제형사재판소 제소 등 국제적, 정치적 활동"이 23.6%로 그 뒤를 이음

- 다음으로 "대북방송 등을 통한 북한 주민 의식교육"(18.5%), "대북지원"(7.8%) 순으로 나타남

○ 지난해 결과와 비교하면 "북한인권 상황 기록 및 피해 상황에 대한 국내외 홍보활동"(+1.5%p), "대북지원"(+0.1%p), "대북방송 등을 통한 북한 주민 의식교육"(+0.3%p)에 대한 응답은 소폭 증가하였고, "김정은 국제형사재판소 제소 등 국제적, 정치적 활동"(-1.8%p)에 대한 응답은 감소한 수치를 보임

- 새 정부 출범 이후 국가정보원은 대북 라디오방송과 대북 TV방송 등 역대 진보정부에서도 이어져온 대북방송을 전면중단하였음

- 민간단체 및 관련 연구자들은 자유아시아방송(RFA)과 미국의소리(VOA) 등 미국의 대북 라디오방송마저 중단되면서 북한 내부로 외부 정보 유입 통로가 사라져 북한주민의 정보권이 취약해질 것을 우려하고 있음

- 응답자들은 "대북지원"에 대한 북한인권단체 역할에 대해 최근 10% 미만의 낮은 공감대로 부정적 견해를 드러내며, 북한인권 단체의 대북지원 활동으로 인권개선을 이끌어 낼 수 없다는 인식을 보임

〈그림 31〉 북한인권 개선을 위해 북한인권 단체가 우선적으로 해야 할 역할

(단위: %)

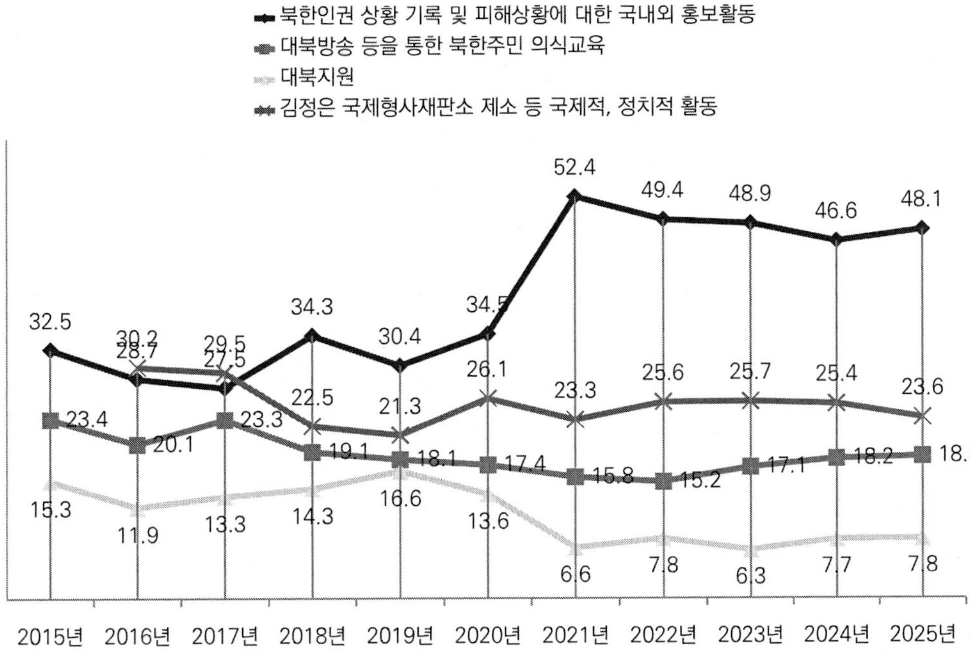

▷ 북한인권 개선을 위해 북한인권단체가 "북한인권 상황 기록 및 피해상황에 대한 국내외 홍보활동"을 우선해야 한다는 응답은 △60세 이상(58.1%) △주부(55.6%) △진보(57.7%) △북한인권 개입해야 한다(54.7%) △인권단체 도움이 된다(53.5%) 응답자에서 상대적으로 높음

▷ 북한인권 개선을 위해 북한인권단체가 "김정은 국제형사재판소 제소 등 국제적, 정치적 활동"을 우선해야 한다는 응답은 △30대(32.7%) △강원/제주 거주자(30.2%) 응답자에서 상대적으로 높음

15. 북한인권 개선을 위한 북한인권 단체 활동의 필요성[종합]

○ 북한인권 개선을 위한 북한인권 단체 활동 중 “북한인권 피해 기록 및 보관”과 “국내외 세미나 등 인권상황 홍보”, “북한인권법 시행 등 제도적 준비“ 등은 매년 70% 이상의 국민 지지를 받아온 주요 활동들임

○ 2025년 조사 결과에서도 응답자들은 ”국내외 세미나 등 인권상황 홍보“(74.1%), “북한인권 피해 기록 및 보관”(72.2%), “북한인권법 시행 등 제도적 준비”(65.0%) 등이 북한인권 단체에게 필요한 주요 활동이라 꼽았음

- 북한인권 상황 홍보, 기록 및 보관은 그 우선순위가 바뀌기는 하지만 북한인권 단체 활동에 있어 가장 중요한 역할로 손꼽히는 활동임

- 북한인권법이 제정된 지 이미 9년을 넘기고 있으나, 법에 규정된 북한인권재단 설립 및 운영 등 다수의 조항이 시행되지 못하고 있음에 따라 국민은 북한인권법 시행의 필요성을 지속적으로 제기하고 있음

○ 다음으로 “대북인권방송을 통한 북한 주민 의식교육”(61.6%), “북한인권 문제에 대한 과거 청산 준비”(59.8%), “의료지원, 식량지원 등 대북지원”(57.1%), “대북전단 살포”(35.4%) 등의 순서임

- 대북전단 살포를 지지하는 비율은 지난해 45.5%에서 35.4%로 10.1%p의 큰 감소 수치를 보임. 접경지역에서의 대북전단 살포를 규제하는 ‘대북전단 금지법’에 대한 헌법재판소 위헌 결정이 있었지만, 북한에서 대남 오물 풍선 지속살포 등 부정적인 인식이 점차 강화되면서 대북전단에 대한 필요성은 감소한 것으로 보여짐

○ 북한인권개선을 위한 북한인권 단체 활동 필요성은 전반적으로 감소한 값을 보임. 이는 앞서 북한인권개선이 국제사회 중심으로 이루어지는 것이 합리적이라는 인식이 과반이상을 차지하는 것과도 연결됨. 북한인권 단체는 앞으로 일반국민들의 관심을 높이기 위한 지속적이고 활발한 국내적 활동 역시 강화할 필요가 있음

〈그림 32〉 북한인권 개선을 위한 북한인권 단체 활동의 필요성[종합]

(단위: %)

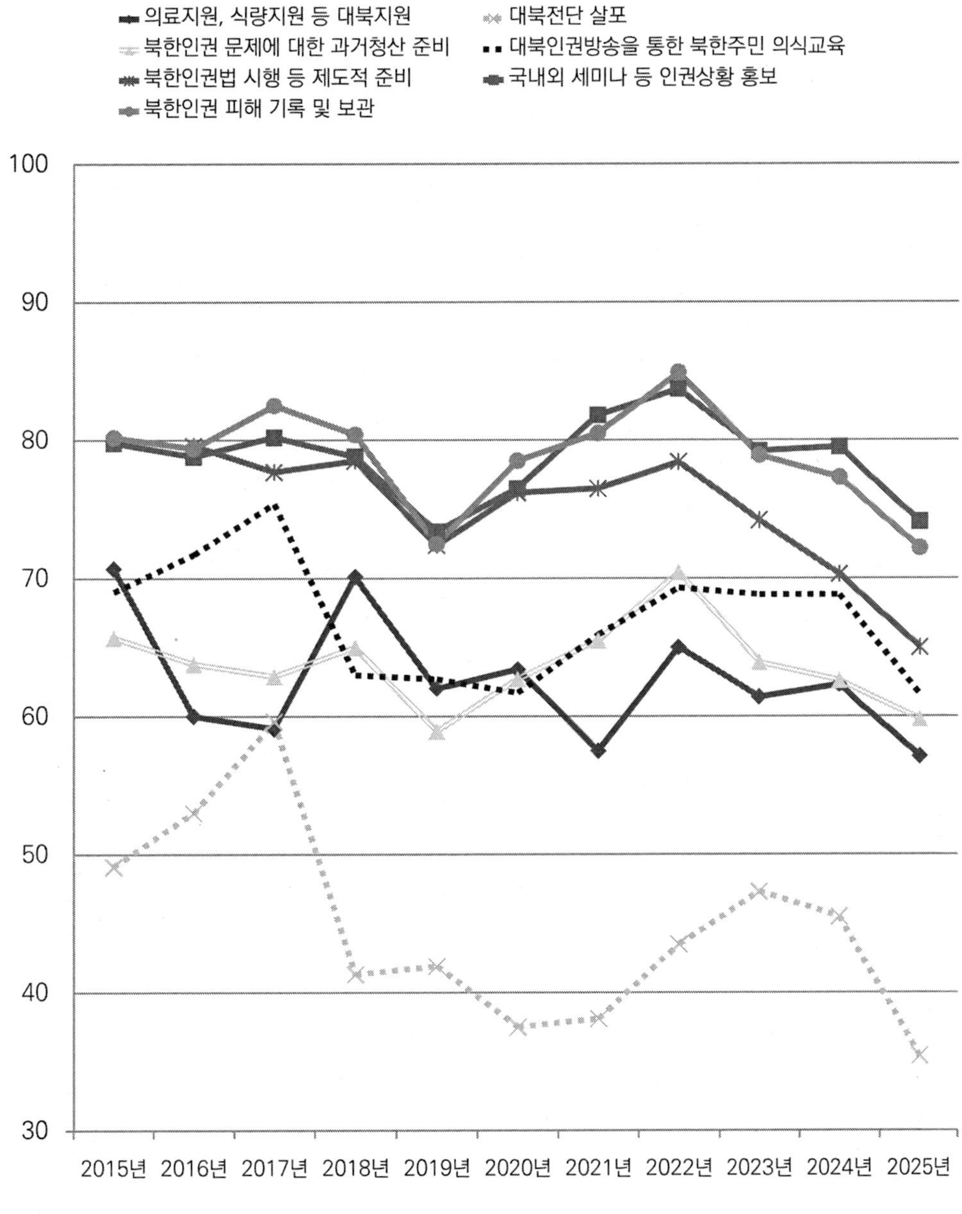

15-1. 대북전단 살포

○ 북한인권 개선을 위한 북한인권 단체 활동 중 대북전단 살포에 대해 응답자의 35.4%는 "필요하다"(매우 10.0% + 대체로 25.4%)고 응답한 반면, 64.6%는 "필요하지 않다"(전혀 25.6% + 별로 39.0%)고 응답함

- 보수 성향 응답자의 55.1%는 대북전단 살포가 "필요하다"고 답한 반면 진보 성향 응답자는 20.5%만 "필요하다"고 답해 이념 성향에 따른 견해 차이가 여전히 뚜렷함

- 한편, 중도(13.7%p▼)와 진보(8.8%p▼) 성향의 응답자뿐만 아니라 보수(7.7%p▼)에서도 "필요하다"고 답변한 비율이 2024년 대비 감소한 결과를 보임

○ 2020년 12월 정기국회에서 접경지역에서의 대북전단 살포와 확성기 방송 등을 금지하는 '대북전단금지법(남북관계발전법 개정안)'이 통과됨

- '대북전단금지법'은 "국민의 생명, 신체에 위해를 끼치거나 심각한 위험을 야기하는 행위"와 같은 모호한 표현을 포함[4]하고 있을뿐더러, 표현의 자유와 북한 주민의 알 권리 침해라는 이유로 유엔 등 국제사회가 지속적으로 우려[5][6][7]를 표명하였음

- 그 결과 2023년 9월 26일 헌법재판소는 남북관계발전법 제24조 제1항 제3호 등에 대한 선고 기일을 열고 재판관 위헌 7 대 합헌 2 의견으로 위헌 결정을 내림[8]

○ 북한은 대북전단 살포를 정치선전·도발로 간주하고 이를 비판하며 2024년 5월 28일부터 11월 28일까지 약 6개월간 총 26차례의 오물풍선을 살포함. 이 기간 동안 약 6천여 개가 넘는 오물풍선이 확인되었으며, 국내적으로는 이에 따른 남남갈등이 증폭됨

---

4) https://www.hankyung.com/politics/article/202012166025i, "제3국 대북전단은 가능" 통일부 설명에... '독소조항' 논란 확대 (검색일: 2020.12.17.)
5) https://imnews.imbc.com/replay/2020/nwtoday/article/6030757_32531.html, 킨타나 "대북전단금지법 재검토"... 정부 "유감" (검색일: 2020.12.17.)
6) https://www.ytn.co.kr/_ln/0104_202104160614183847, 美 의회, 대북전단금지법 청문회..."법 개정 필요" 비판적 의견 (검색일: 2021.11.16.)
7) https://voakorea.com/a/6549539.html, 인권 전문가들, 대북전단 살포 재개에 "대북전단금지법 폐지돼야 … 표현과 정보의 자유 위반" (검색일: 2022.11.1.)
8) 헌법재판소 2023. 9. 26. 선고 2020헌마1724·1733(병합) 전원재판부 결정 (헌공324, 1505)

〈그림 33〉 북한인권 개선을 위한 활동 필요성: 대북전단 살포

(단위: %)

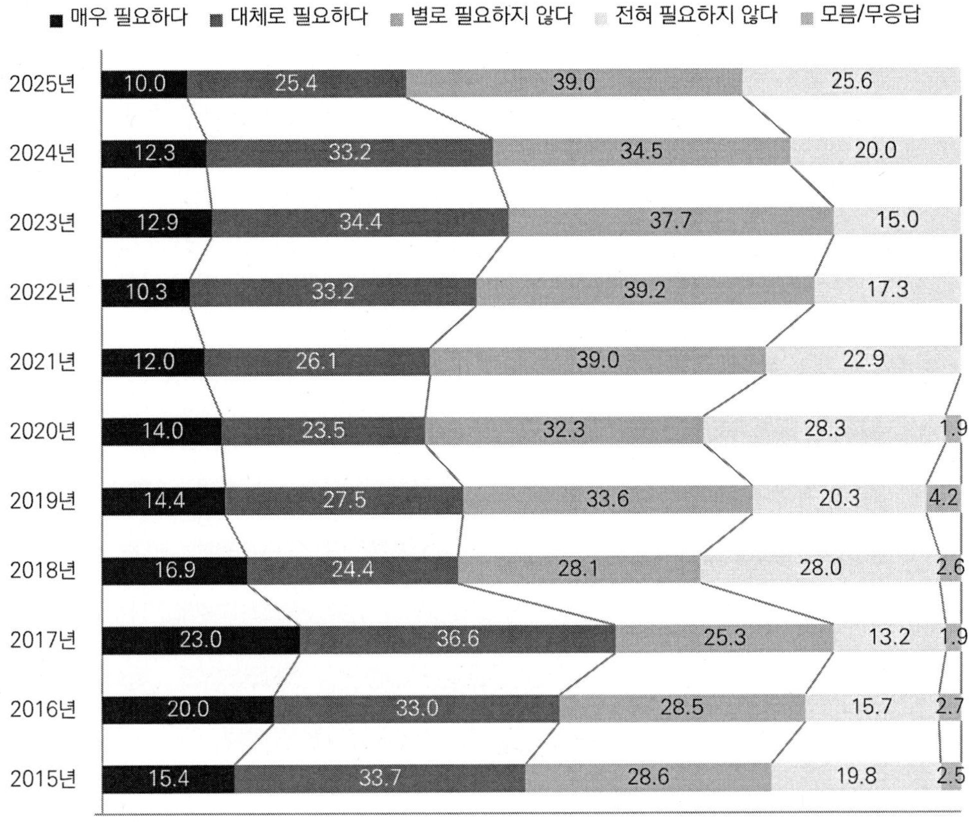

▷ "필요하다"는 응답은 △60세 이상(44.0%) △서울(43.3%) 거주자 △판매/영업/서비스직(47.5%), 생산/기능/노무직(45.5%) △보수(55.1%) △북한인권 나빠지고 있다(49.5%)△인권단체 도움이 된다(45.3%) 응답자에서 상대적으로 높음

15-2. 국내외 세미나 등 인권상황 홍보

○ 북한인권 개선을 위한 북한인권 단체 활동 중 국내외 세미나 등 인권상황 홍보에 대해 응답자의 74.1%는 "필요하다"(매우 19.8%+대체로 54.3%)고 응답한 반면, 25.9%는 "필요하지 않다"(전혀 6.7%+별로 19.2%)고 응답함

〈그림 34〉 북한인권 개선을 위한 활동 필요성: 국내외 세미나 등 인권상황 홍보

(단위: %)

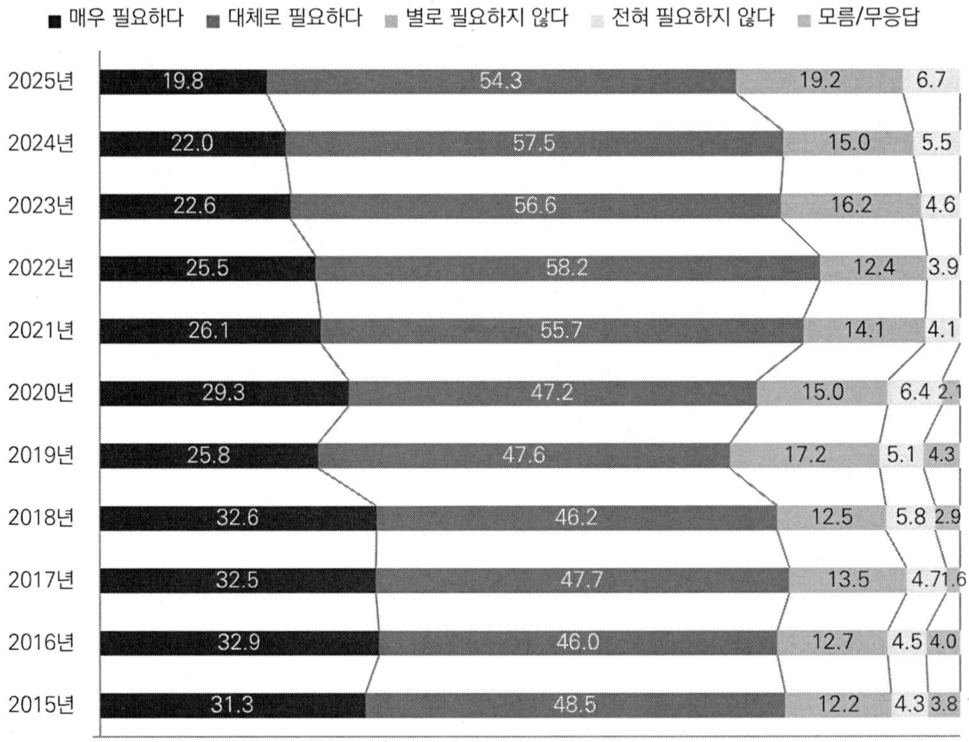

▷ "필요하다"는 응답은 △부산/울산/경남(81.8%) 거주자 △진보(80.8%) △북한인권 개입해야 한다(85.7%) △북한인권 관심이 있다(81.3%) △인권단체 도움이 된다(85.0%) 응답자에서 상대적으로 높음

15-3. 대북인권방송을 통한 북한 주민 의식교육

○ 북한인권 개선을 위한 북한인권 단체 활동 중 대북인권방송을 통한 북한 주민 의식교육에 대해 응답자의 61.6%는 “필요하다”(매우 18.4%+대체로 43.2%)고 응답한 반면, 38.4%는 “필요하지 않다”(전혀 12.1%+별로 26.3%)고 응답함

- 대북인권방송을 통한 북한 주민 의식교육이 필요하다는 응답은 지난해 68.8%보다 7.2%p 감소한 값을 보임

- 2024년 이념성향별 결과와 비교해보면 진보(1.7%p▼) 성향의 응답자 비율의 감소폭보다는 보수(11.6%p▼)와 중도(7%p▼)에서 “필요하다”고 답변한 비율의 감소폭이 다소 큰 특징을 보임

○ 2024년 5월 북한의 오물풍선 살포에 대한 대응으로 대한민국 정부는 2024년 6월 대북확성기 방송을 재개하였음. 그러나 2025년 신정부 출범 이후 남북 긴장완화와 평화정착 실천을 위한 조치이자 접경지역 주민들의 소음피해를 줄인다는 명목으로 2025년 6월 다시 전면중지된 상태임

- 국내적으로는 국가정보원이 운영해온 대북 라디오방송과 대북 TV방송 등 대북방송이 전면중단되었고, 자유아시아방송(RFA)과 미국의소리(VOA) 등 미국의 대북 라디오방송마저 중단된 상태임

- 국내 민간단체의 대북방송이 명목을 유지하고 있으나, 전반적으로 주파수 비용 및 운영비용에 어려움을 겪고 있음. 그럼에도 북한주민의 알권리를 보장하고, 인터넷을 통한 새로운 정보접근과 참여공간을 만들기 위한 인터넷 기반 방송플랫폼[9]이 새로이 만들어지기도 함

9) https://www.chosun.com/politics/north_korea/2025/11/11/RTKZK4XRFVDWHHADUGW3YUSEGI, “전 세계 약 40국에 나와 있는 北 주민 대상 유튜브 방송 'KIS' 개설” (검색일: 2025.11.17.)

〈그림 35〉 북한인권 개선을 위한 활동 필요성: 대북인권방송을 통한 북한 주민 의식교육

(단위: %)

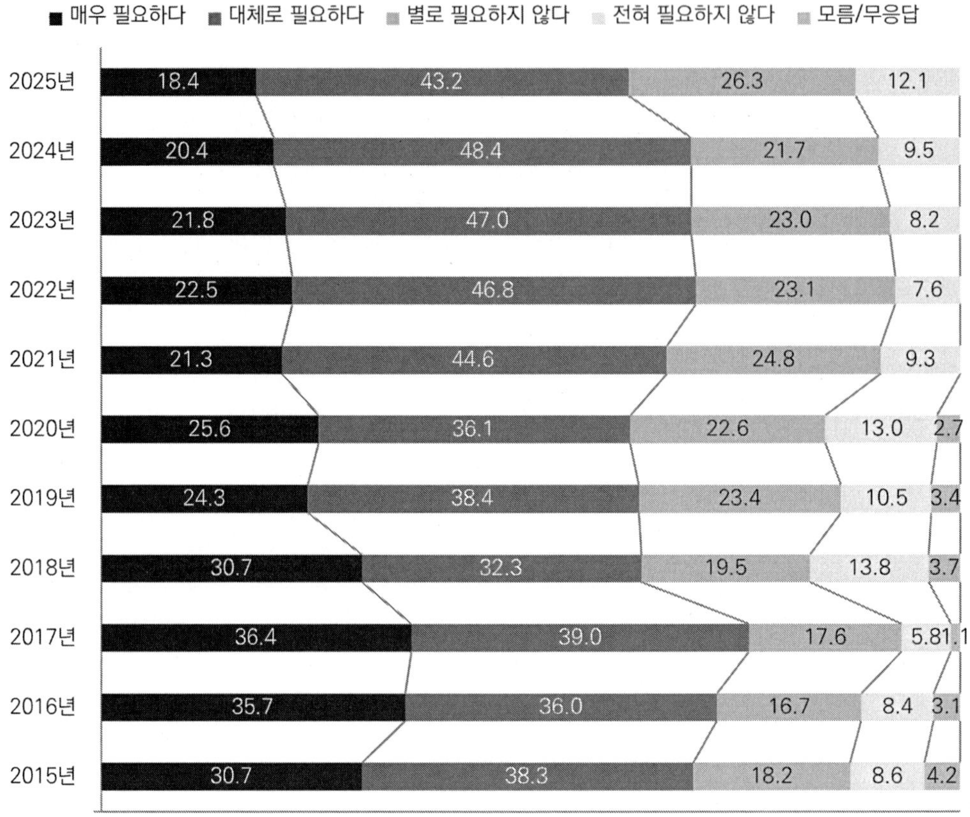

▷ "필요하다"는 응답은 △판매/영업/서비스직(68.9%) 종사자 △북한인권 나빠지고 있다(72.4%) △북한인권 개입해야 한다(73.3%) △인권단체 도움이 된다(76.0%) 응답자에서 상대적으로 높음

15-4. 북한인권법 시행 등 제도적 준비

○ 북한인권 개선을 위한 북한인권 단체 활동 중 북한인권법 시행 등 제도적 준비에 대해 응답자의 65.0%는 "필요하다"(매우 15.9%+대체로 49.1%)고 응답한 반면, 35.0%는 "필요하지 않다"(전혀 9.3%+별로 25.7%)고 응답함

〈그림 36〉 북한인권 개선을 위한 활동 필요성: 북한인권법 시행 등 제도적 준비

(단위: %)

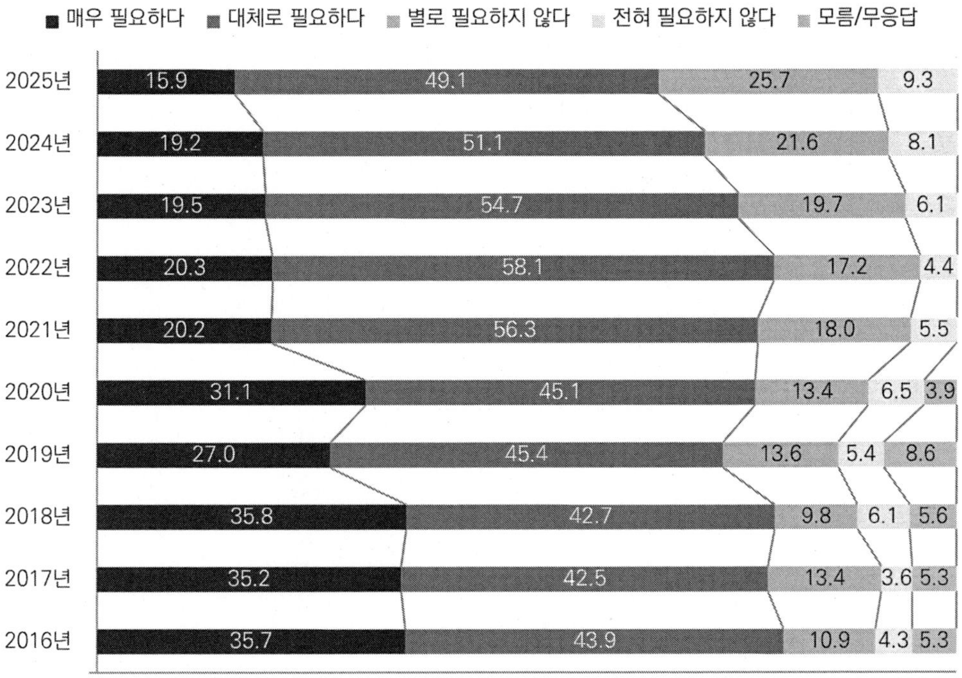

▷ "필요하다"는 응답은 △진보(73.9) △광주/전라(71.9%) 거주자 △북한인권 관심이 있다(75.5%) △북한인권 개입해야 한다(79.2%) △인권단체 도움이 된다(81.7%) 응답자에서 상대적으로 높음

15-5. 의료지원, 식량지원 등 대북지원

○ 북한인권 개선을 위한 북한인권 단체 활동 중 의료지원, 식량지원 등 대북지원에 대해 응답자의 57.1%는 “필요하다”(매우 13.9%+대체로 43.2%)고 응답한 반면, 42.9%는 “필요하지 않다”(전혀 14.2%+별로 28.7%)고 응답함

○ 의료지원, 식량지원 등 대북지원을 지지하는 비율은 지난해 62.3%에서 57.1%로 5.2%p 감소함

- 의료·식량 등 대북지원이 “필요하다”는 응답은 19-29세 40.6%, 30대 47.1%, 40대 52%, 50대 70%, 60세 이상 63.1%로 나타남. 상대적으로 고연령대일수록 대북지원에 대한 활동에 긍정적인 답변비율이 높음

-

〈그림 37〉 북한인권 개선을 위한 활동 필요성: 의료지원, 식량지원 등 대북지원

(단위: %)

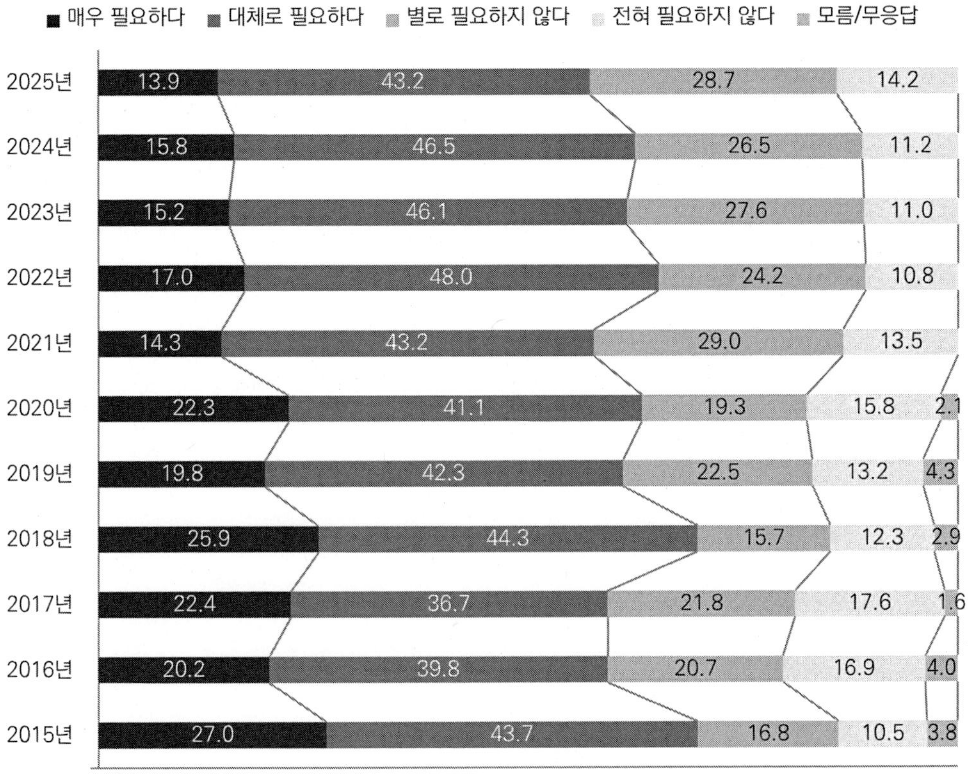

▷ "필요하다"는 응답은 △50대(70.0%) △진보(75.6%) △북한인권 개선되고 있다(67.1%) △북한인권 개선 가능성 있다(73.7%) △북한인권 관심이 있다(65.3%) △북한인권 개입해야 한다(65.7%) △인권단체 도움이 된다(70.5%) 응답자에서 상대적으로 높음

15-6. 북한인권 피해 기록 및 보관

○ 북한인권 개선을 위한 북한인권 단체 활동 중 북한인권 피해 기록 및 보관에 대해 응답자의 72.2%는 "필요하다"(매우 20.2%+대체로 52.0%)고 응답한 반면, 27.8%는 "필요하지 않다"(전혀 7.5%+별로 20.3%)고 응답함

○ 진보 성향 응답자의 82.5%, 보수 성향 응답자의 70.7%가 북한인권 피해 기록 및 보관의 필요성에 공감

〈그림 38〉 북한인권 개선을 위한 활동 필요성: 북한인권 피해 기록 및 보관

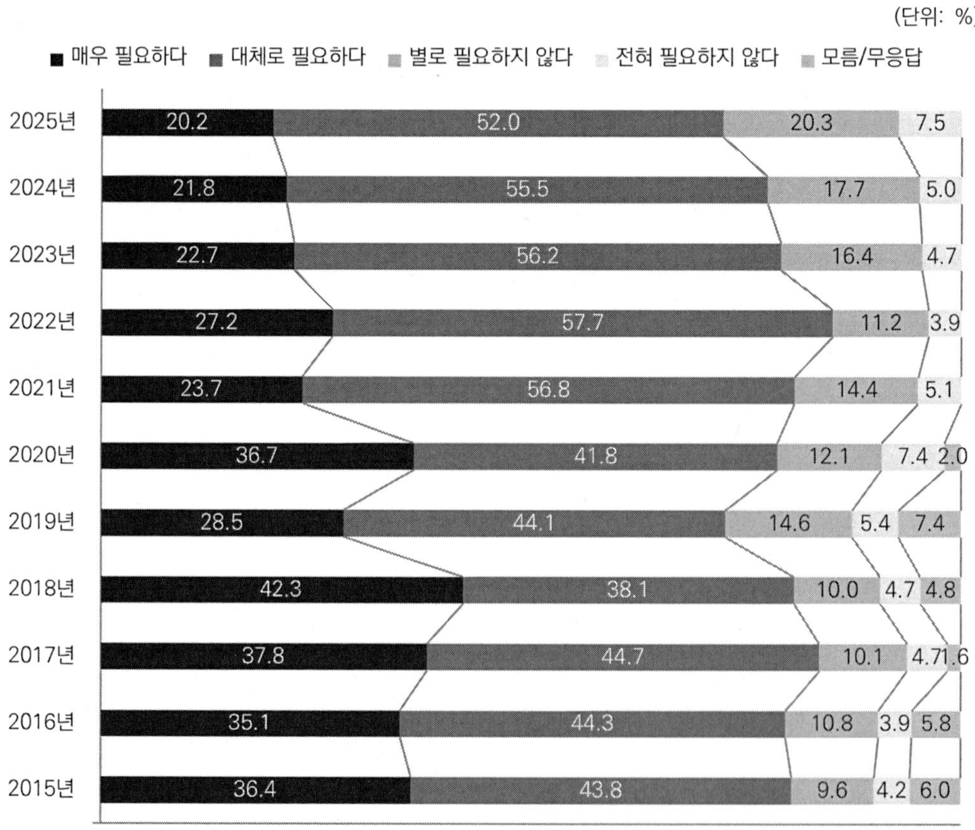

▷ "필요하다"는 응답은 △진보(82.5%) △북한인권 관심이 있다(79.1%) △북한인권 개입해야 한다(86.4%) △인권단체 도움이 된다(84.8%) 응답자에서 상대적으로 높음

15-7. 북한인권 문제에 대한 과거청산 준비

○ 북한인권 개선을 위한 북한인권 단체 활동 중 북한인권 문제에 대한 과거청산 준비에 대해 응답자의 59.8%는 "필요하다"(매우 12.3%+대체로 47.5%)고 응답한 반면, 40.2%는 "필요하지 않다"(전혀 9.4%+별로 30.8%)고 응답함

○ "북한인권 문제에 대한 과거청산 준비가 필요하다"는 2022년(70.4%) 역대 가장 높은 응답을 보인 후 매해 감소추세를 보였으며, 이번 조사에서는 가장 낮은 응답률을 보임

〈그림 39〉 북한인권 개선을 위한 활동 필요성: 북한인권 문제에 대한 과거청산 준비

(단위: %)

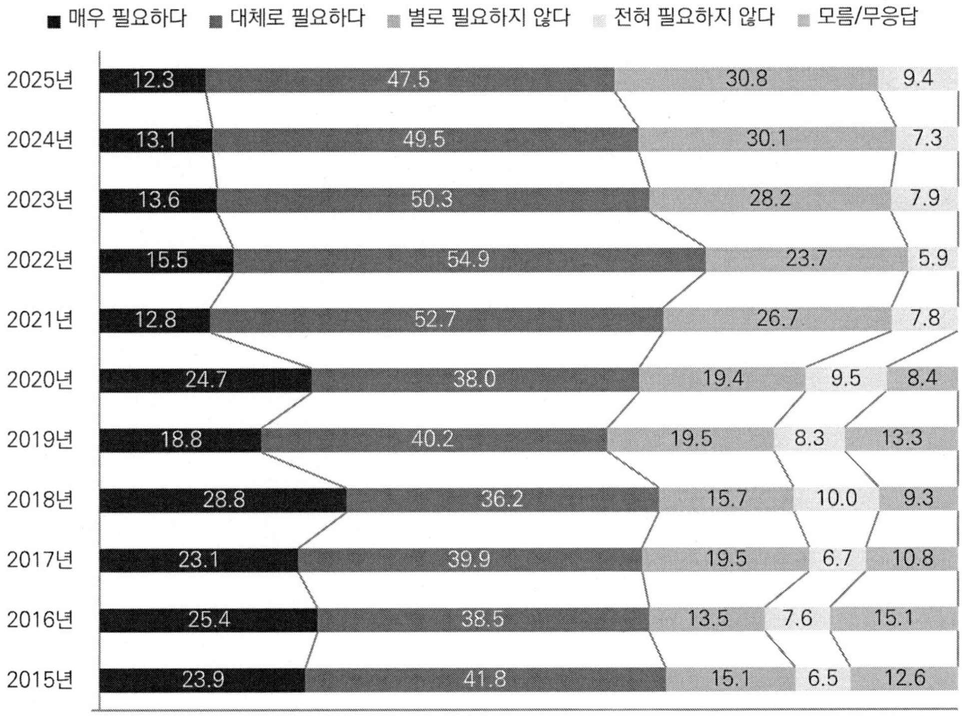

▷ "필요하다"는 응답은 △가구소득 200만 원 이하(70.3%) △진보(67.5%) △북한인권 개선되고 있다(68.3%) △북한인권 관심이 있다(69.2%) △북한인권 개입해야 한다(72.7%) △인권단체 도움이 된다(75.4%) 응답자에서 상대적으로 높음

16. 북한인권 단체 활동의 북한인권 개선 도움 여부

○ 북한인권 단체의 활동이 북한인권 개선에 도움이 되는지에 대해 응답자의 50.8%는 "도움이 된다"(매우 7.3%+대체로 43.5%)고 응답한 반면, 49.2%는 "도움이 되지 않는다"(전혀 10.7%+별로 38.5%)고 응답함

○ "북한인권 단체 활동이 북한인권에 도움이 된다"는 응답은 2024년(49.6%)보다 1.2%p 증가했으나, 60% 전후를 보이던 2020년 이전의 응답률에 비해 저조한 편임

○ 국민 과반수는 북한인권 단체의 활동이 북한인권 개선에 기여한다고 인정하고 있으나 다른 상당수의 국민은 북한인권 개선에 실질적인 도움을 주기에는 한계가 있다는 인식이 엿보임

- 국제사회와의 협력을 통한 북한인권 개선의 노력도 중요하나, 일반국민을 대상으로 북한인권 상황에 대한 다양한 정보 제공을 통한 관심 제고 활동을 통하여 북한인권단체 활동이 저평가되지 않도록 하는 노력도 필요할 것으로 보임

〈그림 40〉 북한인권 단체 활동의 북한인권 개선 도움 여부

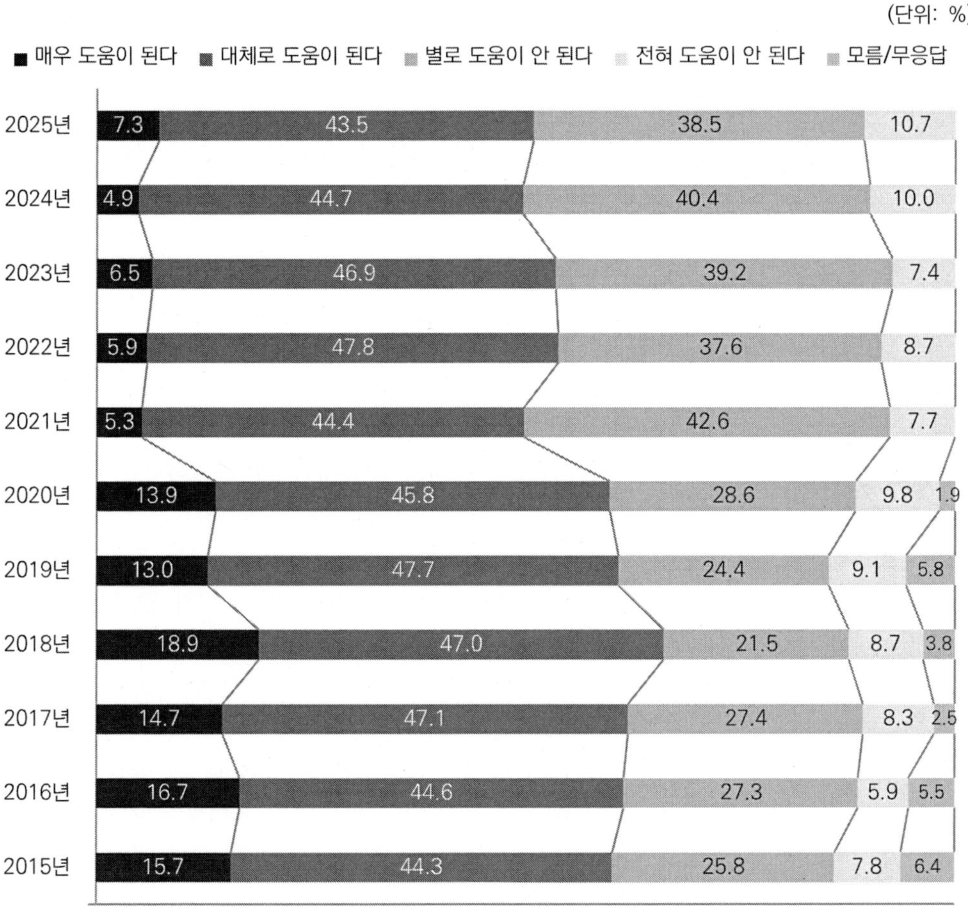

▷ "도움이 된다"는 응답은 △서울(57.7%), 대구/경북(57.3%) 거주자 △생산/기능/노무직(57.1%) 종사자, 학생(58.6% △북한인권 개선되고 있다(70.7%) △북한인권 개선 가능성 있다(65.4%) △북한인권 관심이 있다(61.6%) △북한인권 개입해야 한다(60.9%) △인권단체 도움이 된다(100%) 응답자에서 상대적으로 높음

17. 북한인권 개선을 위해 노력해야 할 집단

○ 북한인권 개선을 위해 가장 노력해야 할 집단으로 응답자의 36.5%는 "북한 당국"을 가장 우선적으로 꼽았으며, 다음으로 "국제인권단체"(21.2%), "우리 정부"(11.8%), "유엔"(15.8%), "미국 등 각국 정부"(10.1%), "국내 북한인권 단체"(4.6%)를 꼽았음

- 지난해 응답은 "북한 당국", "국제인권단체", "우리 정부", "유엔" 순이었으나, 이번에는 우리 정부라는 응답이 유엔보다 낮게 나타남. 이는 북한인권 개선에 있어 북한 당국이 직접적인 주체로서 역할을 해야 한다는 것과 그 과정에서 이해관계에 있는 국내외 집단의 공조가 있어야 한다는 국민 인식을 보여주는 결과임

- 한편으로 북한인권 개선에서 우리 정부의 역할이 중요하지 않다는 인식은 북한인권에 대한 우리 정부의 일관되지 못한 입장에 대한 평가로도 볼 수 있음

○ 북한인권 문제의 핵심은 한국 정부의 역할보다는 북한 당국의 의지가 큰 변수라는 인식이 높으며, 북한 당국이 실질적으로 북한인권 문제를 직시하고 해결해 나갈 수 있도록 정부 차원의 노력이 필요할 것으로 보임

○ 앞서 "북한인권 단체 활동이 북한인권 개선에 도움이 되지 않는다"는 응답(49.2%)과 북한인권 개선을 위해 가장 노력해야 할 집단 중 가장 낮은 응답률을 기록하고 있는 집단이 "국내 북한인권단체"라는 점에서 북한인권단체의 북한인권 개선 역할에 대한 기대치가 전반적으로 낮음을 알 수 있음

〈그림 41〉 북한인권 개선을 위해 노력해야 할 집단

(단위: %)

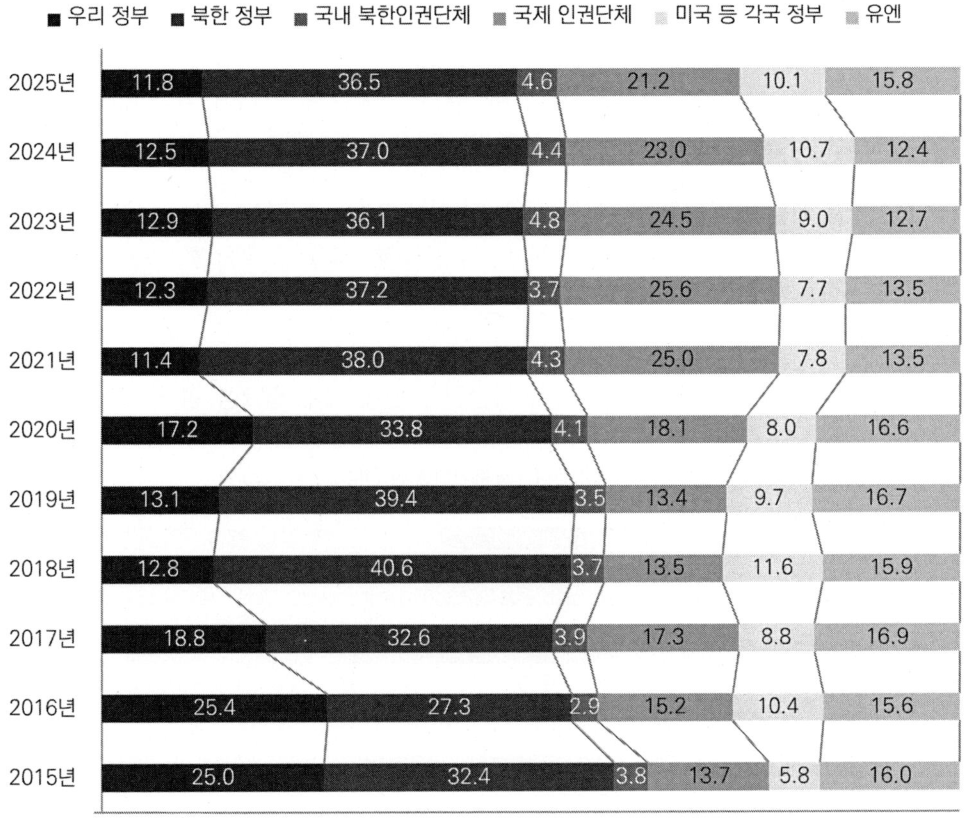

▷ "북한 정부"라는 응답은 △강원/제주(46.5%) 거주자 △농/임/어업(66.7%) △가구소득 201-300만 원 이하(48.1%) △북한인권 관심이 없다(45.2%) △북한인권 간섭해서는 안 된다(46.7%) △인권단체 도움이 안 된다(42.1%) 응답자에서 상대적으로 높음

18. 한국 정부 차원의 북한인권 문제 제기 필요성 평가

○ 북한인권 개선을 위해서 한국 정부가 북한인권 문제를 북한 당국에 공식적으로 제기해야 하는지에 대해 "제기해야 된다"는 응답은 지난해 60.2%보다 8.5%p 낮은 51.7%로 나타났고, 48.3%는 "제기하면 안 된다"고 응답함

○ 북한인권 문제를 제기해야한다는 응답은 진보(46.6%), 중도(43.3%), 보수(65.7%)로 나타났으며, 이는 작년 응답 대비 진보 14.3%p▼, 중도 9.4%p▼, 보수 2.7%p▼ 감소한 값임

〈그림 42〉 한국 정부 차원의 북한인권 문제 제기 필요성 평가

(단위: %)

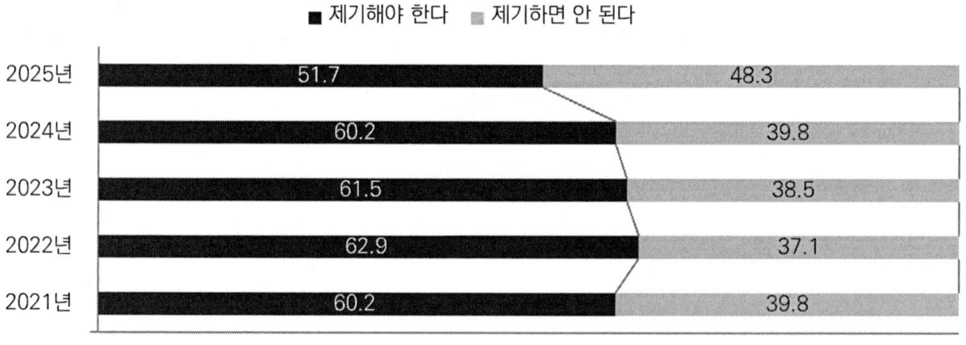

▷ "제기해야 한다"는 응답은 △대구/경북(63.5%) △자영업(68.7%) 종사자, 학생(64.9%) △보수(65.7%) △북한인권 개선되고 있다(66.7%), 북한인권 나빠지고 있다(65.7%) △북한인권 관심이 있다(61.1%) △북한인권 개입해야 한다(67.7%) △인권단체 도움이 된다(67.7%) 응답자에서 상대적으로 높음

〈표 6〉 이념 성향과 문제 제기 필요성(2025년)

(단위: 명)

구분	진보	중도	보수
제기해야 한다	109(46.6%)	184(43.3%)	224(65.7%)
제기하면 안 된다	125(53.4%)	241(56.7%)	117(34.3%)
계	234(100.0%)	425(100.0%)	341(100.0%)

19. 정부가 북한인권 문제 제기 시 남북관계에 미칠 영향

○ 한국 정부가 북한 당국에 북한인권 문제를 제기할 경우 응답자의 67.3%는 “남북관계에 부정적인 영향을 미칠 것”이라고 응답하여 2024년(74.7%) 대비 7.4%p 감소하였고, 16.9%는 “북한인권 개선에 있어 긍정적인 영향을 미칠 것”이라고 응답함. 한편, “아무 영향을 미치지 않을 것이다”는 응답은 15.8%임

○ “제기해야 한다”고 한 응답한 517명 중 61.7%는 “남북관계에 부정적인 영향을 끼칠 것”이라고 응답했으며, 이는 부정적인 남북관계가 우려되더라도 북한인권 개선과 문제해결을 위해 정부가 직접 문제 제기해야 할 필요성이 있다는 국민 인식을 볼 수 있음

〈그림 43〉 정부가 북한인권 문제 제기 시 남북관계에 미칠 영향

(단위: %)

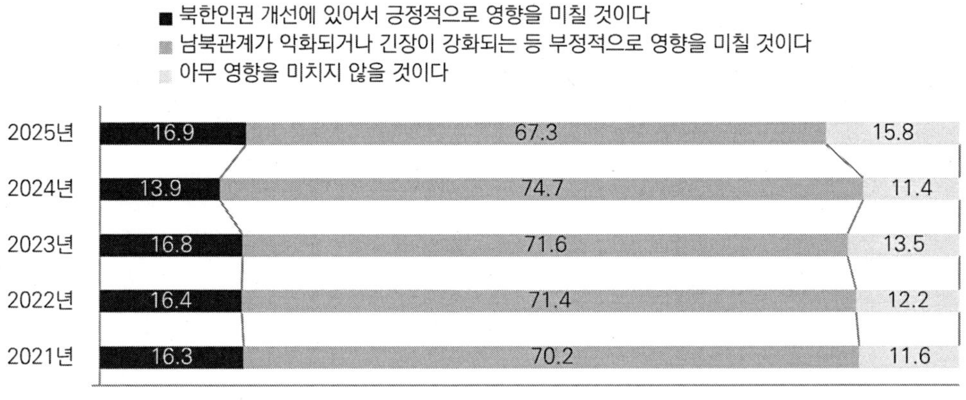

▷ “남북관계에 부정적인 영향을 미친다”는 응답은 △부산/울산/경남(77.7%) 거주자 △무직/퇴직/기타(76.6%) 종사자 응답자에서 상대적으로 높음

〈표 7〉 문제 제기 필요성과 문제 제기 시 남북관계 영향(2025년)

(단위: 명)

구분	제기해야 한다	제기하면 안 된다
북한인권 개선에 있어서 긍정적으로 영향을 끼칠 것이다	135(26.1%)	34(7.0%)
남북관계에 부정적인 영향을 미친다	319(61.7%)	354(73.3%)
아무 영향을 미치지 않을 것이다	63(12.2%)	95(15.8%)
계	517(100%)	483(100%)

20. 북한 주민의 인권을 침해한 가해자에 대한 처벌 필요성 여부

○ 과거청산은 청산의 주체, 방식, 목적, 처벌 대상과 수준에 따라 다양한 형태로 진행될 수 있음. 통일된 한반도에 대한 기대가 높아질수록 과거청산에 대한 올바른 논의와 사회적 합의도 이루어져야 할 것임

○ 인권침해 가해자에 대해 처벌이 필요하다는 응답은 "침해유형이나 피해 정도를 따져 처벌해야 한다"가 전체 응답의 64.9%를 차지함. "강력하게 처벌해야 한다"는 응답은 33.8%, "사회통합을 위해서 용서해야 한다"는 응답은 4.3%임

○ 북한에서 인권침해를 경험한 피해자이거나 목격자일 가능성이 높은 북한이탈주민은 일반 국민과 같이 비슷한 수준(91.3%, 강력 52.5% + 침해유형이나 피해 정도 따져 38.8%)[10]으로 처벌에 대한 필요성을 인식하고 있으나, 그 처벌 수준 정도에 대해서는 상대적으로 더욱 강력한 처벌을 원하고 있음

10) 임순희, 『2023 북한이탈주민 경제사회통합실태』, 북한인권정보센터·엔케이소셜리서치, 2023. p. 86.

〈그림 44〉 북한 주민의 인권을 침해한 가해자에 대한 처벌 필요성 여부

(단위: %)

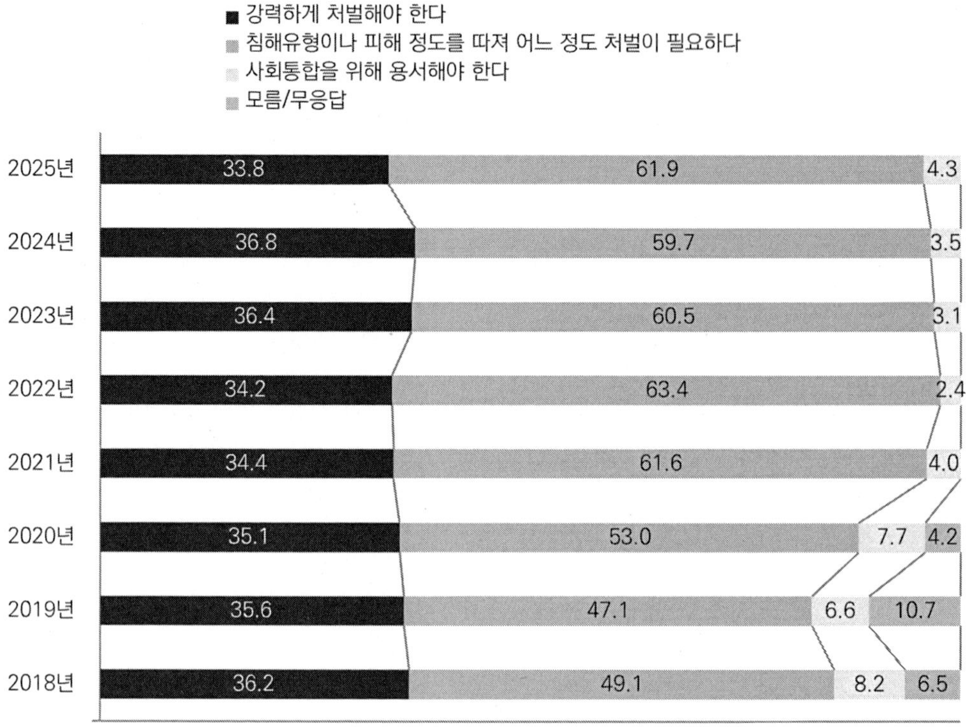

▷ "강력하게 처벌해야 한다"라는 응답은 △60세 이상(41.6%) △강원/제주 (53.5%), 대구/경북(41.7%) △농/임/어업(55.6%), 자영업(43.4%), 판매/영업/서비스직(42.6%) 종사자 △보수(40.5%) △북한인권 나빠지고 있다(48.1%) 응답자에서 상대적으로 높음

▷ "침해 정도를 따져서 어느 정도 처벌이 필요하다"라는 응답은 △50대(68.0%) △진보(70.5%) △북한인권 개선 가능성 있다(71.7%) △북한인권 관심이 없다(69.8%) △북한인권 심각하지 않다(69.2%) 응답자에서 상대적으로 높음

특별보고서.

숙명여대 인식조사

1. 개 요

❑ 숙명여자대학교는 2025년 통일교육선도사업대학으로 선정됨. 본 조사는 숙명여자대학교 재학생의 현재 통일인식을 진단하고 이후 통일교육선도대학사업단 활동에 따른 의식 변화를 추적 및 평가하기 위해 진행되었음

❑ 숙명여자대학교 통일교육선도대학사업단은 2025년 9월 (사)북한인권정보센터와 함께 숙명여자대학교 대학(원)생 413명을 대상으로 '북한인권 및 통일 인식조사'를 실시하였음. 본 특별보고서는 숙명여자대학교 조사 결과 중 북한인권 인식의 주요 결과를 선별해 소개하고자함. 이를 바탕으로 현재 청년세대의 생각을 이해하고, 앞으로 실질적인 통일을 준비해야 할 청년세대들의 북한인권과 통일에 대한 관심을 제고하기 위한 활동의 근거자료로 활용하고자 함

2. 조사 개요

구 분	내 용
조사 대상	숙명여자대학교 대학생 및 대학원생
표본 크기	413명
표본 오차	95% 신뢰수준에서 ±4.7%p
조사 방법	온라인조사
조사 도구	구조화된 설문지(Structured Questionnaire)
조사 기간	2025년 9월 10일 ~ 2025년 9월 26일

3. 응답자 특성

구 분		조사 표본	
		사례수	%
◈ 전 체 ◈		(413)	100.0
북한에 대한 관심 정도	관심 있다	(200)	48.4
	관심 없다	(169)	40.9
	잘모름	(44)	10.7
북한에 대한 인식	인도적 지원 대상	(47)	11.4
	협력 대상	(82)	19.9
	경계 대상	(162)	39.2
	적대 대상	(41)	9.9
	이웃 국가	(81)	19.6
북한주민의 인권에 대한 관심 정도	관심 있다	(267)	64.6
	관심 없다	(146)	35.4
통일의 필요성	필요하다	(228)	55.2
	필요하지 않다	(143)	34.6
	잘모름	(42)	10.2
현 정부의 대북정책에 대한 지지 정도	지지하는 편	(281)	68.0
	지지하지 않는 편	(132)	32.0
성별	여성	(413)	100.0
연령	20~24세	(366)	88.6
	25~29세	(28)	6.8
	30세 이상	(19)	4.6
혼인상태	미혼(사실혼, 동거 제외)	(317)	76.8
	미혼(사실혼, 동거 포함)	(86)	20.8
	기혼(배우자 있음)	(10)	2.4
소속	학부생	(367)	88.9
	학부 졸업 유예생	(8)	1.9
	석·박사 과정생	(33)	8.0
	석·박사 수료생	(5)	1.2

1. 북한주민의 인권에 대한 관심

❑ 평소 북한주민의 인권에 대해 '관심이 있다'는 응답은 64.6%(매우 관심 있다 7.5% + 관심 있다 57.1%)로 '관심이 없다'(35.4%, 전혀 관심 없다 2.7% + 관심 없다 32.7%)에 비해 높게 나타남

- 일반국민 인식조사에서도 평소 북한인권에 '관심이 있다'(매우 15.5%+대체로 49.1%)는 응답이 64.6%로 동일하게 나타남

❑ 북한주민의 인권에 대한 관심 정도를 점수로 환산하면, 4점 평균 2.69점이고, 100점 환산 평균 56.5점으로 조사됨

(단위 : %, 점)

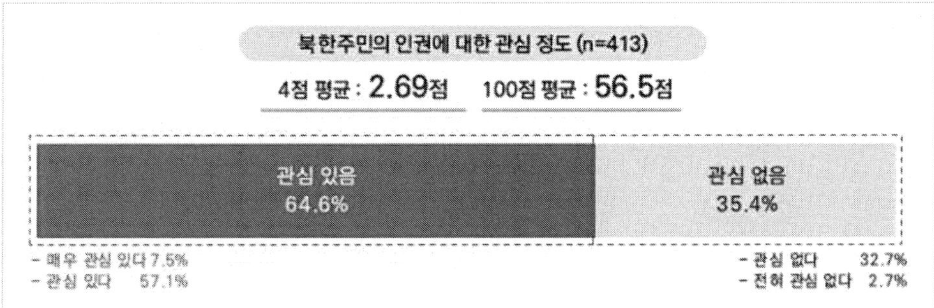

[그림 1] 평소 북한주민의 인권에 대한 관심

❑ 평소 북한주민의 인권에 대한 관심도는 북한에 대한 인식이 '인도적 지원 대상'과 '협력 대상'인 계층에서 높게 나타났고, 통일이 '필요하다'는 계층에서도 상대적으로 높게 나타남

❑ 북한주민의 인권에 관심을 가지게 된 이유가 '미디어를 통해 알게 되어서'인 응답은 현 정부의 대북정책을 '지지하는' 계층, 통일이 '필요하지 않다' 계층에서 상대적으로 높게 나타남. '북한 정권의 인권 탄압이 심해서'인 응답은 북한에 대한 인식이 '적대 대상'인 계층, 현 정부의 대북정책을 '지지하지 않는' 계층에서 상대적으로 높게 나타남

〈표 1〉 평소 북한주민의 인권에 대한 관심 정도

(단위 : %, 점)

구 분		사례수	매우 관심 있다	관심 있다	관심 없다	전혀 관심 없다	종합평가		4점 평균	100점 평균
							관심 있다	관심 없다		
◈ 전 체 ◈		(413)	7.5	57.1	32.7	2.7	64.6	35.4	2.69	56.5
북한에 대한 관심 정도	관심 있다	(200)	13.0	78.0	9.0	0.0	91.0	9.0	3.04	68.0
	관심 없다	(169)	3.0	36.1	55.0	5.9	39.1	60.9	2.36	45.4
	잘모름	(44)	0.0	43.2	54.5	2.3	43.2	56.8	2.41	47.0
북한에 대한 인식	인도적 지원 대상	(47)	12.8	70.2	17.0	0.0	83.0	17.0	2.96	65.2
	협력 대상	(82)	9.8	70.7	19.5	0.0	80.5	19.5	2.90	63.4
	경계 대상	(162)	5.6	49.4	43.2	1.9	54.9	45.1	2.59	52.9
	적대 대상	(41)	0.0	41.5	46.3	12.2	41.5	58.5	2.29	43.1
	이웃 국가	(81)	9.9	59.3	27.2	3.7	69.1	30.9	2.75	58.4
북한주민의 인권에 대한 관심 정도	관심 있다	(267)	11.6	88.4	0.0	0.0	100.0	0.0	3.12	70.5
	관심 없다	(146)	0.0	0.0	92.5	7.5	0.0	100.0	1.92	30.8
통일의 필요성	필요하다	(228)	11.4	66.2	21.5	0.9	77.6	22.4	2.88	62.7
	필요하지 않다	(143)	2.8	44.1	47.6	5.6	46.9	53.1	2.44	48.0
	잘모름	(42)	2.4	52.4	42.9	2.4	54.8	45.2	2.55	51.6
현 정부의 대북정책에 대한 방향성	지지하는 편	(281)	7.8	63.3	27.8	1.1	71.2	28.8	2.78	59.3
	지지하지 않는 편	(132)	6.8	43.9	43.2	6.1	50.8	49.2	2.52	50.5
연령	20~24세	(366)	7.1	56.8	33.6	2.5	63.9	36.1	2.69	56.2
	25~29세	(28)	7.1	53.6	35.7	3.6	60.7	39.3	2.64	54.8
	30세 이상	(19)	15.8	68.4	10.5	5.3	84.2	15.8	2.95	64.9
권역별	서울	(146)	5.5	63.7	28.8	2.1	69.2	30.8	2.73	57.5
	인천/경기	(135)	5.2	54.1	38.5	2.2	59.3	40.7	2.62	54.1
	대전/세종/충청	(54)	13.0	48.1	37.0	1.9	61.1	38.9	2.72	57.4
	광주/전라	(16)	6.3	75.0	12.5	6.3	81.3	18.8	2.81	60.4
	대구/경북	(22)	9.1	59.1	31.8	0.0	68.2	31.8	2.77	59.1
	부산/울산/경남	(20)	15.0	40.0	35.0	10.0	55.0	45.0	2.60	53.3
	강원/제주	(18)	16.7	50.0	27.8	5.6	66.7	33.3	2.78	59.3
	해외	(2)	0.0	100.0	0.0	0.0	100.0	0.0	3.00	66.7
혼인상태	미혼(사실혼, 동거 제외)	(317)	7.3	54.9	35.0	2.8	62.1	37.9	2.67	55.5
	미혼(사실혼, 동거 포함)	(86)	7.0	62.8	27.9	2.3	69.8	30.2	2.74	58.1
	기혼(배우자 있음)	(10)	20.0	80.0	0.0	0.0	100.0	0.0	3.20	73.3
소속	학부생	(367)	7.1	56.1	34.1	2.7	63.2	36.8	2.68	55.9
	학부 졸업 유예생	(8)	0.0	75.0	25.0	0.0	75.0	25.0	2.75	58.3
	석·박사 과정생	(33)	12.1	63.6	24.2	0.0	75.8	24.2	2.88	62.6
	석·박사 수료생	(5)	20.0	60.0	0.0	20.0	80.0	20.0	2.80	60.0

※ 사례수가 30 미만인 경우 해석 시 유의

❑ 북한주민의 인권에 대해 관심이 있는 응답자(n=267)를 대상으로 관심을 갖게 된 계기를 물은 결과, '미디어를 통해 알게 되어서'가 34.1%로 가장 높게 나타났고, 다음으로 '북한 정권의 인권 탄압이 심해서'(20.6%), '원래 같은 나라였으니까'(13.9%) 등의 순으로 나타남

(단위 : %)

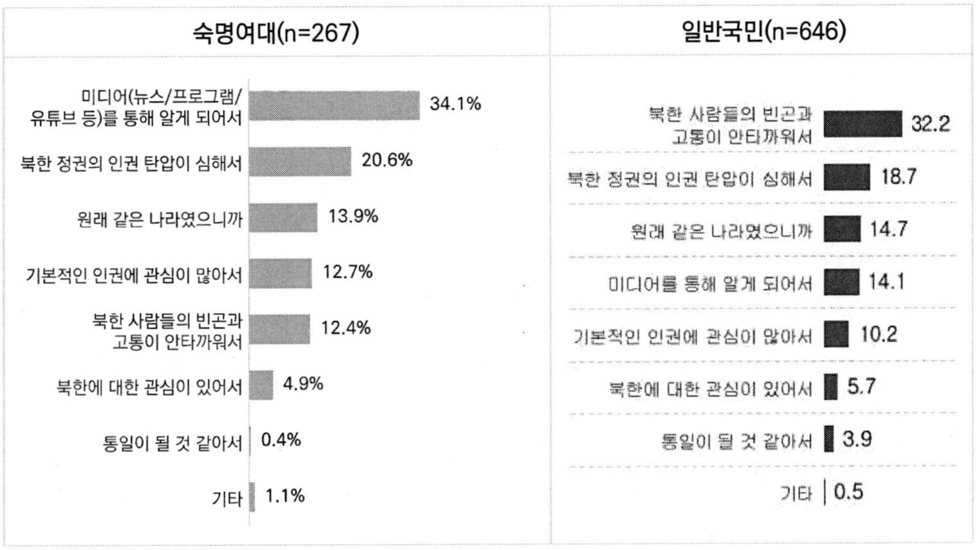

[그림 2] 평소 북한주민의 인권에 대한 관심 계기

- 일반국민 조사에서는 '북한 사람들의 빈곤과 고통이 안타까워서' 32.2%, '북한 정권의 인권탄압이 심해서' 18.7%, '원래 같은 나라였으니까' 14.7%로 나타남. 일반 국민이 북한의 식량난 및 열악한 인권상황에 대해 상대적으로 높은 이해도를 가지고 있으며, 대학생의 경우 미디어를 통해 북한인권 상황을 이해하고 있음

〈표 2〉 북한주민의 인권에 관심을 가지게 된 이유(계기)

(단위 : %)

구 분		사례수	미디어를 통해 알게 되어서	북한 정권의 인권 탄압이 심해서	원래 같은 나라였으니까	기본적인 인권에 관심이 많아서	북한 사람들의 빈곤과 고통이 안타까워서	북한에 대한 관심이 있어서	통일이 될 것 같아서	기타
◈ 전 체 ◈		(267)	34.1	20.6	13.9	12.7	12.4	4.9	0.4	1.1
북한에 대한 관심 정도	관심 있다	(182)	33.0	18.7	14.8	13.2	12.1	7.1	0.0	1.1
	관심 없다	(66)	31.8	27.3	12.1	12.1	13.6	0.0	1.5	1.5
	잘모름	(19)	52.6	15.8	10.5	10.5	10.5	0.0	0.0	0.0
북한에 대한 인식	인도적 지원 대상	(39)	33.3	17.9	23.1	7.7	15.4	0.0	0.0	2.6
	협력 대상	(66)	33.3	18.2	21.2	15.2	6.1	3.0	0.0	3.0
	경계 대상	(89)	34.8	22.5	7.9	12.4	16.9	4.5	1.1	0.0
	적대 대상	(17)	29.4	29.4	5.9	11.8	11.8	11.8	0.0	0.0
	이웃 국가	(56)	35.7	19.6	10.7	14.3	10.7	8.9	0.0	0.0
통일의 필요성	필요하다	(177)	31.1	19.8	16.9	13.0	13.0	4.5	0.6	1.1
	필요하지 않다	(67)	41.8	22.4	10.4	10.4	10.4	3.0	0.0	1.5
	잘모름	(23)	34.8	21.7	0.0	17.4	13.0	13.0	0.0	0.0
현 정부의 대북정책에 대한 방향성	지지하는 편	(200)	36.0	19.5	13.0	15.5	11.5	3.5	0.5	0.5
	지지하지 않는 편	(67)	28.4	23.9	16.4	4.5	14.9	9.0	0.0	3.0
연령	20~24세	(234)	34.6	20.9	12.8	12.8	12.8	4.7	0.4	0.9
	25~29세	(17)	35.3	17.6	17.6	11.8	11.8	5.9	0.0	0.0
	30세 이상	(16)	25.0	18.8	25.0	12.5	6.3	6.3	0.0	6.3
혼인상태	미혼(사실혼, 동거 제외)	(197)	34.0	22.3	13.2	11.2	13.2	5.1	0.0	1.0
	미혼(사실혼, 동거 포함)	(60)	36.7	15.0	13.3	16.7	10.0	5.0	1.7	1.7
	기혼(배우자 있음)	(10)	20.0	20.0	30.0	20.0	10.0	0.0	0.0	0.0
소속	학부생	(232)	34.1	20.7	13.4	13.4	12.9	4.3	0.4	0.9
	학부 졸업 유예생	(6)	33.3	16.7	16.7	16.7	16.7	0.0	0.0	0.0
	석·박사 과정생	(25)	40.0	16.0	20.0	4.0	8.0	8.0	0.0	4.0
	석·박사 수료생	(4)	0.0	50.0	0.0	25.0	0.0	25.0	0.0	0.0

※ 사례수가 30 미만인 경우 해석 시 유의

❑ 북한주민의 인권에 대해 관심이 없는 응답자(n=146)의 관심이 없는 이유로는 '다른 나라라는 생각이 들어서'(21.9%), '북한에 대한 관심이 없어서'(21.2%), '별다른 해결책이 없어서'(18.5%) 등의 순으로 나타남

- 일반국민 조사결과 '별다른 해결책이 없어서'(16.7%), '북한에 대한 관심이 없어서'(16.7%), '북한인권 상황에 대한 충분한 정보를 접하지 못해서'(14.1%)로 나타나 대학생 인식과의 차이를 보임

(단위 : %)

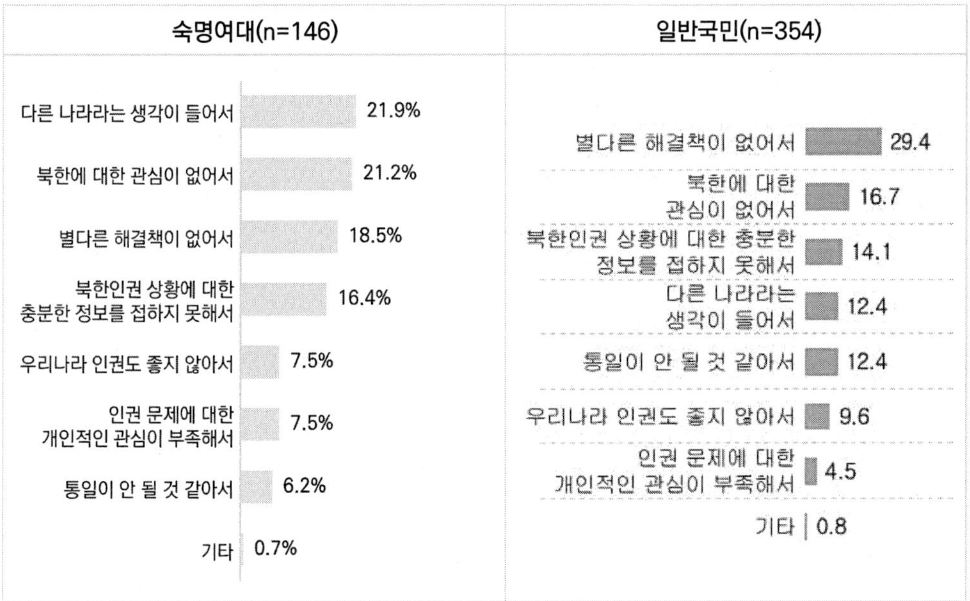

[그림 3] 평소 북한주민의 인권에 대한 무관심 이유

❑ 북한이 '다른 나라라는 생각이 들어서' 북한주민의 인권에 관심이 없는 응답은 북한에 대한 인식이 '경계 대상', 연령이 '30세 이상' 계층에서 상대적으로 높게 나타났고, '북한에 대한 관심이 없어서' 북한 인권에 관심이 없는 응답은 북한에 대한 인식이 '협력 대상', 연령이 '25~29세' 계층에서 상대적으로 높게 나타남

〈표 3〉 북한주민의 인권에 관심이 없는 이유

(단위 : %)

구 분		사례수	다른 나라 라는 생각이 들어서	북한에 대한 관심이 없어서	별다른 해결책이 없어서	북한 인권 상황에 대한 충분한 정보를 접하지 못해서	우리 나라 인권도 좋지 않아서	인권 문제에 대한 개인적인 관심이 부족해서	통일이 안 될 것 같아서	기타
◈ 전 체 ◈		(146)	21.9	21.2	18.5	16.4	7.5	7.5	6.2	0.7
북한에 대한 관심 정도	관심 있다	(18)	16.7	5.6	33.3	27.8	11.1	0.0	0.0	5.6
	관심 없다	(103)	21.4	27.2	18.4	11.7	6.8	6.8	7.8	0.0
	잘모름	(25)	28.0	8.0	8.0	28.0	8.0	16.0	4.0	0.0
북한에 대한 인식	인도적 지원 대상	(8)	12.5	25.0	12.5	37.5	0.0	12.5	0.0	0.0
	협력 대상	(16)	12.5	37.5	6.3	43.8	0.0	0.0	0.0	0.0
	경계 대상	(73)	28.8	20.5	17.8	16.4	6.8	4.1	5.5	0.0
	적대 대상	(24)	25.0	20.8	25.0	0.0	4.2	16.7	4.2	4.2
	이웃 국가	(25)	8.0	12.0	24.0	8.0	20.0	12.0	16.0	0.0
통일의 필요성	필요하다	(51)	7.8	25.5	21.6	27.5	3.9	9.8	3.9	0.0
	필요하지 않다	(76)	27.6	21.1	15.8	9.2	11.8	5.3	7.9	1.3
	잘모름	(19)	36.8	10.5	21.1	15.8	0.0	10.5	5.3	0.0
현 정부의 대북정책에 대한 방향성	지지하는 편	(81)	22.2	23.5	13.6	19.8	6.2	9.9	4.9	0.0
	지지하지 않는 편	(65)	21.5	18.5	24.6	12.3	9.2	4.6	7.7	1.5
연령	20~24세	(132)	22.7	21.2	15.9	17.4	8.3	7.6	6.1	0.8
	25~29세	(11)	9.1	27.3	36.4	9.1	0.0	9.1	9.1	0.0
	30세 이상	(3)	33.3	0.0	66.7	0.0	0.0	0.0	0.0	0.0
혼인상태	미혼(사실혼, 동거 제외)	(120)	21.7	18.3	17.5	17.5	9.2	9.2	5.8	0.8
	미혼(사실혼, 동거 포함)	(26)	23.1	34.6	23.1	11.5	0.0	0.0	7.7	0.0
소속	학부생	(135)	23.0	22.2	17.0	16.3	7.4	6.7	6.7	0.7
	학부 졸업 유예생	(2)	0.0	0.0	50.0	50.0	0.0	0.0	0.0	0.0
	석·박사 과정생	(8)	12.5	12.5	25.0	12.5	12.5	25.0	0.0	0.0
	석·박사 수료생	(1)	0.0	0.0	100.0	0.0	0.0	0.0	0.0	0.0

※ 사례수가 30 미만인 경우 해석 시 유의

2. 북한주민의 인권 상황 심각 정도

- ❑ 북한주민의 인권 상황의 심각 정도에 대해 물은 결과, 응답자 대부분은 인권 상황이 '심각하다'(99.0%, 매우 심각하다 44.1% + 심각하다 55.0%)고 응답함
- ❑ 반면, 북한주민의 인권 상황이 '심각하지 않다'는 응답은 1.0%에 불과하며, 북한주민의 인권 상황의 심각성은 응답자 대부분이 인지하고 있는 수준임
- ❑ 북한주민의 인권 상황 심각 정도를 점수로 환산하면 4점 평균 3.43점이고, 100점 환산 점수는 평균 81.0점으로 조사됨

(단위 : %, 점)

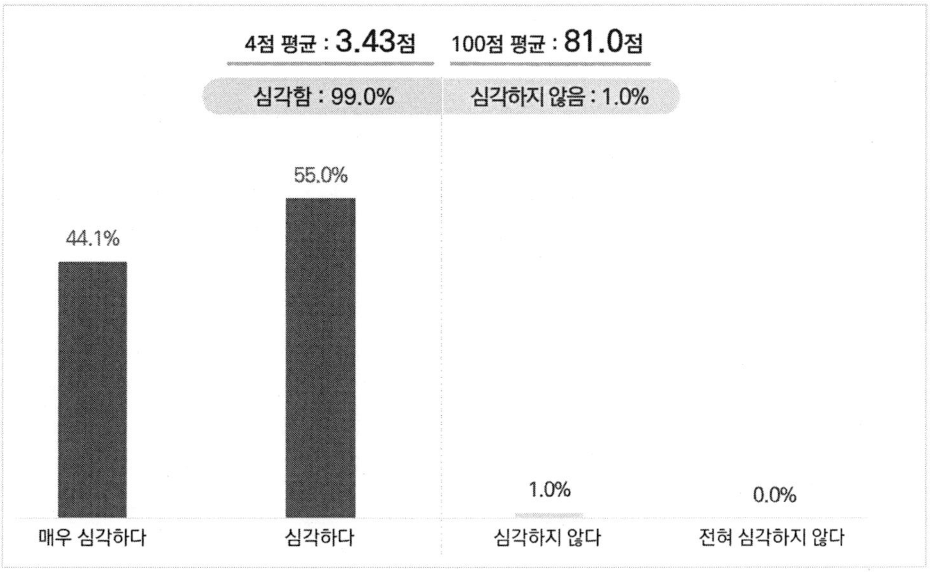

[그림 4] 북한주민의 인권 상황 심각 정도

- 북한인권 상황에 대해 일반국민 응답자의 94.8%는 "심각하다"(매우 54.5%+어느 정도 40.3%)고 응답한 반면, 5.2%는 "심각하지 않다"(전혀 1.0%+별로 4.2%)고 응답하며 두 조사결과 모두 북한인권 심각성에 대한 인식 비율이 매우 높음을 알 수 있음

〈표 4〉 북한주민의 인권 상황 심각 정도

(단위 : %, 점)

구 분		사례수	매우 심각하다	심각하다	심각하지 않다	전혀 심각하지 않다	종합평가		4점 평균	100점 평균
							심각하다	심각하지 않다		
◈ 전 체 ◈		(413)	44.1	55.0	1.0	0.0	99.0	1.0	3.43	81.0
북한에 대한 관심 정도	관심 있다	(200)	55.5	43.5	1.0	0.0	99.0	1.0	3.55	84.8
	관심 없다	(169)	36.1	63.3	0.6	0.0	99.4	0.6	3.36	78.5
	잘모름	(44)	22.7	75.0	2.3	0.0	97.7	2.3	3.20	73.5
북한에 대한 인식	인도적 지원 대상	(47)	59.6	40.4	0.0	0.0	100.0	0.0	3.60	86.5
	협력 대상	(82)	43.9	53.7	2.4	0.0	97.6	2.4	3.41	80.5
	경계 대상	(162)	43.8	56.2	0.0	0.0	100.0	0.0	3.44	81.3
	적대 대상	(41)	39.0	61.0	0.0	0.0	100.0	0.0	3.39	79.7
	이웃 국가	(81)	38.3	59.3	2.5	0.0	97.5	2.5	3.36	78.6
북한주민의 인권에 대한 관심 정도	관심 있다	(267)	53.6	45.7	0.7	0.0	99.3	0.7	3.53	84.3
	관심 없다	(146)	26.7	71.9	1.4	0.0	98.6	1.4	3.25	75.1
통일의 필요성	필요하다	(228)	50.0	48.7	1.3	0.0	98.7	1.3	3.49	82.9
	필요하지 않다	(143)	37.8	61.5	0.7	0.0	99.3	0.7	3.37	79.0
	잘모름	(42)	33.3	66.7	0.0	0.0	100.0	0.0	3.33	77.8
현 정부의 대북정책에 대한 방향성	지지하는 편	(281)	45.2	53.7	1.1	0.0	98.9	1.1	3.44	81.4
	지지하지 않는 편	(132)	41.7	57.6	0.8	0.0	99.2	0.8	3.41	80.3
연령	20~24세	(366)	41.0	58.2	0.8	0.0	99.2	0.8	3.40	80.1
	25~29세	(28)	64.3	32.1	3.6	0.0	96.4	3.6	3.61	86.9
	30세 이상	(19)	73.7	26.3	0.0	0.0	100.0	0.0	3.74	91.2
혼인상태	미혼(사실혼, 동거 제외)	(317)	45.4	53.3	1.3	0.0	98.7	1.3	3.44	81.4
	미혼(사실혼, 동거 포함)	(86)	33.7	66.3	0.0	0.0	100.0	0.0	3.34	77.9
	기혼(배우자 있음)	(10)	90.0	10.0	0.0	0.0	100.0	0.0	3.90	96.7
소속	학부생	(367)	41.4	57.5	1.1	0.0	98.9	1.1	3.40	80.1
	학부 졸업 유예생	(8)	50.0	50.0	0.0	0.0	100.0	0.0	3.50	83.3
	석·박사 과정생	(33)	66.7	33.3	0.0	0.0	100.0	0.0	3.67	88.9
	석·박사 수료생	(5)	80.0	20.0	0.0	0.0	100.0	0.0	3.80	93.3

※ 사례수가 30 미만인 경우 해석 시 유의

(계속)

3. 북한 난민이 대규모로 발생할 경우 정부가 취해야 할 대응 방안

❑ 북한 난민이 대규모로 발생할 경우, 정부가 취해야 할 대응 방안으로 '경제적 능력과 외교적 부담을 고려하여 선별적으로 받아들여야 한다' 54.2%, '북한이탈주민은 같은 동포이기 때문에 우리나라에 살고자 하는 사람은 모두 받아야 한다' 41.9%, '우리 사회에 큰 부담이 되기 때문에 받아들여서는 안 된다' 3.9%로 나타남

- 일반국민 조사결과와 비교하면 '전원수용' 비율이 상대적으로 높게 나타났고, '받아들여서는 안된다'는 응답 역시 일반국민 중 유사 연령대(19세-29세 16.5%) 응답보다 상대적으로 높게 나타난 특징이 있음

(단위 : %)

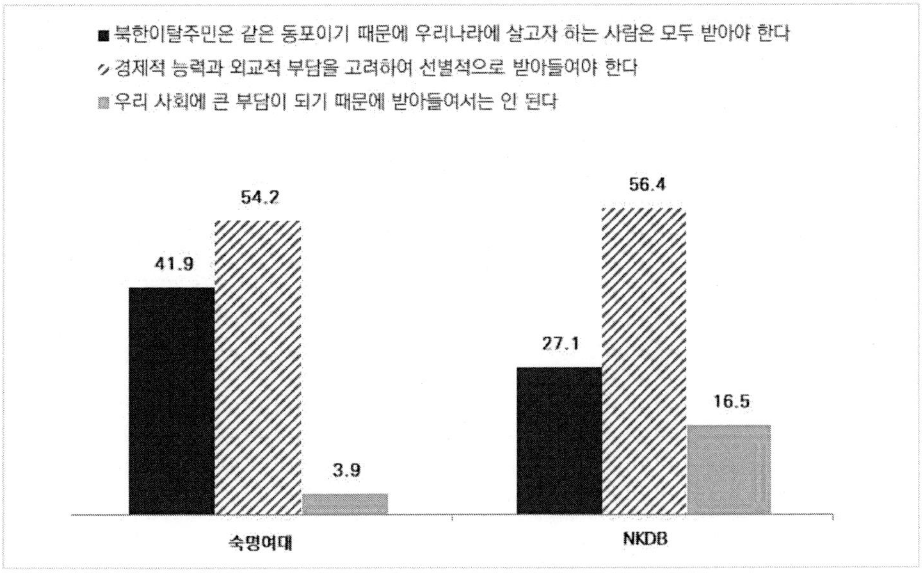

[그림 5] 북한 난민이 대규모로 발생할 경우 정부가 취해야 할 대응 방안

❑ '경제적 능력과 외교적 부담을 고려하여 선별적으로 받아들여야 한다'는 응답은 북한에 대한 인식이 '적대 대상'인 계층에서 상대적으로 높게 나타났고, '북한이탈주민은 같은 동포이기 때문에 우리나라에 살고자 하는 사람은 모두 받아야 한다'는 응답은 북한에 대한 인식이 '인도적 지원 대상'인 계층에서 상대적으로 높게 나타남

〈표 5〉 북한 난민이 대규모로 발생할 경우 정부가 취해야 할 대응 방안

(단위 : %)

구 분		사례수	경제적 능력과 외교적 부담을 고려하여 선별적으로 받아들여야 한다	북한이탈주민은 같은 동포이기 때문에 우리나라에 살고자 하는 사람은 모두 받아야 한다	우리 사회에 큰 부담이 되기 때문에 받아들여서는 안 된다
◈ 전 체 ◈		(413)	54.2	41.9	3.9
북한에 대한 관심 정도	관심 있다	(200)	53.0	46.0	1.0
	관심 없다	(169)	53.8	37.9	8.3
	잘모름	(44)	61.4	38.6	0.0
북한에 대한 인식	인도적 지원 대상	(47)	44.7	53.2	2.1
	협력 대상	(82)	52.4	47.6	0.0
	경계 대상	(162)	53.1	43.8	3.1
	적대 대상	(41)	70.7	14.6	14.6
	이웃 국가	(81)	55.6	39.5	4.9
북한주민의 인권에 대한 관심 정도	관심 있다	(267)	52.1	47.2	0.7
	관심 없다	(146)	58.2	32.2	9.6
통일의 필요성	필요하다	(228)	51.8	48.2	0.0
	필요하지 않다	(143)	58.0	32.9	9.1
	잘모름	(42)	54.8	38.1	7.1
현 정부의 대북정책에 대한 방향성	지지하는 편	(281)	53.7	44.5	1.8
	지지하지 않는 편	(132)	55.3	36.4	8.3
연령	20~24세	(366)	54.6	41.3	4.1
	25~29세	(28)	53.6	46.4	0.0
	30세 이상	(19)	47.4	47.4	5.3
혼인상태	미혼(사실혼, 동거 제외)	(317)	56.2	39.4	4.4
	미혼(사실혼, 동거 포함)	(86)	48.8	48.8	2.3
	기혼(배우자 있음)	(10)	40.0	60.0	0.0
소속	학부생	(367)	54.2	41.7	4.1
	학부 졸업 유예생	(8)	50.0	50.0	0.0
	석·박사 과정생	(33)	60.6	39.4	0.0
	석·박사 수료생	(5)	20.0	60.0	20.0

※ 사례수가 30 미만인 경우 해석 시 유의

4. 북한주민의 삶의 개선을 위해 우선적으로 해야 할 일

- 북한주민의 삶의 개선을 위해 우선적으로 해야 할 일을 물은 결과, '꾸준한 대화를 통한 개선촉구 및 지원'이 44.6%로 가장 높게 나타났고, 다음으로 '국제사회의 공조를 통한 압박'(22.8%), '국제사회의 대북지원 확대 및 활성화'(16.0%), '북한인권피해 기록 및 홍보'(15.7%) 순으로 나타남

(단위 : %)

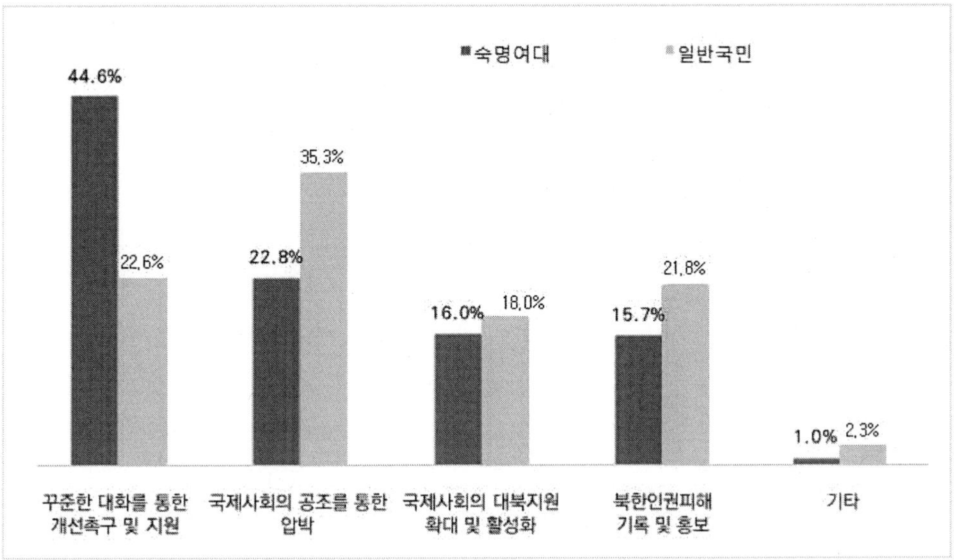

[그림 6] 북한주민의 삶의 개선을 위해 우선적으로 해야 할 일

- 북한주민의 삶의 개선을 위해 '꾸준한 대화를 통한 개선촉구 및 지원'을 우선적으로 해야한다는 응답은 북한에 대한 인식이 '협력 대상'과 '이웃 국가'인 계층, 현 정부의 대북정책에 '지지하는' 계층에서 상대적으로 높게 나타남

〈표 6〉 북한주민의 삶의 개선을 위해 우선적으로 해야 할 일

(단위 : %)

구 분		사례수	꾸준한 대화를 통한 개선촉구 및 지원	국제사회의 공조를 통한 압박	국제사회의 대북지원 확대 및 활성화	북한인권 피해 기록 및 홍보	기타
◈ 전 체 ◈		(413)	44.6	22.8	16.0	15.7	1.0
북한에 대한 관심 정도	관심 있다	(200)	47.0	24.0	14.0	14.0	1.0
	관심 없다	(169)	42.0	23.1	18.3	15.4	1.2
	잘모름	(44)	43.2	15.9	15.9	25.0	0.0
북한에 대한 인식	인도적 지원 대상	(47)	46.8	29.8	10.6	12.8	0.0
	협력 대상	(82)	56.1	6.1	20.7	15.9	1.2
	경계 대상	(162)	38.3	24.7	19.1	17.9	0.0
	적대 대상	(41)	29.3	51.2	2.4	14.6	2.4
	이웃 국가	(81)	51.9	17.3	14.8	13.6	2.5
북한주민의 인권에 대한 관심 정도	관심 있다	(267)	46.8	21.3	16.1	14.6	1.1
	관심 없다	(146)	40.4	25.3	15.8	17.8	0.7
통일의 필요성	필요하다	(228)	47.8	18.0	17.5	15.4	1.3
	필요하지 않다	(143)	39.9	30.1	14.0	15.4	0.7
	잘모름	(42)	42.9	23.8	14.3	19.0	0.0
현 정부의 대북정책에 대한 방향성	지지하는 편	(281)	50.5	19.6	16.4	13.2	0.4
	지지하지 않는 편	(132)	31.8	29.5	15.2	21.2	2.3
연령	20~24세	(366)	44.0	23.2	16.1	15.8	0.8
	25~29세	(28)	50.0	21.4	10.7	14.3	3.6
	30세 이상	(19)	47.4	15.8	21.1	15.8	0.0
혼인상태	미혼(사실혼, 동거 제외)	(317)	43.8	22.4	17.0	15.5	1.3
	미혼(사실혼, 동거 포함)	(86)	45.3	25.6	12.8	16.3	0.0
	기혼(배우자 있음)	(10)	60.0	10.0	10.0	20.0	0.0
소속	학부생	(367)	43.6	24.3	15.8	15.3	1.1
	학부 졸업 유예생	(8)	62.5	0.0	12.5	25.0	0.0
	석·박사 과정생	(33)	51.5	12.1	18.2	18.2	0.0
	석·박사 수료생	(5)	40.0	20.0	20.0	20.0	0.0

※ 사례수가 30 미만인 경우 해석 시 유의

5. 한국 정부가 북한 당국에 북한인권 문제점을 제기하는 것이 남북관계에 미치는 영향

❑ 한국 정부가 북한 당국에 북한인권 문제점을 제기하는 것은 '남북관계가 악화되거나 긴장이 강화되는 등 부정적으로 영향을 미칠 것이다'는 응답이 66.8%로 과반 이상임

❑ 반면, '북한인권 개선에 있어서 긍정적인 영향을 미칠 것이다'는 응답은 20.6%임

- 일반국민 전체 응답자 결과는 숙명여대 조사결과와 유사한 비율을 보임

(단위 : %)

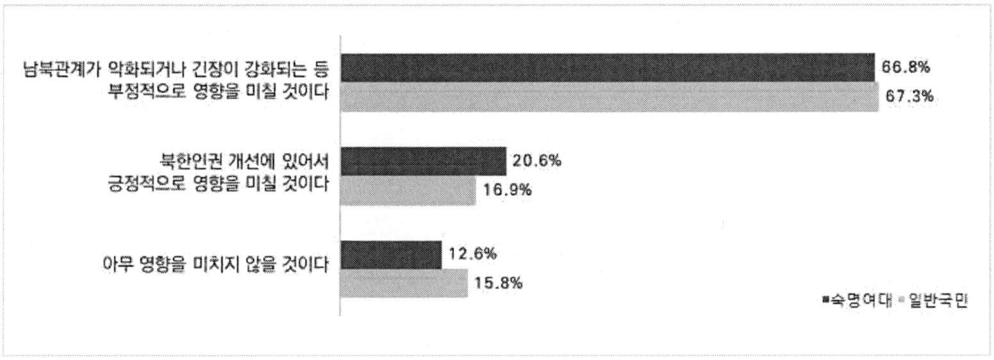

[그림 7] 한국 정부가 북한 당국에 북한인권 문제점을 제기하는 것이 남북관계에 미치는 영향

❑ 한국 정부가 북한 당국에 북한인권 문제점을 제기하는 것에 '부정적'인 응답은 북한에 대한 인식이 '경계 대상', '적대 대상'인 계층에서 높게 나타났고, '긍정적'인 응답은 북한에 대한 인식이 '인도적 지원 대상', '협력 대상'인 계층에서 높게 나타남

〈표 7〉 한국 정부가 북한 당국에 북한인권 문제점을 제기하는 것이 남북관계에 미치는 영향

(단위 : %)

구 분		사례수	남북관계가 악화되거나 긴장이 강화되는 등 부정적으로 영향을 미칠 것이다	북한인권 개선에 있어서 긍정적으로 영향을 미칠 것이다	아무 영향을 미치지 않을 것이다
◈ 전 체 ◈		(413)	66.8	20.6	12.6
북한에 대한 관심 정도	관심 있다	(200)	62.0	25.5	12.5
	관심 없다	(169)	72.8	13.6	13.6
	잘모름	(44)	65.9	25.0	9.1
북한에 대한 인식	인도적 지원 대상	(47)	59.6	29.8	10.6
	협력 대상	(82)	56.1	31.7	12.2
	경계 대상	(162)	78.4	9.3	12.3
	적대 대상	(41)	68.3	17.1	14.6
	이웃 국가	(81)	58.0	28.4	13.6
북한주민의 인권에 대한 관심 정도	관심 있다	(267)	65.5	24.0	10.5
	관심 없다	(146)	69.2	14.4	16.4
통일의 필요성	필요하다	(228)	60.1	26.3	13.6
	필요하지 않다	(143)	71.3	15.4	13.3
	잘모름	(42)	88.1	7.1	4.8
현 정부의 대북정책에 대한 방향성	지지하는 편	(281)	63.3	22.1	14.6
	지지하지 않는 편	(132)	74.2	17.4	8.3
연령	20~24세	(366)	67.2	20.2	12.6
	25~29세	(28)	64.3	21.4	14.3
	30세 이상	(19)	63.2	26.3	10.5
혼인상태	미혼(사실혼, 동거 제외)	(317)	65.6	20.2	14.2
	미혼(사실혼, 동거 포함)	(86)	73.3	19.8	7.0
	기혼(배우자 있음)	(10)	50.0	40.0	10.0
소속	학부생	(367)	67.0	20.2	12.8
	학부 졸업 유예생	(8)	62.5	37.5	0.0
	석·박사 과정생	(33)	69.7	18.2	12.1
	석·박사 수료생	(5)	40.0	40.0	20.0

※ 사례수가 30 미만인 경우 해석 시 유의

6. 북한 당국에 공식적으로 북한인권 문제를 제기하는 것에 대한 의견

- ❑ 북한주민의 인권 개선을 위해서 한국 정부가 북한인권 문제를 북한 당국에 공식적으로 '제기해야 한다'는 응답은 53.0%로 '제기하면 안된다'(47.0%)는 응답에 비해 높게 나타남

(단위 : %)

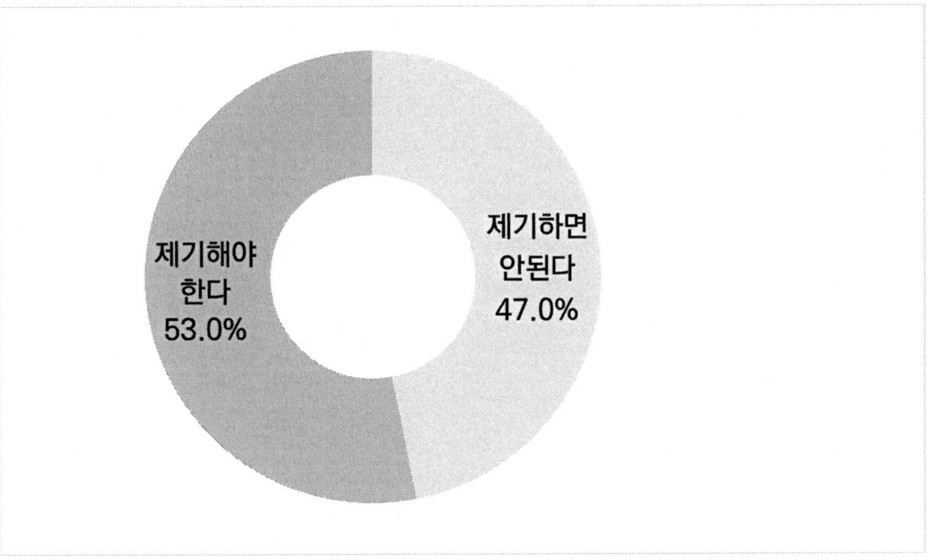

[그림 8] 북한 당국에 공식적으로 북한인권 문제를 제기하는 것에 대한 의견

- ❑ 북한인권 문제를 한국 정부가 공식적으로 북한 당국에 '제기해야 한다'는 응답은 북한에 대한 관심과 북한주민의 인권에 대한 관심이 '있는' 계층, 북한에 대한 인식이 '협력 대상'인 계층, 연령이 '30세 이상'인 계층에서 상대적으로 높게 나타남

〈표 8〉 북한 당국에 공식적으로 북한인권 문제를 제기하는 것에 대한 의견

(단위 : %)

구 분		사례수	제기해야 한다	제기하면 안된다
◈ 전 체 ◈		(413)	53.0	47.0
북한에 대한 관심 정도	관심 있다	(200)	62.5	37.5
	관심 없다	(169)	40.8	59.2
	잘모름	(44)	56.8	43.2
북한에 대한 인식	인도적 지원 대상	(47)	59.6	40.4
	협력 대상	(82)	63.4	36.6
	경계 대상	(162)	43.2	56.8
	적대 대상	(41)	48.8	51.2
	이웃 국가	(81)	60.5	39.5
북한주민의 인권에 대한 관심 정도	관심 있다	(267)	62.9	37.1
	관심 없다	(146)	34.9	65.1
통일의 필요성	필요하다	(228)	58.8	41.2
	필요하지 않다	(143)	45.5	54.5
	잘모름	(42)	47.6	52.4
현 정부의 대북정책에 대한 방향성	지지하는 편	(281)	55.9	44.1
	지지하지 않는 편	(132)	47.0	53.0
연령	20~24세	(366)	53.0	47.0
	25~29세	(28)	42.9	57.1
	30세 이상	(19)	68.4	31.6
혼인상태	미혼(사실혼, 동거 제외)	(317)	52.1	47.9
	미혼(사실혼, 동거 포함)	(86)	54.7	45.3
	기혼(배우자 있음)	(10)	70.0	30.0
소속	학부생	(367)	53.1	46.9
	학부 졸업 유예생	(8)	37.5	62.5
	석·박사 과정생	(33)	51.5	48.5
	석·박사 수료생	(5)	80.0	20.0

※ 사례수가 30 미만인 경우 해석 시 유의

7. 북한주민의 인권 개선을 위해 노력해야 할 책임주체

❑ 북한주민의 인권 개선을 위해서 가장 노력해야 할 책임주체에 대해 '북한 정부'가 63.0%로 가장 높게 나타났고, 다음으로 '유엔(UN)'(12.6%), '국제인권단체'(11.4%), '미국 등 각국 정부'(6.5%), '우리 정부'(5.8%), '국내 북한인권 단체'(0.7%) 순으로 나타남

- 일반국민 중 19-29세 응답비율은 '북한 당국'(36.1%), '미국 등 각국 정부'(18.0%), '유엔'(13.5%), '우리 정부'(12.8%), '국제인권단체'(9.8%), '국내 북한인권 단체'(9.8%) 순으로 차이를 보임

(단위 : %)

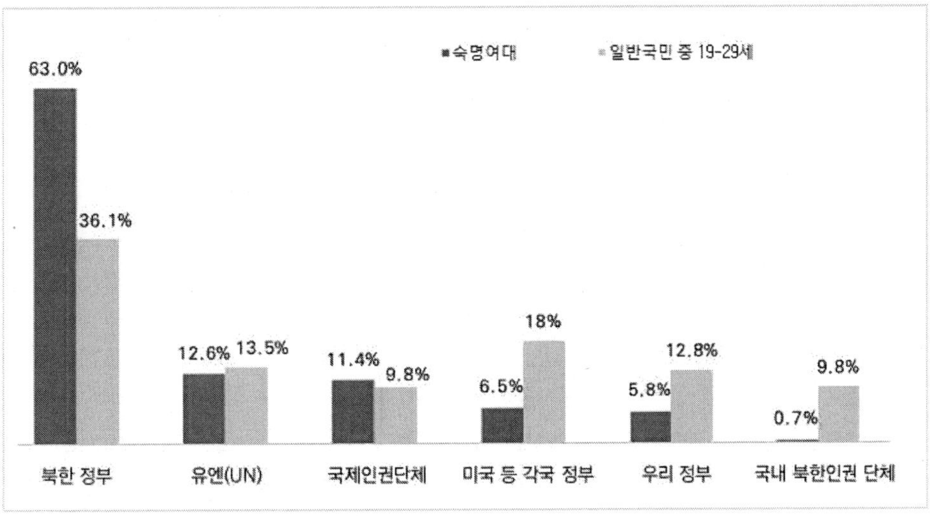

[그림 9] 북한주민의 인권 개선을 위해 노력해야 할 책임주체

❑ 북한주민의 인권 개선을 위해 노력해야 할 책임주체가 '북한 정부'인 응답은 북한에 대한 관심과 북한주민의 인권에 대한 관심이 '없는' 계층에서 높게 나타났고, 북한에 대한 인식이 '적대 대상'과 '경계 대상'인 계층에서 상대적으로 높게 나타남

〈표 9〉 북한주민의 인권 개선을 위해 노력해야 할 책임주체

(단위 : %)

구 분		사례수	북한 정부	유엔 (UN)	국제 인권 단체	미국 등 각국 정부	우리 정부	국내 북한 인권 단체
◈ 전 체 ◈		(413)	63.0	12.6	11.4	6.5	5.8	0.7
북한에 대한 관심 정도	관심 있다	(200)	60.5	11.5	10.0	9.0	8.5	0.5
	관심 없다	(169)	66.3	13.6	11.8	4.1	3.0	1.2
	잘모름	(44)	61.4	13.6	15.9	4.5	4.5	0.0
북한에 대한 인식	인도적 지원 대상	(47)	46.8	21.3	12.8	8.5	10.6	0.0
	협력 대상	(82)	61.0	12.2	9.8	8.5	7.3	1.2
	경계 대상	(162)	66.7	9.3	11.7	6.8	4.3	1.2
	적대 대상	(41)	70.7	19.5	9.8	0.0	0.0	0.0
	이웃 국가	(81)	63.0	11.1	12.3	6.2	7.4	0.0
북한주민의 인권에 대한 관심 정도	관심 있다	(267)	61.0	11.6	10.9	8.2	7.5	0.7
	관심 없다	(146)	66.4	14.4	12.3	3.4	2.7	0.7
통일의 필요성	필요하다	(228)	61.8	12.7	11.0	6.6	7.5	0.4
	필요하지 않다	(143)	65.0	10.5	11.9	7.0	4.2	1.4
	잘모름	(42)	61.9	19.0	11.9	4.8	2.4	0.0
현 정부의 대북정책에 대한 방향성	지지하는 편	(281)	62.6	12.5	11.4	6.0	6.8	0.7
	지지하지 않는 편	(132)	63.6	12.9	11.4	7.6	3.8	0.8
연령	20~24세	(366)	63.9	12.8	10.9	6.6	4.9	0.8
	25~29세	(28)	53.6	7.1	10.7	10.7	17.9	0.0
	30세 이상	(19)	57.9	15.8	21.1	0.0	5.3	0.0
혼인상태	미혼(사실혼, 동거 제외)	(317)	63.7	14.8	10.4	5.4	4.7	0.9
	미혼(사실혼, 동거 포함)	(86)	61.6	3.5	12.8	11.6	10.5	0.0
	기혼(배우자 있음)	(10)	50.0	20.0	30.0	0.0	0.0	0.0
소속	학부생	(367)	64.3	12.3	10.6	6.8	5.2	0.8
	학부 졸업 유예생	(8)	37.5	12.5	25.0	0.0	25.0	0.0
	석·박사 과정생	(33)	54.5	12.1	18.2	6.1	9.1	0.0
	석·박사 수료생	(5)	60.0	40.0	0.0	0.0	0.0	0.0

※ 사례수가 30 미만인 경우 해석 시 유의

8. 북한의 인권 문제에 개입 가능한 수준

❑ 북한의 인권 문제에 어느 정도 개입해야 하는지에 대해 물은 결과, '보편적 인권 차원에서 적극적으로 개입하여야 한다'는 응답이 49.2%로 높게 나타난 반면, '북한인권 문제는 북한 내부 문제이므로 간섭해서는 안된다'는 응답은 15.3%로 나타남

❑ 한편, '잘 모르겠다'는 응답은 35.6%임

- 일반국민 조사에서 전체 응답자의 57.2%가 '보편적 인권 차원에서 적극적으로 개입하여야 한다'고 응답하였고, 19-29세 연령 계층의 과반수(49.6%)도 적극 개입 의견을 보임

(단위 : %)

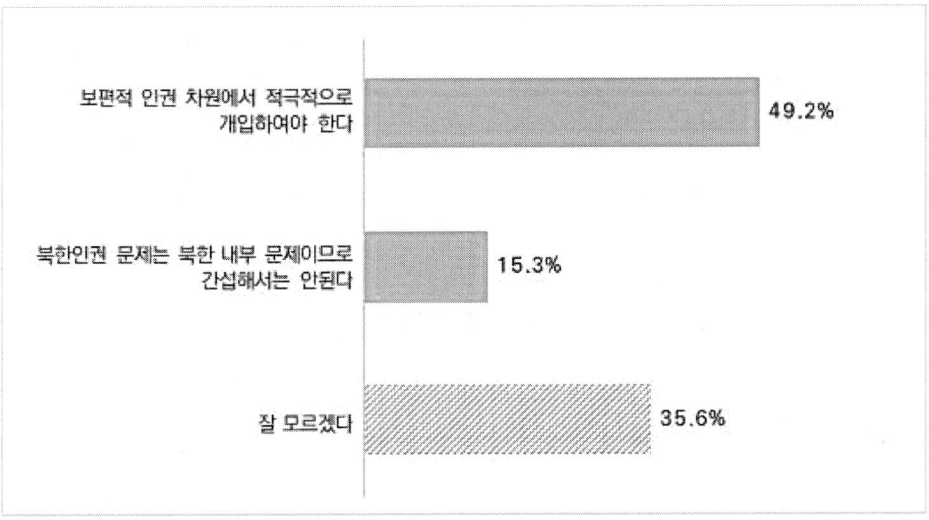

[그림 10] 북한의 인권 문제에 개입 가능한 수준

❑ 북한의 인권 문제에 '적극 개입하여야 한다'는 응답은 북한에 대한 인식이 '인도적 지원 대상', '협력 대상'인 계층에서 높게 나타났고, '간섭해서는 안된다'는 응답은 북한에 대한 인식이 '적대 대상'인 계층에서 높게 나타남

〈표 10〉 북한의 인권 문제에 개입 가능한 수준

(단위 : %)

구 분		사례수	보편적 인권 차원에서 적극적으로 개입하여야 한다	북한인권 문제는 북한 내부 문제이므로 간섭해서는 안된다	잘 모르겠다
◈ 전 체 ◈		(413)	49.2	15.3	35.6
북한에 대한 관심 정도	관심 있다	(200)	61.5	9.5	29.0
	관심 없다	(169)	34.9	24.9	40.2
	잘모름	(44)	47.7	4.5	47.7
북한에 대한 인식	인도적 지원 대상	(47)	61.7	4.3	34.0
	협력 대상	(82)	64.6	7.3	28.0
	경계 대상	(162)	39.5	17.9	42.6
	적대 대상	(41)	31.7	29.3	39.0
	이웃 국가	(81)	54.3	17.3	28.4
북한주민의 인권에 대한 관심 정도	관심 있다	(267)	60.7	8.2	31.1
	관심 없다	(146)	28.1	28.1	43.8
통일의 필요성	필요하다	(228)	59.6	10.1	30.3
	필요하지 않다	(143)	37.1	26.6	36.4
	잘모름	(42)	33.3	4.8	61.9
현 정부의 대북정책에 대한 방향성	지지하는 편	(281)	53.4	10.7	35.9
	지지하지 않는 편	(132)	40.2	25.0	34.8
연령	20~24세	(366)	48.1	15.8	36.1
	25~29세	(28)	42.9	14.3	42.9
	30세 이상	(19)	78.9	5.3	15.8
혼인상태	미혼(사실혼, 동거 제외)	(317)	46.1	16.1	37.9
	미혼(사실혼, 동거 포함)	(86)	54.7	14.0	31.4
	기혼(배우자 있음)	(10)	100.0	0.0	0.0
소속	학부생	(367)	47.7	16.1	36.2
	학부 졸업 유예생	(8)	37.5	25.0	37.5
	석·박사 과정생	(33)	63.6	6.1	30.3
	석·박사 수료생	(5)	80.0	0.0	20.0

※ 사례수가 30 미만인 경우 해석 시 유의

부록.

북한인권에 대한 국민인식 조사 결과표

부록 목차

[표 1] 북한인권에 대한 관심도

[문1] 귀하께서는 평소 북한인권에 대해 관심이 있습니까, 아니면 없습니까?

(단위 : %)

Base=전체		사례수 (명)	매우 관심이 있다	대체로 관심이 있다	①+②	별로 관심이 없다	전혀 관심이 없다	③+④	계
▣ 전체 ▣		(1000)	15.5	49.1	64.6	29.1	6.3	35.4	100.0
성별		(1000)	15.5	49.1	64.6	29.1	6.3	35.4	100.0
	남자	(495)	17.8	53.5	71.3	22.6	6.1	28.7	100.0
	여자	(505)	13.3	44.8	58.0	35.4	6.5	42.0	100.0
연령		(1000)	15.5	49.1	64.6	29.1	6.3	35.4	100.0
	19-29세	(133)	13.5	46.6	60.2	27.1	12.8	39.8	100.0
	30-39세	(153)	26.8	35.3	62.1	26.8	11.1	37.9	100.0
	40-49세	(175)	12.6	44.6	57.1	34.9	8.0	42.9	100.0
	50-59세	(200)	7.0	55.5	62.5	33.5	4.0	37.5	100.0
	60세이상	(339)	17.7	54.9	72.6	25.4	2.1	27.4	100.0
권역		(1000)	15.5	49.1	64.6	29.1	6.3	35.4	100.0
	서울	(187)	20.3	48.7	69.0	26.7	4.3	31.0	100.0
	인천/경기	(323)	14.6	49.8	64.4	27.2	8.4	35.6	100.0
	대전/세종/충청	(107)	17.8	41.1	58.9	34.6	6.5	41.1	100.0
	광주/전라	(96)	15.6	54.2	69.8	24.0	6.3	30.2	100.0
	대구/경북	(96)	12.5	49.0	61.5	32.3	6.3	38.5	100.0
	부산/울산/경남	(148)	11.5	50.0	61.5	32.4	6.1	38.5	100.0
	강원/제주	(43)	16.3	51.2	67.4	32.6	0.0	32.6	100.0
학력		(1000)	15.5	49.1	64.6	29.1	6.3	35.4	100.0
	고졸이하	(157)	12.1	43.3	55.4	29.9	14.6	44.6	100.0
	대재이상	(843)	16.1	50.2	66.3	28.9	4.7	33.7	100.0
직업		(1000)	15.5	49.1	64.6	29.1	6.3	35.4	100.0
	농/임/어업	(9)	33.3	22.2	55.6	44.4	0.0	44.4	100.0
	자영업	(83)	18.1	53.0	71.1	25.3	3.6	28.9	100.0
	판매/영업/서비스직	(61)	19.7	44.3	63.9	29.5	6.6	36.1	100.0
	생산/기능/노무직	(77)	27.3	46.8	74.0	18.2	7.8	26.0	100.0
	사무/관리/전문직	(540)	13.9	49.8	63.7	30.2	6.1	36.3	100.0
	주부	(99)	14.1	41.4	55.6	36.4	8.1	44.4	100.0
	학생	(37)	10.8	56.8	67.6	27.0	5.4	32.4	100.0
	무직/퇴직/기타	(94)	11.7	54.3	66.0	26.6	7.4	34.0	100.0
가구소득		(1000)	15.5	49.1	64.6	29.1	6.3	35.4	100.0
	200만원이하	(74)	16.2	43.2	59.5	28.4	12.2	40.5	100.0
	201-300만원이하	(133)	12.0	46.6	58.6	33.8	7.5	41.4	100.0
	301-400만원이하	(156)	13.5	48.1	61.5	34.6	3.8	38.5	100.0
	401-500만원이하	(153)	14.4	49.0	63.4	31.4	5.2	36.6	100.0
	501만원 이상	(484)	17.4	51.0	68.4	25.4	6.2	31.6	100.0
이념성향		(1000)	15.5	49.1	64.6	29.1	6.3	35.4	100.0
	진보	(234)	14.1	56.8	70.9	25.2	3.8	29.1	100.0
	중도	(425)	12.5	44.9	57.4	33.9	8.7	42.6	100.0
	보수	(341)	20.2	49.0	69.2	25.8	5.0	30.8	100.0

[계 속]

[표 1] 북한인권에 대한 관심도

[문1] 귀하께서는 평소 북한인권에 대해 관심이 있습니까, 아니면 없습니까?

(단위 : %)

Base=전체	사례수 (명)	매우 관심이 있다	대체로 관심이 있다	①+②	별로 관심이 없다	전혀 관심이 없다	③+④	계
▣ 전체 ▣	**(1000)**	**15.5**	**49.1**	**64.6**	**29.1**	**6.3**	**35.4**	**100.0**
북한인권 개선	(1000)	15.5	49.1	64.6	29.1	6.3	35.4	100.0
개선되고 있다	(82)	29.3	41.5	70.7	25.6	3.7	29.3	100.0
변함없다	(621)	8.4	49.4	57.8	34.6	7.6	42.2	100.0
나빠지고 있다	(297)	26.6	50.5	77.1	18.5	4.4	22.9	100.0
북한인권 개선 가능성	(1000)	15.5	49.1	64.6	29.1	6.3	35.4	100.0
가능성이 있다	(205)	23.4	49.3	72.7	23.9	3.4	27.3	100.0
가능성이 없다	(795)	13.5	49.1	62.5	30.4	7.0	37.5	100.0
북한인권 관심도	(1000)	15.5	49.1	64.6	29.1	6.3	35.4	100.0
관심이 있다	(646)	24.0	76.0	100.0	0.0	0.0	0.0	100.0
관심이 없다	(354)	0.0	0.0	0.0	82.2	17.8	100.0	100.0
북한인권 심각성	(1000)	15.5	49.1	64.6	29.1	6.3	35.4	100.0
심각하다	(948)	15.6	50.8	66.5	28.5	5.1	33.5	100.0
심각하지 않다	(52)	13.5	17.3	30.8	40.4	28.8	69.2	100.0
북한인권 개입	(1000)	15.5	49.1	64.6	29.1	6.3	35.4	100.0
간섭해서는 안된다	(428)	14.0	33.9	47.9	41.6	10.5	52.1	100.0
개입해야 한다	(572)	16.6	60.5	77.1	19.8	3.1	22.9	100.0
인권단체 도움여부	(1000)	15.5	49.1	64.6	29.1	6.3	35.4	100.0
도움이 된다	(508)	23.8	54.5	78.3	19.5	2.2	21.7	100.0
도움이 안된다	(492)	6.9	43.5	50.4	39.0	10.6	49.6	100.0

[표 2] 북한인권 관심 이유

[문1-1] 귀하께서 북한인권에 관심을 가지게 된 이유(계기)는 무엇입니까?

(단위 : %)

BASE=[문1] 1),2) 응답자	사례수(명)	원래 같은 나라였으니까	미디어(뉴스/프로그램/유튜브 등)를 통해 알게 되어서	통일이 될 것 같아서	북한 정권의 인권 탄압이 심해서	기본적인 인권에 관심이 많아서	북한에 대한 관심이 있어서	북한 사람들의 빈곤과 고통이 안타까워서	기타	계
▣ 전체 ▣	**(646)**	**14.7**	**14.1**	**3.9**	**18.7**	**10.2**	**5.7**	**32.2**	**0.5**	**100.0**
성별	(646)	14.7	14.1	3.9	18.7	10.2	5.7	32.2	0.5	100.0
남자	(353)	14.7	12.2	3.4	21.2	11.0	5.9	31.2	0.3	100.0
여자	(293)	14.7	16.4	4.4	15.7	9.2	5.5	33.4	0.7	100.0
연령	(646)	14.7	14.1	3.9	18.7	10.2	5.7	32.2	0.5	100.0
19-29세	(80)	8.8	28.8	6.3	20.0	11.3	12.5	12.5	0.0	100.0
30-39세	(95)	13.7	14.7	2.1	23.2	8.4	10.5	27.4	0.0	100.0
40-49세	(100)	12.0	19.0	4.0	19.0	10.0	7.0	29.0	0.0	100.0
50-59세	(125)	22.4	11.2	4.0	16.0	15.2	2.4	28.8	0.0	100.0
60세이상	(246)	14.2	8.5	3.7	17.9	8.1	2.8	43.5	1.2	100.0
권역	(646)	14.7	14.1	3.9	18.7	10.2	5.7	32.2	0.5	100.0
서울	(129)	15.5	14.7	3.9	19.4	12.4	10.1	23.3	0.8	100.0
인천/경기	(208)	16.3	13.0	3.4	17.8	7.7	6.7	35.1	0.0	100.0
대전/세종/충청	(63)	7.9	12.7	4.8	23.8	15.9	1.6	33.3	0.0	100.0
광주/전라	(67)	17.9	11.9	6.0	10.4	10.4	6.0	37.3	0.0	100.0
대구/경북	(59)	13.6	20.3	6.8	18.6	10.2	0.0	28.8	1.7	100.0
부산/울산/경남	(91)	12.1	13.2	2.2	20.9	8.8	4.4	37.4	1.1	100.0
강원/제주	(29)	17.2	17.2	0.0	24.1	10.3	3.4	27.6	0.0	100.0
학력	(646)	14.7	14.1	3.9	18.7	10.2	5.7	32.2	0.5	100.0
고졸이하	(87)	11.5	13.8	6.9	17.2	9.2	1.1	40.2	0.0	100.0
대재이상	(559)	15.2	14.1	3.4	19.0	10.4	6.4	30.9	0.5	100.0
직업	(646)	14.7	14.1	3.9	18.7	10.2	5.7	32.2	0.5	100.0
농/임/어업	(5)	0.0	20.0	0.0	20.0	20.0	20.0	20.0	0.0	100.0
자영업	(59)	11.9	13.6	5.1	18.6	8.5	1.7	39.0	1.7	100.0
판매/영업/서비스직	(39)	10.3	25.6	2.6	15.4	10.3	7.7	28.2	0.0	100.0
생산/기능/노무직	(57)	12.3	10.5	10.5	15.8	8.8	12.3	29.8	0.0	100.0
사무/관리/전문직	(344)	16.6	14.0	4.1	19.2	11.3	6.1	28.8	0.0	100.0
주부	(55)	20.0	5.5	0.0	20.0	7.3	0.0	47.3	0.0	100.0
학생	(25)	12.0	28.0	4.0	24.0	12.0	4.0	16.0	0.0	100.0
무직/퇴직/기타	(62)	9.7	12.9	0.0	17.7	8.1	4.8	43.5	3.2	100.0
가구소득	(646)	14.7	14.1	3.9	18.7	10.2	5.7	32.2	0.5	100.0
200만원이하	(44)	15.9	9.1	2.3	15.9	15.9	2.3	36.4	2.3	100.0
201-300만원이하	(78)	10.3	20.5	7.7	12.8	9.0	9.0	30.8	0.0	100.0
301-400만원이하	(96)	13.5	16.7	6.3	24.0	9.4	4.2	26.0	0.0	100.0
401-500만원이하	(97)	14.4	19.6	1.0	15.5	13.4	2.1	34.0	0.0	100.0
501만원 이상	(331)	16.0	10.9	3.3	19.9	9.1	6.9	33.2	0.6	100.0
이념성향	(646)	14.7	14.1	3.9	18.7	10.2	5.7	32.2	0.5	100.0
진보	(166)	19.3	15.7	7.2	10.2	10.2	5.4	31.3	0.6	100.0
중도	(244)	18.4	14.3	1.2	17.2	12.3	3.3	32.8	0.4	100.0
보수	(236)	7.6	12.7	4.2	26.3	8.1	8.5	32.2	0.4	100.0

[계 속]

[표 2] 북한인권 관심 이유

[문1-1] 귀하께서 북한인권에 관심을 가지게 된 이유(계기)는 무엇입니까?

(단위 : %)

BASE=[문1] 1),2) 응답자	사례수(명)	원래 같은 나라였으니까	미디어(뉴스/프로그램/유튜브 등)를 통해 알게 되어서	통일이 될 것 같아서	북한 정권의 인권 탄압이 심해서	기본적인 인권에 관심이 많아서	북한에 대한 관심이 있어서	북한 사람들의 빈곤과 고통이 안타까워서	기타	계
▣ 전체 ▣	**(646)**	**14.7**	**14.1**	**3.9**	**18.7**	**10.2**	**5.7**	**32.2**	**0.5**	**100.0**
북한인권 개선	(646)	14.7	14.1	3.9	18.7	10.2	5.7	32.2	0.5	100.0
개선되고 있다	(58)	19.0	20.7	6.9	15.5	17.2	10.3	10.3	0.0	100.0
변함없다	(359)	16.7	12.3	4.2	15.6	10.3	5.0	35.7	0.3	100.0
나빠지고 있다	(229)	10.5	15.3	2.6	24.5	8.3	5.7	32.3	0.9	100.0
북한인권 개선 가능성	(646)	14.7	14.1	3.9	18.7	10.2	5.7	32.2	0.5	100.0
가능성이 있다	(149)	18.8	14.1	8.7	10.7	16.8	6.7	24.2	0.0	100.0
가능성이 없다	(497)	13.5	14.1	2.4	21.1	8.2	5.4	34.6	0.6	100.0
북한인권 관심도	(646)	14.7	14.1	3.9	18.7	10.2	5.7	32.2	0.5	100.0
관심이 있다	(646)	14.7	14.1	3.9	18.7	10.2	5.7	32.2	0.5	100.0
북한인권 심각성	(646)	14.7	14.1	3.9	18.7	10.2	5.7	32.2	0.5	100.0
심각하다	(630)	14.9	14.1	4.0	18.7	9.7	5.4	32.7	0.5	100.0
심각하지 않다	(16)	6.3	12.5	0.0	18.8	31.3	18.8	12.5	0.0	100.0
북한인권 개입	(646)	14.7	14.1	3.9	18.7	10.2	5.7	32.2	0.5	100.0
간섭해서는 안된다	(205)	15.6	17.6	6.8	15.6	11.2	9.3	23.4	0.5	100.0
개입해야 한다	(441)	14.3	12.5	2.5	20.2	9.8	4.1	36.3	0.5	100.0
인권단체 도움여부	(646)	14.7	14.1	3.9	18.7	10.2	5.7	32.2	0.5	100.0
도움이 된다	(398)	14.3	12.8	5.3	21.1	9.8	5.0	31.2	0.5	100.0
도움이 안된다	(248)	15.3	16.1	1.6	14.9	10.9	6.9	33.9	0.4	100.0

[표 3] 북한인권 무관심 이유

[문1-2] 귀하께서 북한인권에 관심이 없는 이유는 무엇입니까?

(단위 : %)

BASE=[문1] 3),4) 응답자	사례수 (명)	다른 나라라는 생각이 들어서	북한인권 상황에 대한 충분한 정보를 접하지 못해서	통일이 안 될 것 같아서	우리나라 인권도 좋지 않아서	인권 문제에 대한 개인적인 관심이 부족해서	북한에 대한 관심이 없어서	별다른 해결책이 없어서	기타	계
▣ 전체 ▣	(354)	12.4	14.1	12.4	9.6	4.5	16.7	29.4	0.8	100.0
성별	(354)	12.4	14.1	12.4	9.6	4.5	16.7	29.4	0.8	100.0
남자	(142)	11.3	14.1	14.8	9.9	8.5	12.0	28.9	0.7	100.0
여자	(212)	13.2	14.2	10.8	9.4	1.9	19.8	29.7	0.9	100.0
연령	(354)	12.4	14.1	12.4	9.6	4.5	16.7	29.4	0.8	100.0
19-29세	(53)	20.8	5.7	17.0	11.3	7.5	20.8	17.0	0.0	100.0
30-39세	(58)	12.1	12.1	24.1	5.2	1.7	20.7	22.4	1.7	100.0
40-49세	(75)	16.0	14.7	5.3	9.3	2.7	9.3	42.7	0.0	100.0
50-59세	(75)	14.7	12.0	13.3	14.7	5.3	14.7	24.0	1.3	100.0
60세이상	(93)	3.2	21.5	7.5	7.5	5.4	19.4	34.4	1.1	100.0
권역	(354)	12.4	14.1	12.4	9.6	4.5	16.7	29.4	0.8	100.0
서울	(58)	6.9	13.8	10.3	12.1	3.4	20.7	32.8	0.0	100.0
인천/경기	(115)	13.9	13.9	13.9	9.6	7.8	20.0	20.9	0.0	100.0
대전/세종/충청	(44)	20.5	15.9	6.8	11.4	2.3	11.4	27.3	4.5	100.0
광주/전라	(29)	13.8	20.7	10.3	0.0	0.0	6.9	48.3	0.0	100.0
대구/경북	(37)	10.8	10.8	13.5	8.1	5.4	16.2	35.1	0.0	100.0
부산/울산/경남	(57)	12.3	12.3	14.0	8.8	1.8	14.0	35.1	1.8	100.0
강원/제주	(14)	0.0	14.3	21.4	21.4	7.1	21.4	14.3	0.0	100.0
학력	(354)	12.4	14.1	12.4	9.6	4.5	16.7	29.4	0.8	100.0
고졸이하	(70)	5.7	14.3	11.4	8.6	5.7	30.0	22.9	1.4	100.0
대재이상	(284)	14.1	14.1	12.7	9.9	4.2	13.4	31.0	0.7	100.0
직업	(354)	12.4	14.1	12.4	9.6	4.5	16.7	29.4	0.8	100.0
농/임/어업	(4)	25.0	0.0	0.0	25.0	25.0	25.0	0.0	0.0	100.0
자영업	(24)	0.0	4.2	8.3	4.2	8.3	16.7	58.3	0.0	100.0
판매/영업/서비스직	(22)	0.0	18.2	9.1	22.7	4.5	31.8	9.1	4.5	100.0
생산/기능/노무직	(20)	10.0	20.0	25.0	10.0	10.0	10.0	15.0	0.0	100.0
사무/관리/전문직	(196)	15.3	13.8	15.3	9.7	3.1	12.2	30.6	0.0	100.0
주부	(44)	11.4	15.9	2.3	6.8	2.3	27.3	31.8	2.3	100.0
학생	(12)	16.7	8.3	16.7	0.0	8.3	25.0	25.0	0.0	100.0
무직/퇴직/기타	(32)	12.5	18.8	6.3	9.4	6.3	18.8	25.0	3.1	100.0
가구소득	(354)	12.4	14.1	12.4	9.6	4.5	16.7	29.4	0.8	100.0
200만원이하	(30)	3.3	10.0	6.7	3.3	3.3	33.3	40.0	0.0	100.0
201-300만원이하	(55)	12.7	9.1	20.0	12.7	5.5	12.7	23.6	3.6	100.0
301-400만원이하	(60)	13.3	10.0	13.3	15.0	3.3	16.7	28.3	0.0	100.0
401-500만원이하	(56)	16.1	30.4	7.1	7.1	1.8	10.7	25.0	1.8	100.0
501만원 이상	(153)	12.4	12.4	12.4	8.5	5.9	17.0	31.4	0.0	100.0
이념성향	(354)	12.4	14.1	12.4	9.6	4.5	16.7	29.4	0.8	100.0
진보	(68)	8.8	23.5	10.3	11.8	1.5	10.3	33.8	0.0	100.0
중도	(181)	11.6	9.9	12.2	8.8	5.0	21.5	29.3	1.7	100.0
보수	(105)	16.2	15.2	14.3	9.5	5.7	12.4	26.7	0.0	100.0

[계 속]

[표 3] 북한인권 무관심 이유

[문1-2] 귀하께서 북한인권에 관심이 없는 이유는 무엇입니까?

(단위 : %)

BASE=[문1] 3),4) 응답자	사례수 (명)	다른 나라라는 생각이 들어서	북한인권 상황에 대한 충분한 정보를 접하지 못해서	통일이 안 될 것 같아서	우리나라 인권도 좋지 않아서	인권 문제에 대한 개인적인 관심이 부족해서	북한에 대한 관심이 없어서	별다른 해결책이 없어서	기타	계
▣ 전체 ▣	**(354)**	**12.4**	**14.1**	**12.4**	**9.6**	**4.5**	**16.7**	**29.4**	**0.8**	**100.0**
북한인권 개선	(354)	12.4	14.1	12.4	9.6	4.5	16.7	29.4	0.8	100.0
개선되고 있다	(24)	8.3	16.7	4.2	20.8	0.0	16.7	33.3	0.0	100.0
변함없다	(262)	10.3	16.0	11.8	8.4	4.6	17.2	30.5	1.1	100.0
나빠지고 있다	(68)	22.1	5.9	17.6	10.3	5.9	14.7	23.5	0.0	100.0
북한인권 개선 가능성	(354)	12.4	14.1	12.4	9.6	4.5	16.7	29.4	0.8	100.0
가능성이 있다	(56)	10.7	25.0	5.4	12.5	3.6	19.6	21.4	1.8	100.0
가능성이 없다	(298)	12.8	12.1	13.8	9.1	4.7	16.1	30.9	0.7	100.0
북한인권 관심도	(354)	12.4	14.1	12.4	9.6	4.5	16.7	29.4	0.8	100.0
관심이 없다	(354)	12.4	14.1	12.4	9.6	4.5	16.7	29.4	0.8	100.0
북한인권 심각성	(354)	12.4	14.1	12.4	9.6	4.5	16.7	29.4	0.8	100.0
심각하다	(318)	12.6	14.2	12.6	9.1	4.7	15.7	30.2	0.9	100.0
심각하지 않다	(36)	11.1	13.9	11.1	13.9	2.8	25.0	22.2	0.0	100.0
북한인권 개입	(354)	12.4	14.1	12.4	9.6	4.5	16.7	29.4	0.8	100.0
간섭해서는 안된다	(223)	12.1	13.0	14.8	10.8	3.6	17.5	27.4	0.9	100.0
개입해야 한다	(131)	13.0	16.0	8.4	7.6	6.1	15.3	32.8	0.8	100.0
인권단체 도움여부	(354)	12.4	14.1	12.4	9.6	4.5	16.7	29.4	0.8	100.0
도움이 된다	(110)	13.6	20.0	13.6	6.4	4.5	15.5	26.4	0.0	100.0
도움이 안된다	(244)	11.9	11.5	11.9	11.1	4.5	17.2	30.7	1.2	100.0

[표 4] 북한인권의 심각성 평가

[문2] 귀하께서는 북한인권 상황이 심각하다고 생각하십니까, 아니면 심각하지 않다고 생각하십니까?

(단위 : %)

Base=전체		사례수 (명)	매우 심각하다	어느 정도 심각하다	①+②	별로 심각하지 않다	전혀 심각하지 않다	③+④	계
▣ 전체 ▣		(1000)	54.5	40.3	94.8	4.2	1.0	5.2	100.0
성별		(1000)	54.5	40.3	94.8	4.2	1.0	5.2	100.0
	남자	(495)	62.6	32.9	95.6	3.4	1.0	4.4	100.0
	여자	(505)	46.5	47.5	94.1	5.0	1.0	5.9	100.0
연령		(1000)	54.5	40.3	94.8	4.2	1.0	5.2	100.0
	19-29세	(133)	39.1	48.9	88.0	9.8	2.3	12.0	100.0
	30-39세	(153)	58.2	35.3	93.5	4.6	2.0	6.5	100.0
	40-49세	(175)	57.7	36.6	94.3	5.7	0.0	5.7	100.0
	50-59세	(200)	51.0	46.0	97.0	1.5	1.5	3.0	100.0
	60세이상	(339)	59.3	37.8	97.1	2.7	0.3	2.9	100.0
권역		(1000)	54.5	40.3	94.8	4.2	1.0	5.2	100.0
	서울	(187)	56.7	36.9	93.6	5.9	0.5	6.4	100.0
	인천/경기	(323)	53.9	40.6	94.4	4.0	1.5	5.6	100.0
	대전/세종/충청	(107)	57.0	35.5	92.5	5.6	1.9	7.5	100.0
	광주/전라	(96)	46.9	50.0	96.9	3.1	0.0	3.1	100.0
	대구/경북	(96)	54.2	41.7	95.8	3.1	1.0	4.2	100.0
	부산/울산/경남	(148)	54.7	41.9	96.6	2.7	0.7	3.4	100.0
	강원/제주	(43)	60.5	34.9	95.3	4.7	0.0	4.7	100.0
학력		(1000)	54.5	40.3	94.8	4.2	1.0	5.2	100.0
	고졸이하	(157)	47.8	42.0	89.8	7.6	2.5	10.2	100.0
	대재이상	(843)	55.8	40.0	95.7	3.6	0.7	4.3	100.0
직업		(1000)	54.5	40.3	94.8	4.2	1.0	5.2	100.0
	농/임/어업	(9)	55.6	44.4	100.0	0.0	0.0	0.0	100.0
	자영업	(83)	62.7	33.7	96.4	2.4	1.2	3.6	100.0
	판매/영업/서비스직	(61)	49.2	34.4	83.6	13.1	3.3	16.4	100.0
	생산/기능/노무직	(77)	54.5	37.7	92.2	5.2	2.6	7.8	100.0
	사무/관리/전문직	(540)	54.3	41.5	95.7	3.7	0.6	4.3	100.0
	주부	(99)	47.5	48.5	96.0	4.0	0.0	4.0	100.0
	학생	(37)	48.6	40.5	89.2	5.4	5.4	10.8	100.0
	무직/퇴직/기타	(94)	61.7	36.2	97.9	2.1	0.0	2.1	100.0
가구소득		(1000)	54.5	40.3	94.8	4.2	1.0	5.2	100.0
	200만원이하	(74)	48.6	40.5	89.2	6.8	4.1	10.8	100.0
	201-300만원이하	(133)	41.4	52.6	94.0	5.3	0.8	6.0	100.0
	301-400만원이하	(156)	50.0	46.2	96.2	3.8	0.0	3.8	100.0
	401-500만원이하	(153)	49.0	45.8	94.8	5.2	0.0	5.2	100.0
	501만원 이상	(484)	62.2	33.3	95.5	3.3	1.2	4.5	100.0
이념성향		(1000)	54.5	40.3	94.8	4.2	1.0	5.2	100.0
	진보	(234)	51.3	44.9	96.2	3.0	0.9	3.8	100.0
	중도	(425)	51.8	42.1	93.9	4.7	1.4	6.1	100.0
	보수	(341)	60.1	34.9	95.0	4.4	0.6	5.0	100.0

[계 속]

[표 4] 북한인권의 심각성 평가

[문2] 귀하께서는 북한인권 상황이 심각하다고 생각하십니까, 아니면 심각하지 않다고 생각하십니까?

(단위 : %)

Base=전체	사례수 (명)	매우 심각하다	어느 정도 심각하다	①+②	별로 심각하지 않다	전혀 심각하지 않다	③+④	계
▣ 전체 ▣	**(1000)**	**54.5**	**40.3**	**94.8**	**4.2**	**1.0**	**5.2**	**100.0**
북한인권 개선	(1000)	54.5	40.3	94.8	4.2	1.0	5.2	100.0
개선되고 있다	(82)	36.6	48.8	85.4	12.2	2.4	14.6	100.0
변함없다	(621)	46.1	48.5	94.5	4.5	1.0	5.5	100.0
나빠지고 있다	(297)	77.1	20.9	98.0	1.3	0.7	2.0	100.0
북한인권 개선 가능성	(1000)	54.5	40.3	94.8	4.2	1.0	5.2	100.0
가능성이 있다	(205)	31.7	60.5	92.2	6.8	1.0	7.8	100.0
가능성이 없다	(795)	60.4	35.1	95.5	3.5	1.0	4.5	100.0
북한인권 관심도	(1000)	54.5	40.3	94.8	4.2	1.0	5.2	100.0
관심이 있다	(646)	65.0	32.5	97.5	2.5	0.0	2.5	100.0
관심이 없다	(354)	35.3	54.5	89.8	7.3	2.8	10.2	100.0
북한인권 심각성	(1000)	54.5	40.3	94.8	4.2	1.0	5.2	100.0
심각하다	(948)	57.5	42.5	100.0	0.0	0.0	0.0	100.0
심각하지 않다	(52)	0.0	0.0	0.0	80.8	19.2	100.0	100.0
북한인권 개입	(1000)	54.5	40.3	94.8	4.2	1.0	5.2	100.0
간섭해서는 안된다	(428)	43.7	49.5	93.2	5.1	1.6	6.8	100.0
개입해야 한다	(572)	62.6	33.4	96.0	3.5	0.5	4.0	100.0
인권단체 도움여부	(1000)	54.5	40.3	94.8	4.2	1.0	5.2	100.0
도움이 된다	(508)	59.8	37.4	97.2	2.2	0.6	2.8	100.0
도움이 안된다	(492)	49.0	43.3	92.3	6.3	1.4	7.7	100.0

[표 5] 북한인권에 대한 평가

[문3] 귀하께서는 북한인권이 예전에 비해 개선되고 있다고 보십니까, 아니면 그렇지 않다고 생각하십니까?

(단위 : %)

Base=전체		사례수 (명)	개선되고 있다	변함없다	나빠지고 있다	계
▣ 전체 ▣		**(1000)**	**8.2**	**62.1**	**29.7**	**100.0**
성별		(1000)	8.2	62.1	29.7	100.0
	남자	(495)	6.9	59.0	34.1	100.0
	여자	(505)	9.5	65.1	25.3	100.0
연령		(1000)	8.2	62.1	29.7	100.0
	19-29세	(133)	6.0	63.2	30.8	100.0
	30-39세	(153)	11.1	53.6	35.3	100.0
	40-49세	(175)	9.1	54.3	36.6	100.0
	50-59세	(200)	8.5	64.5	27.0	100.0
	60세이상	(339)	7.1	68.1	24.8	100.0
권역		(1000)	8.2	62.1	29.7	100.0
	서울	(187)	7.0	60.4	32.6	100.0
	인천/경기	(323)	9.6	64.1	26.3	100.0
	대전/세종/충청	(107)	8.4	59.8	31.8	100.0
	광주/전라	(96)	12.5	59.4	28.1	100.0
	대구/경북	(96)	5.2	62.5	32.3	100.0
	부산/울산/경남	(148)	6.1	62.8	31.1	100.0
	강원/제주	(43)	7.0	62.8	30.2	100.0
학력		(1000)	8.2	62.1	29.7	100.0
	고졸이하	(157)	9.6	60.5	29.9	100.0
	대재이상	(843)	7.9	62.4	29.7	100.0
직업		(1000)	8.2	62.1	29.7	100.0
	농/임/어업	(9)	0.0	55.6	44.4	100.0
	자영업	(83)	9.6	66.3	24.1	100.0
	판매/영업/서비스직	(61)	8.2	63.9	27.9	100.0
	생산/기능/노무직	(77)	9.1	61.0	29.9	100.0
	사무/관리/전문직	(540)	8.7	60.2	31.1	100.0
	주부	(99)	8.1	69.7	22.2	100.0
	학생	(37)	8.1	54.1	37.8	100.0
	무직/퇴직/기타	(94)	4.3	64.9	30.9	100.0
가구소득		(1000)	8.2	62.1	29.7	100.0
	200만원이하	(74)	8.1	63.5	28.4	100.0
	201-300만원이하	(133)	11.3	68.4	20.3	100.0
	301-400만원이하	(156)	9.6	62.2	28.2	100.0
	401-500만원이하	(153)	9.2	68.0	22.9	100.0
	501만원 이상	(484)	6.6	58.3	35.1	100.0
이념성향		(1000)	8.2	62.1	29.7	100.0
	진보	(234)	12.8	63.7	23.5	100.0
	중도	(425)	6.4	67.1	26.6	100.0
	보수	(341)	7.3	54.8	37.8	100.0

[계　속]

[표 5] 북한인권에 대한 평가

[문3] 귀하께서는 북한인권이 예전에 비해 개선되고 있다고 보십니까, 아니면 그렇지 않다고 생각하십니까?

(단위 : %)

Base=전체	사례수 (명)	개선되고 있다	변함없다	나빠지고 있다	계
▣ 전체 ▣	**(1000)**	**8.2**	**62.1**	**29.7**	**100.0**
북한인권 개선	(1000)	8.2	62.1	29.7	100.0
개선되고 있다	(82)	100.0	0.0	0.0	100.0
변함없다	(621)	0.0	100.0	0.0	100.0
나빠지고 있다	(297)	0.0	0.0	100.0	100.0
북한인권 개선 가능성	(1000)	8.2	62.1	29.7	100.0
가능성이 있다	(205)	33.7	60.0	6.3	100.0
가능성이 없다	(795)	1.6	62.6	35.7	100.0
북한인권 관심도	(1000)	8.2	62.1	29.7	100.0
관심이 있다	(646)	9.0	55.6	35.4	100.0
관심이 없다	(354)	6.8	74.0	19.2	100.0
북한인권 심각성	(1000)	8.2	62.1	29.7	100.0
심각하다	(948)	7.4	61.9	30.7	100.0
심각하지 않다	(52)	23.1	65.4	11.5	100.0
북한인권 개입	(1000)	8.2	62.1	29.7	100.0
간섭해서는 안된다	(428)	11.0	67.1	22.0	100.0
개입해야 한다	(572)	6.1	58.4	35.5	100.0
인권단체 도움여부	(1000)	8.2	62.1	29.7	100.0
도움이 된다	(508)	11.4	56.5	32.1	100.0
도움이 안된다	(492)	4.9	67.9	27.2	100.0

[표 6] 북한인권의 개선 가능성

[문4] 귀하께서는 북한인권이 앞으로 더 개선될 가능성이 있다고 보십니까, 없다고 보십니까?

(단위 : %)

Base=전체		사례수 (명)	더 개선될 가능성이 있다	더 개선될 가능성이 없다	계
▣ 전체 ▣		**(1000)**	**20.5**	**79.5**	**100.0**
성별		(1000)	20.5	79.5	100.0
	남자	(495)	19.8	80.2	100.0
	여자	(505)	21.2	78.8	100.0
연령		(1000)	20.5	79.5	100.0
	19-29세	(133)	21.1	78.9	100.0
	30-39세	(153)	20.3	79.7	100.0
	40-49세	(175)	21.1	78.9	100.0
	50-59세	(200)	27.0	73.0	100.0
	60세이상	(339)	16.2	83.8	100.0
권역		(1000)	20.5	79.5	100.0
	서울	(187)	21.9	78.1	100.0
	인천/경기	(323)	21.1	78.9	100.0
	대전/세종/충청	(107)	16.8	83.2	100.0
	광주/전라	(96)	22.9	77.1	100.0
	대구/경북	(96)	16.7	83.3	100.0
	부산/울산/경남	(148)	22.3	77.7	100.0
	강원/제주	(43)	16.3	83.7	100.0
학력		(1000)	20.5	79.5	100.0
	고졸이하	(157)	17.2	82.8	100.0
	대재이상	(843)	21.1	78.9	100.0
직업		(1000)	20.5	79.5	100.0
	농/임/어업	(9)	22.2	77.8	100.0
	자영업	(83)	13.3	86.7	100.0
	판매/영업/서비스직	(61)	14.8	85.2	100.0
	생산/기능/노무직	(77)	24.7	75.3	100.0
	사무/관리/전문직	(540)	24.3	75.7	100.0
	주부	(99)	17.2	82.8	100.0
	학생	(37)	13.5	86.5	100.0
	무직/퇴직/기타	(94)	11.7	88.3	100.0
가구소득		(1000)	20.5	79.5	100.0
	200만원이하	(74)	18.9	81.1	100.0
	201-300만원이하	(133)	22.6	77.4	100.0
	301-400만원이하	(156)	17.3	82.7	100.0
	401-500만원이하	(153)	22.9	77.1	100.0
	501만원 이상	(484)	20.5	79.5	100.0
이념성향		(1000)	20.5	79.5	100.0
	진보	(234)	26.5	73.5	100.0
	중도	(425)	18.8	81.2	100.0
	보수	(341)	18.5	81.5	100.0

[계 속]

[표 6] 북한인권의 개선 가능성

[문4] 귀하께서는 북한인권이 앞으로 더 개선될 가능성이 있다고 보십니까, 없다고 보십니까?

(단위 : %)

Base=전체		사례수 (명)	더 개선될 가능성이 있다	더 개선될 가능성이 없다	계
▣ 전체 ▣		**(1000)**	**20.5**	**79.5**	**100.0**
북한인권 개선		(1000)	20.5	79.5	100.0
	개선되고 있다	(82)	84.1	15.9	100.0
	변함없다	(621)	19.8	80.2	100.0
	나빠지고 있다	(297)	4.4	95.6	100.0
북한인권 개선 가능성		(1000)	20.5	79.5	100.0
	가능성이 있다	(205)	100.0	0.0	100.0
	가능성이 없다	(795)	0.0	100.0	100.0
북한인권 관심도		(1000)	20.5	79.5	100.0
	관심이 있다	(646)	23.1	76.9	100.0
	관심이 없다	(354)	15.8	84.2	100.0
북한인권 심각성		(1000)	20.5	79.5	100.0
	심각하다	(948)	19.9	80.1	100.0
	심각하지 않다	(52)	30.8	69.2	100.0
북한인권 개입		(1000)	20.5	79.5	100.0
	간섭해서는 안된다	(428)	24.5	75.5	100.0
	개입해야 한다	(572)	17.5	82.5	100.0
인권단체 도움여부		(1000)	20.5	79.5	100.0
	도움이 된다	(508)	26.4	73.6	100.0
	도움이 안된다	(492)	14.4	85.6	100.0

[표 7] 북한 난민 발생 시 정부 대응책

[문5] 만약 북한 난민이 대규모로 발생할 경우 우리 정부가 취해야 할 적절한 대응책은 무엇이라고 생각하십니까?

(단위 %)

Base=전체	사례수 (명)	북한이탈주민은 같은 동포이기 때문에 우리나라에 살고자 하는 사람은 모두 받아야 한다	경제적 능력과 외교적 부담을 고려하여 선별적으로 받아들여야 한다	우리 사회에 큰 부담이 되기 때문에 받아들여서는 안 된다	계
▣ 전체 ▣	(1000)	41.0	47.3	11.7	100.0
성별	(1000)	41.0	47.3	11.7	100.0
남자	(495)	50.1	40.8	9.1	100.0
여자	(505)	32.1	53.7	14.3	100.0
연령	(1000)	41.0	47.3	11.7	100.0
19-29세	(133)	27.1	56.4	16.5	100.0
30-39세	(153)	30.7	51.0	18.3	100.0
40-49세	(175)	39.4	45.7	14.9	100.0
50-59세	(200)	43.0	49.5	7.5	100.0
60세이상	(339)	50.7	41.6	7.7	100.0
권역	(1000)	41.0	47.3	11.7	100.0
서울	(187)	38.0	48.7	13.4	100.0
인천/경기	(323)	39.3	48.3	12.4	100.0
대전/세종/충청	(107)	38.3	47.7	14.0	100.0
광주/전라	(96)	47.9	46.9	5.2	100.0
대구/경북	(96)	38.5	50.0	11.5	100.0
부산/울산/경남	(148)	46.6	42.6	10.8	100.0
강원/제주	(43)	44.2	44.2	11.6	100.0
학력	(1000)	41.0	47.3	11.7	100.0
고졸이하	(157)	39.5	45.2	15.3	100.0
대재이상	(843)	41.3	47.7	11.0	100.0
직업	(1000)	41.0	47.3	11.7	100.0
농/임/어업	(9)	33.3	33.3	33.3	100.0
자영업	(83)	48.2	39.8	12.0	100.0
판매/영업/서비스직	(61)	52.5	39.3	8.2	100.0
생산/기능/노무직	(77)	48.1	45.5	6.5	100.0
사무/관리/전문직	(540)	39.1	48.7	12.2	100.0
주부	(99)	37.4	48.5	14.1	100.0
학생	(37)	29.7	56.8	13.5	100.0
무직/퇴직/기타	(94)	41.5	48.9	9.6	100.0
가구소득	(1000)	41.0	47.3	11.7	100.0
200만원이하	(74)	39.2	44.6	16.2	100.0
201-300만원이하	(133)	37.6	51.1	11.3	100.0
301-400만원이하	(156)	37.8	52.6	9.6	100.0
401-500만원이하	(153)	43.1	48.4	8.5	100.0
501만원 이상	(484)	42.6	44.6	12.8	100.0
이념성향	(1000)	41.0	47.3	11.7	100.0
진보	(234)	50.4	44.0	5.6	100.0
중도	(425)	35.8	48.5	15.8	100.0
보수	(341)	41.1	48.1	10.9	100.0

[계 속]

[표 7] 북한 난민 발생 시 정부 대응책

[문5] 만약 북한 난민이 대규모로 발생할 경우 우리 정부가 취해야 할 적절한 대응책은 무엇이라고 생각하십니까?

(단위 : %)

Base=전체	사례수 (명)	북한이탈주민은 같은 동포이기 때문에 우리나라에 살고자 하는 사람은 모두 받아야 한다	경제적 능력과 외교적 부담을 고려하여 선별적으로 받아들여야 한다	우리 사회에 큰 부담이 되기 때문에 받아들여서는 안 된다	계
▣ 전체 ▣	**(1000)**	**41.0**	**47.3**	**11.7**	**100.0**
북한인권 개선	(1000)	41.0	47.3	11.7	100.0
개선되고 있다	(82)	54.9	35.4	9.8	100.0
변함없다	(621)	38.3	49.9	11.8	100.0
나빠지고 있다	(297)	42.8	45.1	12.1	100.0
북한인권 개선 가능성	(1000)	41.0	47.3	11.7	100.0
가능성이 있다	(205)	47.3	48.8	3.9	100.0
가능성이 없다	(795)	39.4	46.9	13.7	100.0
북한인권 관심도	(1000)	41.0	47.3	11.7	100.0
관심이 있다	(646)	49.2	44.7	6.0	100.0
관심이 없다	(354)	26.0	52.0	22.0	100.0
북한인권 심각성	(1000)	41.0	47.3	11.7	100.0
심각하다	(948)	41.7	47.8	10.5	100.0
심각하지 않다	(52)	28.8	38.5	32.7	100.0
북한인권 개입	(1000)	41.0	47.3	11.7	100.0
간섭해서는 안된다	(428)	29.7	50.9	19.4	100.0
개입해야 한다	(572)	49.5	44.6	5.9	100.0
인권단체 도움여부	(1000)	41.0	47.3	11.7	100.0
도움이 된다	(508)	48.2	44.5	7.3	100.0
도움이 안된다	(492)	33.5	50.2	16.3	100.0

[표 8] 북한인권 관련 이슈 인지 여부 : 유엔 북한인권결의안

[문6-1] 북한인권과 관련하여 다음 불러드리는 이슈에 대해 알고 있는지, 아니면 처음 듣는 것인지 말씀해주세요.

(단위 : %)

Base=전체		사례수 (명)	들어 봤거나 알고 있다	처음 듣는다	계
▣ 전체 ▣		**(1000)**	**70.8**	**29.2**	**100.0**
성별		(1000)	70.8	29.2	100.0
	남자	(495)	82.0	18.0	100.0
	여자	(505)	59.8	40.2	100.0
연령		(1000)	70.8	29.2	100.0
	19-29세	(133)	60.2	39.8	100.0
	30-39세	(153)	64.7	35.3	100.0
	40-49세	(175)	68.6	31.4	100.0
	50-59세	(200)	74.0	26.0	100.0
	60세이상	(339)	77.0	23.0	100.0
권역		(1000)	70.8	29.2	100.0
	서울	(187)	74.9	25.1	100.0
	인천/경기	(323)	69.0	31.0	100.0
	대전/세종/충청	(107)	63.6	36.4	100.0
	광주/전라	(96)	67.7	32.3	100.0
	대구/경북	(96)	72.9	27.1	100.0
	부산/울산/경남	(148)	75.0	25.0	100.0
	강원/제주	(43)	72.1	27.9	100.0
학력		(1000)	70.8	29.2	100.0
	고졸이하	(157)	61.1	38.9	100.0
	대재이상	(843)	72.6	27.4	100.0
직업		(1000)	70.8	29.2	100.0
	농/임/어업	(9)	100.0	0.0	100.0
	자영업	(83)	79.5	20.5	100.0
	판매/영업/서비스직	(61)	65.6	34.4	100.0
	생산/기능/노무직	(77)	71.4	28.6	100.0
	사무/관리/전문직	(540)	72.2	27.8	100.0
	주부	(99)	62.6	37.4	100.0
	학생	(37)	67.6	32.4	100.0
	무직/퇴직/기타	(94)	64.9	35.1	100.0
가구소득		(1000)	70.8	29.2	100.0
	200만원이하	(74)	62.2	37.8	100.0
	201-300만원이하	(133)	54.9	45.1	100.0
	301-400만원이하	(156)	67.3	32.7	100.0
	401-500만원이하	(153)	71.2	28.8	100.0
	501만원 이상	(484)	77.5	22.5	100.0
이념성향		(1000)	70.8	29.2	100.0
	진보	(234)	75.6	24.4	100.0
	중도	(425)	65.2	34.8	100.0
	보수	(341)	74.5	25.5	100.0

[계 속]

[표 8] 북한인권 관련 이슈 인지 여부 : 유엔 북한인권결의안

[문6-1] 북한인권과 관련하여 다음 불러드리는 이슈에 대해 알고 있는지, 아니면 처음 듣는 것인지 말씀해주세요.

(단위 : %)

Base=전체	사례수 (명)	들어 봤거나 알고 있다	처음 듣는다	계
▣ 전체 ▣	**(1000)**	**70.8**	**29.2**	**100.0**
북한인권 개선	(1000)	70.8	29.2	100.0
개선되고 있다	(82)	68.3	31.7	100.0
변함없다	(621)	66.7	33.3	100.0
나빠지고 있다	(297)	80.1	19.9	100.0
북한인권 개선 가능성	(1000)	70.8	29.2	100.0
가능성이 있다	(205)	73.7	26.3	100.0
가능성이 없다	(795)	70.1	29.9	100.0
북한인권 관심도	(1000)	70.8	29.2	100.0
관심이 있다	(646)	82.2	17.8	100.0
관심이 없다	(354)	50.0	50.0	100.0
북한인권 심각성	(1000)	70.8	29.2	100.0
심각하다	(948)	72.2	27.8	100.0
심각하지 않다	(52)	46.2	53.8	100.0
북한인권 개입	(1000)	70.8	29.2	100.0
간섭해서는 안된다	(428)	64.7	35.3	100.0
개입해야 한다	(572)	75.3	24.7	100.0
인권단체 도움여부	(1000)	70.8	29.2	100.0
도움이 된다	(508)	76.8	23.2	100.0
도움이 안된다	(492)	64.6	35.4	100.0

[표 9] 북한인권 관련 이슈 인지 여부 : 김정은 국제형사재판소(ICC) 제소

[문6-2] 북한인권과 관련하여 다음 불러드리는 이슈에 대해 알고 있는지, 아니면 처음 듣는 것인지 말씀해주세요.

(단위 : %)

Base=전체		사례수 (명)	들어 봤거나 알고 있다	처음 듣는다	계
▣ 전체 ▣		**(1000)**	**40.2**	**59.8**	**100.0**
성별		(1000)	40.2	59.8	100.0
	남자	(495)	45.3	54.7	100.0
	여자	(505)	35.2	64.8	100.0
연령		(1000)	40.2	59.8	100.0
	19-29세	(133)	30.1	69.9	100.0
	30-39세	(153)	36.6	63.4	100.0
	40-49세	(175)	33.7	66.3	100.0
	50-59세	(200)	40.0	60.0	100.0
	60세이상	(339)	49.3	50.7	100.0
권역		(1000)	40.2	59.8	100.0
	서울	(187)	39.0	61.0	100.0
	인천/경기	(323)	39.3	60.7	100.0
	대전/세종/충청	(107)	33.6	66.4	100.0
	광주/전라	(96)	39.6	60.4	100.0
	대구/경북	(96)	47.9	52.1	100.0
	부산/울산/경남	(148)	41.9	58.1	100.0
	강원/제주	(43)	46.5	53.5	100.0
학력		(1000)	40.2	59.8	100.0
	고졸이하	(157)	35.0	65.0	100.0
	대재이상	(843)	41.2	58.8	100.0
직업		(1000)	40.2	59.8	100.0
	농/임/어업	(9)	55.6	44.4	100.0
	자영업	(83)	48.2	51.8	100.0
	판매/영업/서비스직	(61)	44.3	55.7	100.0
	생산/기능/노무직	(77)	45.5	54.5	100.0
	사무/관리/전문직	(540)	37.4	62.6	100.0
	주부	(99)	42.4	57.6	100.0
	학생	(37)	37.8	62.2	100.0
	무직/퇴직/기타	(94)	39.4	60.6	100.0
가구소득		(1000)	40.2	59.8	100.0
	200만원이하	(74)	37.8	62.2	100.0
	201-300만원이하	(133)	28.6	71.4	100.0
	301-400만원이하	(156)	39.7	60.3	100.0
	401-500만원이하	(153)	39.9	60.1	100.0
	501만원 이상	(484)	44.0	56.0	100.0
이념성향		(1000)	40.2	59.8	100.0
	진보	(234)	35.5	64.5	100.0
	중도	(425)	35.3	64.7	100.0
	보수	(341)	49.6	50.4	100.0

[계 속]

[표 9] 북한인권 관련 이슈 인지 여부 : 김정은 국제형사재판소(ICC) 제소

[문6-2] 북한인권과 관련하여 다음 불러드리는 이슈에 대해 알고 있는지, 아니면 처음 듣는 것인지 말씀해주세요.

(단위 : %)

Base=전체	사례수 (명)	들어 봤거나 알고 있다	처음 듣는다	계
▣ 전체 ▣	**(1000)**	**40.2**	**59.8**	**100.0**
북한인권 개선	(1000)	40.2	59.8	100.0
개선되고 있다	(82)	43.9	56.1	100.0
변함없다	(621)	35.4	64.6	100.0
나빠지고 있다	(297)	49.2	50.8	100.0
북한인권 개선 가능성	(1000)	40.2	59.8	100.0
가능성이 있다	(205)	41.0	59.0	100.0
가능성이 없다	(795)	40.0	60.0	100.0
북한인권 관심도	(1000)	40.2	59.8	100.0
관심이 있다	(646)	49.4	50.6	100.0
관심이 없다	(354)	23.4	76.6	100.0
북한인권 심각성	(1000)	40.2	59.8	100.0
심각하다	(948)	40.7	59.3	100.0
심각하지 않다	(52)	30.8	69.2	100.0
북한인권 개입	(1000)	40.2	59.8	100.0
간섭해서는 안된다	(428)	32.9	67.1	100.0
개입해야 한다	(572)	45.6	54.4	100.0
인권단체 도움여부	(1000)	40.2	59.8	100.0
도움이 된다	(508)	46.1	53.9	100.0
도움이 안된다	(492)	34.1	65.9	100.0

[표 10] 북한인권 관련 이슈 인지 여부 : 유엔 북한인권 현장사무소 서울 설치 운영
[문6-3] 북한인권과 관련하여 다음 불러드리는 이슈에 대해 알고 있는지, 아니면 처음 듣는 것인지 말씀해주세요.

(단위 : %)

Base=전체		사례수 (명)	들어 봤거나 알고 있다	처음 듣는다	계
▣ 전체 ▣		(1000)	27.9	72.1	100.0
성별		(1000)	27.9	72.1	100.0
	남자	(495)	30.3	69.7	100.0
	여자	(505)	25.5	74.5	100.0
연령		(1000)	27.9	72.1	100.0
	19-29세	(133)	30.1	69.9	100.0
	30-39세	(153)	27.5	72.5	100.0
	40-49세	(175)	28.0	72.0	100.0
	50-59세	(200)	25.5	74.5	100.0
	60세이상	(339)	28.6	71.4	100.0
권역		(1000)	27.9	72.1	100.0
	서울	(187)	32.6	67.4	100.0
	인천/경기	(323)	28.2	71.8	100.0
	대전/세종/충청	(107)	20.6	79.4	100.0
	광주/전라	(96)	24.0	76.0	100.0
	대구/경북	(96)	34.4	65.6	100.0
	부산/울산/경남	(148)	27.0	73.0	100.0
	강원/제주	(43)	20.9	79.1	100.0
학력		(1000)	27.9	72.1	100.0
	고졸이하	(157)	24.2	75.8	100.0
	대재이상	(843)	28.6	71.4	100.0
직업		(1000)	27.9	72.1	100.0
	농/임/어업	(9)	22.2	77.8	100.0
	자영업	(83)	30.1	69.9	100.0
	판매/영업/서비스직	(61)	36.1	63.9	100.0
	생산/기능/노무직	(77)	29.9	70.1	100.0
	사무/관리/전문직	(540)	28.7	71.3	100.0
	주부	(99)	21.2	78.8	100.0
	학생	(37)	35.1	64.9	100.0
	무직/퇴직/기타	(94)	19.1	80.9	100.0
가구소득		(1000)	27.9	72.1	100.0
	200만원이하	(74)	25.7	74.3	100.0
	201-300만원이하	(133)	23.3	76.7	100.0
	301-400만원이하	(156)	23.1	76.9	100.0
	401-500만원이하	(153)	26.8	73.2	100.0
	501만원 이상	(484)	31.4	68.6	100.0
이념성향		(1000)	27.9	72.1	100.0
	진보	(234)	29.1	70.9	100.0
	중도	(425)	23.8	76.2	100.0
	보수	(341)	32.3	67.7	100.0

[계 속]

[표 10] 북한인권 관련 이슈 인지 여부 : 유엔 북한인권 현장사무소 서울 설치 운영

[문6-3] 북한인권과 관련하여 다음 불러드리는 이슈에 대해 알고 있는지, 아니면 처음 듣는 것인지 말씀해주세요.

(단위 : %)

Base=전체	사례수 (명)	들어 봤거나 알고 있다	처음 듣는다	계
▣ 전체 ▣	**(1000)**	**27.9**	**72.1**	**100.0**
북한인권 개선	(1000)	27.9	72.1	100.0
개선되고 있다	(82)	47.6	52.4	100.0
변함없다	(621)	22.7	77.3	100.0
나빠지고 있다	(297)	33.3	66.7	100.0
북한인권 개선 가능성	(1000)	27.9	72.1	100.0
가능성이 있다	(205)	37.6	62.4	100.0
가능성이 없다	(795)	25.4	74.6	100.0
북한인권 관심도	(1000)	27.9	72.1	100.0
관심이 있다	(646)	36.1	63.9	100.0
관심이 없다	(354)	13.0	87.0	100.0
북한인권 심각성	(1000)	27.9	72.1	100.0
심각하다	(948)	28.1	71.9	100.0
심각하지 않다	(52)	25.0	75.0	100.0
북한인권 개입	(1000)	27.9	72.1	100.0
간섭해서는 안된다	(428)	23.1	76.9	100.0
개입해야 한다	(572)	31.5	68.5	100.0
인권단체 도움여부	(1000)	27.9	72.1	100.0
도움이 된다	(508)	37.6	62.4	100.0
도움이 안된다	(492)	17.9	82.1	100.0

[표 11] 북한인권 관련 이슈 인지 여부 : 정치범수용소

[문6-4] 북한인권과 관련하여 다음 불러드리는 이슈에 대해 알고 있는지, 아니면 처음 듣는 것인지 말씀해주세요.

(단위 : %)

Base=전체		사례수 (명)	들어 봤거나 알고 있다	처음 듣는다	계
▣ 전체 ▣		(1000)	80.7	19.3	100.0
성별		(1000)	80.7	19.3	100.0
	남자	(495)	85.3	14.7	100.0
	여자	(505)	76.2	23.8	100.0
연령		(1000)	80.7	19.3	100.0
	19-29세	(133)	68.4	31.6	100.0
	30-39세	(153)	71.2	28.8	100.0
	40-49세	(175)	74.9	25.1	100.0
	50-59세	(200)	86.0	14.0	100.0
	60세이상	(339)	89.7	10.3	100.0
권역		(1000)	80.7	19.3	100.0
	서울	(187)	86.1	13.9	100.0
	인천/경기	(323)	78.0	22.0	100.0
	대전/세종/충청	(107)	78.5	21.5	100.0
	광주/전라	(96)	77.1	22.9	100.0
	대구/경북	(96)	79.2	20.8	100.0
	부산/울산/경남	(148)	83.8	16.2	100.0
	강원/제주	(43)	83.7	16.3	100.0
학력		(1000)	80.7	19.3	100.0
	고졸이하	(157)	74.5	25.5	100.0
	대재이상	(843)	81.9	18.1	100.0
직업		(1000)	80.7	19.3	100.0
	농/임/어업	(9)	77.8	22.2	100.0
	자영업	(83)	84.3	15.7	100.0
	판매/영업/서비스직	(61)	77.0	23.0	100.0
	생산/기능/노무직	(77)	80.5	19.5	100.0
	사무/관리/전문직	(540)	80.2	19.8	100.0
	주부	(99)	80.8	19.2	100.0
	학생	(37)	81.1	18.9	100.0
	무직/퇴직/기타	(94)	83.0	17.0	100.0
가구소득		(1000)	80.7	19.3	100.0
	200만원이하	(74)	77.0	23.0	100.0
	201-300만원이하	(133)	69.2	30.8	100.0
	301-400만원이하	(156)	81.4	18.6	100.0
	401-500만원이하	(153)	73.9	26.1	100.0
	501만원 이상	(484)	86.4	13.6	100.0
이념성향		(1000)	80.7	19.3	100.0
	진보	(234)	79.9	20.1	100.0
	중도	(425)	77.2	22.8	100.0
	보수	(341)	85.6	14.4	100.0

[계 속]

[표 11] 북한인권 관련 이슈 인지 여부 : 정치범수용소

[문6-4] 북한인권과 관련하여 다음 불러드리는 이슈에 대해 알고 있는지, 아니면 처음 듣는 것인지 말씀해주세요.

(단위 : %)

Base=전체		사례수 (명)	들어 봤거나 알고 있다	처음 듣는다	계
▣ 전체 ▣		**(1000)**	**80.7**	**19.3**	**100.0**
북한인권 개선		(1000)	80.7	19.3	100.0
	개선되고 있다	(82)	73.2	26.8	100.0
	변함없다	(621)	78.3	21.7	100.0
	나빠지고 있다	(297)	87.9	12.1	100.0
북한인권 개선 가능성		(1000)	80.7	19.3	100.0
	가능성이 있다	(205)	78.5	21.5	100.0
	가능성이 없다	(795)	81.3	18.7	100.0
북한인권 관심도		(1000)	80.7	19.3	100.0
	관심이 있다	(646)	87.5	12.5	100.0
	관심이 없다	(354)	68.4	31.6	100.0
북한인권 심각성		(1000)	80.7	19.3	100.0
	심각하다	(948)	82.7	17.3	100.0
	심각하지 않다	(52)	44.2	55.8	100.0
북한인권 개입		(1000)	80.7	19.3	100.0
	간섭해서는 안된다	(428)	75.2	24.8	100.0
	개입해야 한다	(572)	84.8	15.2	100.0
인권단체 도움여부		(1000)	80.7	19.3	100.0
	도움이 된다	(508)	82.3	17.7	100.0
	도움이 안된다	(492)	79.1	20.9	100.0

[표 12] 북한인권 관련 이슈 인지 여부 : 공개처형

[문6-5] 북한인권과 관련하여 다음 불러드리는 이슈에 대해 알고 있는지, 아니면 처음 듣는 것인지 말씀해주세요.

(단위 : %)

Base=전체		사례수 (명)	들어 봤거나 알고 있다	처음 듣는다	계
▣ 전체 ▣		**(1000)**	**89.7**	**10.3**	**100.0**
성별		(1000)	89.7	10.3	100.0
	남자	(495)	92.7	7.3	100.0
	여자	(505)	86.7	13.3	100.0
연령		(1000)	89.7	10.3	100.0
	19-29세	(133)	87.2	12.8	100.0
	30-39세	(153)	80.4	19.6	100.0
	40-49세	(175)	86.3	13.7	100.0
	50-59세	(200)	93.0	7.0	100.0
	60세이상	(339)	94.7	5.3	100.0
권역		(1000)	89.7	10.3	100.0
	서울	(187)	89.3	10.7	100.0
	인천/경기	(323)	87.9	12.1	100.0
	대전/세종/충청	(107)	90.7	9.3	100.0
	광주/전라	(96)	86.5	13.5	100.0
	대구/경북	(96)	91.7	8.3	100.0
	부산/울산/경남	(148)	93.2	6.8	100.0
	강원/제주	(43)	93.0	7.0	100.0
학력		(1000)	89.7	10.3	100.0
	고졸이하	(157)	88.5	11.5	100.0
	대재이상	(843)	89.9	10.1	100.0
직업		(1000)	89.7	10.3	100.0
	농/임/어업	(9)	100.0	0.0	100.0
	자영업	(83)	91.6	8.4	100.0
	판매/영업/서비스직	(61)	86.9	13.1	100.0
	생산/기능/노무직	(77)	84.4	15.6	100.0
	사무/관리/전문직	(540)	89.1	10.9	100.0
	주부	(99)	90.9	9.1	100.0
	학생	(37)	86.5	13.5	100.0
	무직/퇴직/기타	(94)	96.8	3.2	100.0
가구소득		(1000)	89.7	10.3	100.0
	200만원이하	(74)	85.1	14.9	100.0
	201-300만원이하	(133)	87.2	12.8	100.0
	301-400만원이하	(156)	85.3	14.7	100.0
	401-500만원이하	(153)	90.2	9.8	100.0
	501만원 이상	(484)	92.4	7.6	100.0
이념성향		(1000)	89.7	10.3	100.0
	진보	(234)	89.7	10.3	100.0
	중도	(425)	89.2	10.8	100.0
	보수	(341)	90.3	9.7	100.0

[계 속]

[표 12] 북한인권 관련 이슈 인지 여부 : 공개처형

[문6-5] 북한인권과 관련하여 다음 불러드리는 이슈에 대해 알고 있는지, 아니면 처음 듣는 것인지 말씀해주세요.

(단위 : %)

Base=전체	사례수 (명)	들어 봤거나 알고 있다	처음 듣는다	계
▣ 전체 ▣	**(1000)**	**89.7**	**10.3**	**100.0**
북한인권 개선	(1000)	89.7	10.3	100.0
개선되고 있다	(82)	87.8	12.2	100.0
변함없다	(621)	88.1	11.9	100.0
나빠지고 있다	(297)	93.6	6.4	100.0
북한인권 개선 가능성	(1000)	89.7	10.3	100.0
가능성이 있다	(205)	86.3	13.7	100.0
가능성이 없다	(795)	90.6	9.4	100.0
북한인권 관심도	(1000)	89.7	10.3	100.0
관심이 있다	(646)	92.3	7.7	100.0
관심이 없다	(354)	85.0	15.0	100.0
북한인권 심각성	(1000)	89.7	10.3	100.0
심각하다	(948)	91.4	8.6	100.0
심각하지 않다	(52)	59.6	40.4	100.0
북한인권 개입	(1000)	89.7	10.3	100.0
간섭해서는 안된다	(428)	88.3	11.7	100.0
개입해야 한다	(572)	90.7	9.3	100.0
인권단체 도움여부	(1000)	89.7	10.3	100.0
도움이 된다	(508)	90.0	10.0	100.0
도움이 안된다	(492)	89.4	10.6	100.0

[표 13] 북한인권 관련 이슈 인지 여부 : 인신매매

[문6-6] 북한인권과 관련하여 다음 불러드리는 이슈에 대해 알고 있는지, 아니면 처음 듣는 것인지 말씀해주세요.

(단위 : %)

Base=전체		사례수 (명)	들어 봤거나 알고 있다	처음 듣는다	계
▣ 전체 ▣		**(1000)**	**75.1**	**24.9**	**100.0**
성별		(1000)	75.1	24.9	100.0
	남자	(495)	77.0	23.0	100.0
	여자	(505)	73.3	26.7	100.0
연령		(1000)	75.1	24.9	100.0
	19-29세	(133)	73.7	26.3	100.0
	30-39세	(153)	66.0	34.0	100.0
	40-49세	(175)	77.7	22.3	100.0
	50-59세	(200)	71.5	28.5	100.0
	60세이상	(339)	80.5	19.5	100.0
권역		(1000)	75.1	24.9	100.0
	서울	(187)	77.5	22.5	100.0
	인천/경기	(323)	73.4	26.6	100.0
	대전/세종/충청	(107)	72.9	27.1	100.0
	광주/전라	(96)	70.8	29.2	100.0
	대구/경북	(96)	77.1	22.9	100.0
	부산/울산/경남	(148)	77.0	23.0	100.0
	강원/제주	(43)	81.4	18.6	100.0
학력		(1000)	75.1	24.9	100.0
	고졸이하	(157)	73.2	26.8	100.0
	대재이상	(843)	75.4	24.6	100.0
직업		(1000)	75.1	24.9	100.0
	농/임/어업	(9)	88.9	11.1	100.0
	자영업	(83)	78.3	21.7	100.0
	판매/영업/서비스직	(61)	73.8	26.2	100.0
	생산/기능/노무직	(77)	72.7	27.3	100.0
	사무/관리/전문직	(540)	72.8	27.2	100.0
	주부	(99)	80.8	19.2	100.0
	학생	(37)	83.8	16.2	100.0
	무직/퇴직/기타	(94)	77.7	22.3	100.0
가구소득		(1000)	75.1	24.9	100.0
	200만원이하	(74)	78.4	21.6	100.0
	201-300만원이하	(133)	68.4	31.6	100.0
	301-400만원이하	(156)	74.4	25.6	100.0
	401-500만원이하	(153)	70.6	29.4	100.0
	501만원 이상	(484)	78.1	21.9	100.0
이념성향		(1000)	75.1	24.9	100.0
	진보	(234)	74.4	25.6	100.0
	중도	(425)	75.1	24.9	100.0
	보수	(341)	75.7	24.3	100.0

[계 속]

[표 13] 북한인권 관련 이슈 인지 여부 : 인신매매

[문6-6] 북한인권과 관련하여 다음 불러드리는 이슈에 대해 알고 있는지, 아니면 처음 듣는 것인지 말씀해주세요.

(단위 : %)

Base=전체		사례수 (명)	들어 봤거나 알고 있다	처음 듣는다	계
▣ 전체 ▣		**(1000)**	**75.1**	**24.9**	**100.0**
북한인권 개선		(1000)	75.1	24.9	100.0
	개선되고 있다	(82)	62.2	37.8	100.0
	변함없다	(621)	71.8	28.2	100.0
	나빠지고 있다	(297)	85.5	14.5	100.0
북한인권 개선 가능성		(1000)	75.1	24.9	100.0
	가능성이 있다	(205)	66.8	33.2	100.0
	가능성이 없다	(795)	77.2	22.8	100.0
북한인권 관심도		(1000)	75.1	24.9	100.0
	관심이 있다	(646)	80.5	19.5	100.0
	관심이 없다	(354)	65.3	34.7	100.0
북한인권 심각성		(1000)	75.1	24.9	100.0
	심각하다	(948)	76.6	23.4	100.0
	심각하지 않다	(52)	48.1	51.9	100.0
북한인권 개입		(1000)	75.1	24.9	100.0
	간섭해서는 안된다	(428)	70.1	29.9	100.0
	개입해야 한다	(572)	78.8	21.2	100.0
인권단체 도움여부		(1000)	75.1	24.9	100.0
	도움이 된다	(508)	78.7	21.3	100.0
	도움이 안된다	(492)	71.3	28.7	100.0

[표 14] 북한인권 관련 이슈 인지 여부 : 북한인권법

[문6-7] 북한인권과 관련하여 다음 불러드리는 이슈에 대해 알고 있는지, 아니면 처음 듣는 것인지 말씀해주세요.

(단위 : %)

Base=전체		사례수 (명)	들어 봤거나 알고 있다	처음 듣는다	계
▣ 전체 ▣		**(1000)**	**42.9**	**57.1**	**100.0**
성별		(1000)	42.9	57.1	100.0
	남자	(495)	48.5	51.5	100.0
	여자	(505)	37.4	62.6	100.0
연령		(1000)	42.9	57.1	100.0
	19-29세	(133)	41.4	58.6	100.0
	30-39세	(153)	38.6	61.4	100.0
	40-49세	(175)	40.0	60.0	100.0
	50-59세	(200)	37.0	63.0	100.0
	60세이상	(339)	50.4	49.6	100.0
권역		(1000)	42.9	57.1	100.0
	서울	(187)	46.0	54.0	100.0
	인천/경기	(323)	41.2	58.8	100.0
	대전/세종/충청	(107)	40.2	59.8	100.0
	광주/전라	(96)	41.7	58.3	100.0
	대구/경북	(96)	43.8	56.3	100.0
	부산/울산/경남	(148)	43.9	56.1	100.0
	강원/제주	(43)	46.5	53.5	100.0
학력		(1000)	42.9	57.1	100.0
	고졸이하	(157)	38.2	61.8	100.0
	대재이상	(843)	43.8	56.2	100.0
직업		(1000)	42.9	57.1	100.0
	농/임/어업	(9)	44.4	55.6	100.0
	자영업	(83)	50.6	49.4	100.0
	판매/영업/서비스직	(61)	45.9	54.1	100.0
	생산/기능/노무직	(77)	44.2	55.8	100.0
	사무/관리/전문직	(540)	40.9	59.1	100.0
	주부	(99)	44.4	55.6	100.0
	학생	(37)	43.2	56.8	100.0
	무직/퇴직/기타	(94)	42.6	57.4	100.0
가구소득		(1000)	42.9	57.1	100.0
	200만원이하	(74)	44.6	55.4	100.0
	201-300만원이하	(133)	36.8	63.2	100.0
	301-400만원이하	(156)	37.8	62.2	100.0
	401-500만원이하	(153)	43.8	56.2	100.0
	501만원 이상	(484)	45.7	54.3	100.0
이념성향		(1000)	42.9	57.1	100.0
	진보	(234)	41.0	59.0	100.0
	중도	(425)	38.1	61.9	100.0
	보수	(341)	50.1	49.9	100.0

[계 속]

[표 14] 북한인권 관련 이슈 인지 여부 : 북한인권법

[문6-7] 북한인권과 관련하여 다음 불러드리는 이슈에 대해 알고 있는지, 아니면 처음 듣는 것인지 말씀해주세요.

(단위 : %)

Base=전체	사례수 (명)	들어 봤거나 알고 있다	처음 듣는다	계
▣ 전체 ▣	**(1000)**	**42.9**	**57.1**	**100.0**
북한인권 개선	(1000)	42.9	57.1	100.0
개선되고 있다	(82)	50.0	50.0	100.0
변함없다	(621)	38.5	61.5	100.0
나빠지고 있다	(297)	50.2	49.8	100.0
북한인권 개선 가능성	(1000)	42.9	57.1	100.0
가능성이 있다	(205)	44.4	55.6	100.0
가능성이 없다	(795)	42.5	57.5	100.0
북한인권 관심도	(1000)	42.9	57.1	100.0
관심이 있다	(646)	52.0	48.0	100.0
관심이 없다	(354)	26.3	73.7	100.0
북한인권 심각성	(1000)	42.9	57.1	100.0
심각하다	(948)	43.5	56.5	100.0
심각하지 않다	(52)	32.7	67.3	100.0
북한인권 개입	(1000)	42.9	57.1	100.0
간섭해서는 안된다	(428)	37.6	62.4	100.0
개입해야 한다	(572)	46.9	53.1	100.0
인권단체 도움여부	(1000)	42.9	57.1	100.0
도움이 된다	(508)	47.6	52.4	100.0
도움이 안된다	(492)	38.0	62.0	100.0

[표 15] 북한인권 관련 이슈 인지 여부 : 북한인권재단

[문6-8] 북한인권과 관련하여 다음 불러드리는 이슈에 대해 알고 있는지, 아니면 처음 듣는 것인지 말씀해주세요.

(단위 : %)

Base=전체		사례수 (명)	들어 봤거나 알고 있다	처음 듣는다	계
▣ 전체 ▣		**(1000)**	**34.2**	**65.8**	**100.0**
성별		(1000)	34.2	65.8	100.0
	남자	(495)	38.8	61.2	100.0
	여자	(505)	29.7	70.3	100.0
연령		(1000)	34.2	65.8	100.0
	19-29세	(133)	33.1	66.9	100.0
	30-39세	(153)	32.0	68.0	100.0
	40-49세	(175)	32.0	68.0	100.0
	50-59세	(200)	28.5	71.5	100.0
	60세이상	(339)	40.1	59.9	100.0
권역		(1000)	34.2	65.8	100.0
	서울	(187)	39.6	60.4	100.0
	인천/경기	(323)	32.2	67.8	100.0
	대전/세종/충청	(107)	29.9	70.1	100.0
	광주/전라	(96)	33.3	66.7	100.0
	대구/경북	(96)	34.4	65.6	100.0
	부산/울산/경남	(148)	34.5	65.5	100.0
	강원/제주	(43)	37.2	62.8	100.0
학력		(1000)	34.2	65.8	100.0
	고졸이하	(157)	29.9	70.1	100.0
	대재이상	(843)	35.0	65.0	100.0
직업		(1000)	34.2	65.8	100.0
	농/임/어업	(9)	55.6	44.4	100.0
	자영업	(83)	37.3	62.7	100.0
	판매/영업/서비스직	(61)	41.0	59.0	100.0
	생산/기능/노무직	(77)	39.0	61.0	100.0
	사무/관리/전문직	(540)	31.7	68.3	100.0
	주부	(99)	35.4	64.6	100.0
	학생	(37)	43.2	56.8	100.0
	무직/퇴직/기타	(94)	30.9	69.1	100.0
가구소득		(1000)	34.2	65.8	100.0
	200만원이하	(74)	32.4	67.6	100.0
	201-300만원이하	(133)	28.6	71.4	100.0
	301-400만원이하	(156)	25.0	75.0	100.0
	401-500만원이하	(153)	33.3	66.7	100.0
	501만원 이상	(484)	39.3	60.7	100.0
이념성향		(1000)	34.2	65.8	100.0
	진보	(234)	31.2	68.8	100.0
	중도	(425)	28.9	71.1	100.0
	보수	(341)	42.8	57.2	100.0

[계 속]

[표 15] 북한인권 관련 이슈 인지 여부 : 북한인권재단

[문6-8] 북한인권과 관련하여 다음 불러드리는 이슈에 대해 알고 있는지, 아니면 처음 듣는 것인지 말씀해주세요.

(단위 : %)

Base=전체		사례수 (명)	들어 봤거나 알고 있다	처음 듣는다	계
▣ 전체 ▣		**(1000)**	**34.2**	**65.8**	**100.0**
북한인권 개선		(1000)	34.2	65.8	100.0
	개선되고 있다	(82)	39.0	61.0	100.0
	변함없다	(621)	31.4	68.6	100.0
	나빠지고 있다	(297)	38.7	61.3	100.0
북한인권 개선 가능성		(1000)	34.2	65.8	100.0
	가능성이 있다	(205)	36.6	63.4	100.0
	가능성이 없다	(795)	33.6	66.4	100.0
북한인권 관심도		(1000)	34.2	65.8	100.0
	관심이 있다	(646)	42.9	57.1	100.0
	관심이 없다	(354)	18.4	81.6	100.0
북한인권 심각성		(1000)	34.2	65.8	100.0
	심각하다	(948)	34.4	65.6	100.0
	심각하지 않다	(52)	30.8	69.2	100.0
북한인권 개입		(1000)	34.2	65.8	100.0
	간섭해서는 안된다	(428)	29.2	70.8	100.0
	개입해야 한다	(572)	37.9	62.1	100.0
인권단체 도움여부		(1000)	34.2	65.8	100.0
	도움이 된다	(508)	42.1	57.9	100.0
	도움이 안된다	(492)	26.0	74.0	100.0

[표 16] 북한인권 관련 이슈 인지 여부 : 북한인권대사

[문6-9] 북한인권과 관련하여 다음 불러드리는 이슈에 대해 알고 있는지, 아니면 처음 듣는 것인지 말씀해주세요.

(단위 : %)

Base=전체		사례수 (명)	들어 봤거나 알고 있다	처음 듣는다	계
▣ 전체 ▣		(1000)	30.3	69.7	100.0
성별		(1000)	30.3	69.7	100.0
	남자	(495)	33.7	66.3	100.0
	여자	(505)	26.9	73.1	100.0
연령		(1000)	30.3	69.7	100.0
	19-29세	(133)	27.8	72.2	100.0
	30-39세	(153)	28.8	71.2	100.0
	40-49세	(175)	30.3	69.7	100.0
	50-59세	(200)	26.5	73.5	100.0
	60세이상	(339)	34.2	65.8	100.0
권역		(1000)	30.3	69.7	100.0
	서울	(187)	33.2	66.8	100.0
	인천/경기	(323)	26.0	74.0	100.0
	대전/세종/충청	(107)	29.9	70.1	100.0
	광주/전라	(96)	31.3	68.8	100.0
	대구/경북	(96)	33.3	66.7	100.0
	부산/울산/경남	(148)	32.4	67.6	100.0
	강원/제주	(43)	34.9	65.1	100.0
학력		(1000)	30.3	69.7	100.0
	고졸이하	(157)	26.8	73.2	100.0
	대재이상	(843)	31.0	69.0	100.0
직업		(1000)	30.3	69.7	100.0
	농/임/어업	(9)	55.6	44.4	100.0
	자영업	(83)	33.7	66.3	100.0
	판매/영업/서비스직	(61)	34.4	65.6	100.0
	생산/기능/노무직	(77)	35.1	64.9	100.0
	사무/관리/전문직	(540)	27.8	72.2	100.0
	주부	(99)	35.4	64.6	100.0
	학생	(37)	37.8	62.2	100.0
	무직/퇴직/기타	(94)	24.5	75.5	100.0
가구소득		(1000)	30.3	69.7	100.0
	200만원이하	(74)	27.0	73.0	100.0
	201-300만원이하	(133)	26.3	73.7	100.0
	301-400만원이하	(156)	21.8	78.2	100.0
	401-500만원이하	(153)	34.0	66.0	100.0
	501만원 이상	(484)	33.5	66.5	100.0
이념성향		(1000)	30.3	69.7	100.0
	진보	(234)	27.8	72.2	100.0
	중도	(425)	27.1	72.9	100.0
	보수	(341)	36.1	63.9	100.0

[계 속]

[표 16] 북한인권 관련 이슈 인지 여부 : 북한인권대사

[문6-9] 북한인권과 관련하여 다음 불러드리는 이슈에 대해 알고 있는지, 아니면 처음 듣는 것인지 말씀해주세요.

(단위 : %)

Base=전체		사례수 (명)	들어 봤거나 알고 있다	처음 듣는다	계
▣ 전체 ▣		**(1000)**	**30.3**	**69.7**	**100.0**
북한인권 개선		(1000)	30.3	69.7	100.0
	개선되고 있다	(82)	43.9	56.1	100.0
	변함없다	(621)	26.6	73.4	100.0
	나빠지고 있다	(297)	34.3	65.7	100.0
북한인권 개선 가능성		(1000)	30.3	69.7	100.0
	가능성이 있다	(205)	39.5	60.5	100.0
	가능성이 없다	(795)	27.9	72.1	100.0
북한인권 관심도		(1000)	30.3	69.7	100.0
	관심이 있다	(646)	37.9	62.1	100.0
	관심이 없다	(354)	16.4	83.6	100.0
북한인권 심각성		(1000)	30.3	69.7	100.0
	심각하다	(948)	30.5	69.5	100.0
	심각하지 않다	(52)	26.9	73.1	100.0
북한인권 개입		(1000)	30.3	69.7	100.0
	간섭해서는 안된다	(428)	25.9	74.1	100.0
	개입해야 한다	(572)	33.6	66.4	100.0
인권단체 도움여부		(1000)	30.3	69.7	100.0
	도움이 된다	(508)	38.6	61.4	100.0
	도움이 안된다	(492)	21.7	78.3	100.0

[표 17] 북한인권 관련 이슈 인지 여부 : 법무부 북한인권기록보존소

[문6-10] 북한인권과 관련하여 다음 불러드리는 이슈에 대해 알고 있는지, 아니면 처음 듣는 것인지 말씀해주세요.

(단위 : %)

Base=전체		사례수 (명)	들어 봤거나 알고 있다	처음 듣는다	계
▣ 전체 ▣		(1000)	21.7	78.3	100.0
성별		(1000)	21.7	78.3	100.0
	남자	(495)	21.6	78.4	100.0
	여자	(505)	21.8	78.2	100.0
연령		(1000)	21.7	78.3	100.0
	19-29세	(133)	18.8	81.2	100.0
	30-39세	(153)	22.2	77.8	100.0
	40-49세	(175)	21.7	78.3	100.0
	50-59세	(200)	18.0	82.0	100.0
	60세이상	(339)	24.8	75.2	100.0
권역		(1000)	21.7	78.3	100.0
	서울	(187)	23.5	76.5	100.0
	인천/경기	(323)	22.9	77.1	100.0
	대전/세종/충청	(107)	16.8	83.2	100.0
	광주/전라	(96)	21.9	78.1	100.0
	대구/경북	(96)	22.9	77.1	100.0
	부산/울산/경남	(148)	20.3	79.7	100.0
	강원/제주	(43)	18.6	81.4	100.0
학력		(1000)	21.7	78.3	100.0
	고졸이하	(157)	19.1	80.9	100.0
	대재이상	(843)	22.2	77.8	100.0
직업		(1000)	21.7	78.3	100.0
	농/임/어업	(9)	11.1	88.9	100.0
	자영업	(83)	16.9	83.1	100.0
	판매/영업/서비스직	(61)	21.3	78.7	100.0
	생산/기능/노무직	(77)	28.6	71.4	100.0
	사무/관리/전문직	(540)	20.0	80.0	100.0
	주부	(99)	27.3	72.7	100.0
	학생	(37)	24.3	75.7	100.0
	무직/퇴직/기타	(94)	24.5	75.5	100.0
가구소득		(1000)	21.7	78.3	100.0
	200만원이하	(74)	23.0	77.0	100.0
	201-300만원이하	(133)	15.0	85.0	100.0
	301-400만원이하	(156)	19.9	80.1	100.0
	401-500만원이하	(153)	21.6	78.4	100.0
	501만원 이상	(484)	24.0	76.0	100.0
이념성향		(1000)	21.7	78.3	100.0
	진보	(234)	18.8	81.2	100.0
	중도	(425)	18.8	81.2	100.0
	보수	(341)	27.3	72.7	100.0

[계 속]

[표 17] 북한인권 관련 이슈 인지 여부 : 법무부 북한인권기록보존소

[문6-10] 북한인권과 관련하여 다음 불러드리는 이슈에 대해 알고 있는지, 아니면 처음 듣는 것인지 말씀해주세요.

(단위 : %)

Base=전체		사례수 (명)	들어 봤거나 알고 있다	처음 듣는다	계
▣ 전체 ▣		**(1000)**	**21.7**	**78.3**	**100.0**
북한인권 개선		(1000)	21.7	78.3	100.0
	개선되고 있다	(82)	37.8	62.2	100.0
	변함없다	(621)	18.8	81.2	100.0
	나빠지고 있다	(297)	23.2	76.8	100.0
북한인권 개선 가능성		(1000)	21.7	78.3	100.0
	가능성이 있다	(205)	26.3	73.7	100.0
	가능성이 없다	(795)	20.5	79.5	100.0
북한인권 관심도		(1000)	21.7	78.3	100.0
	관심이 있다	(646)	28.5	71.5	100.0
	관심이 없다	(354)	9.3	90.7	100.0
북한인권 심각성		(1000)	21.7	78.3	100.0
	심각하다	(948)	21.6	78.4	100.0
	심각하지 않다	(52)	23.1	76.9	100.0
북한인권 개입		(1000)	21.7	78.3	100.0
	간섭해서는 안된다	(428)	19.9	80.1	100.0
	개입해야 한다	(572)	23.1	76.9	100.0
인권단체 도움여부		(1000)	21.7	78.3	100.0
	도움이 된다	(508)	28.9	71.1	100.0
	도움이 안된다	(492)	14.2	85.8	100.0

[표 18] 북한인권 관련 이슈 인지 여부 : 통일부 북한인권기록센터

[문6-11] 북한인권과 관련하여 다음 불러드리는 이슈에 대해 알고 있는지, 아니면 처음 듣는 것인지 말씀해주세요.

(단위 : %)

Base=전체		사례수 (명)	들어 봤거나 알고 있다	처음 듣는다	계
▣ 전체 ▣		(1000)	28.0	72.0	100.0
성별		(1000)	28.0	72.0	100.0
	남자	(495)	29.7	70.3	100.0
	여자	(505)	26.3	73.7	100.0
연령		(1000)	28.0	72.0	100.0
	19-29세	(133)	24.8	75.2	100.0
	30-39세	(153)	28.1	71.9	100.0
	40-49세	(175)	23.4	76.6	100.0
	50-59세	(200)	25.0	75.0	100.0
	60세이상	(339)	33.3	66.7	100.0
권역		(1000)	28.0	72.0	100.0
	서울	(187)	29.9	70.1	100.0
	인천/경기	(323)	27.9	72.1	100.0
	대전/세종/충청	(107)	22.4	77.6	100.0
	광주/전라	(96)	21.9	78.1	100.0
	대구/경북	(96)	35.4	64.6	100.0
	부산/울산/경남	(148)	29.1	70.9	100.0
	강원/제주	(43)	27.9	72.1	100.0
학력		(1000)	28.0	72.0	100.0
	고졸이하	(157)	30.6	69.4	100.0
	대재이상	(843)	27.5	72.5	100.0
직업		(1000)	28.0	72.0	100.0
	농/임/어업	(9)	11.1	88.9	100.0
	자영업	(83)	36.1	63.9	100.0
	판매/영업/서비스직	(61)	23.0	77.0	100.0
	생산/기능/노무직	(77)	33.8	66.2	100.0
	사무/관리/전문직	(540)	26.1	73.9	100.0
	주부	(99)	31.3	68.7	100.0
	학생	(37)	27.0	73.0	100.0
	무직/퇴직/기타	(94)	28.7	71.3	100.0
가구소득		(1000)	28.0	72.0	100.0
	200만원이하	(74)	29.7	70.3	100.0
	201-300만원이하	(133)	21.8	78.2	100.0
	301-400만원이하	(156)	25.0	75.0	100.0
	401-500만원이하	(153)	28.1	71.9	100.0
	501만원 이상	(484)	30.4	69.6	100.0
이념성향		(1000)	28.0	72.0	100.0
	진보	(234)	26.9	73.1	100.0
	중도	(425)	26.4	73.6	100.0
	보수	(341)	30.8	69.2	100.0

[계 속]

[표 18] 북한인권 관련 이슈 인지 여부 : 통일부 북한인권기록센터

[문6-11] 북한인권과 관련하여 다음 불러드리는 이슈에 대해 알고 있는지, 아니면 처음 듣는 것인지 말씀해주세요.

(단위 : %)

Base=전체		사례수 (명)	들어 봤거나 알고 있다	처음 듣는다	계
▣ 전체 ▣		**(1000)**	**28.0**	**72.0**	**100.0**
북한인권 개선		(1000)	28.0	72.0	100.0
	개선되고 있다	(82)	39.0	61.0	100.0
	변함없다	(621)	25.1	74.9	100.0
	나빠지고 있다	(297)	31.0	69.0	100.0
북한인권 개선 가능성		(1000)	28.0	72.0	100.0
	가능성이 있다	(205)	36.1	63.9	100.0
	가능성이 없다	(795)	25.9	74.1	100.0
북한인권 관심도		(1000)	28.0	72.0	100.0
	관심이 있다	(646)	36.5	63.5	100.0
	관심이 없다	(354)	12.4	87.6	100.0
북한인권 심각성		(1000)	28.0	72.0	100.0
	심각하다	(948)	28.4	71.6	100.0
	심각하지 않다	(52)	21.2	78.8	100.0
북한인권 개입		(1000)	28.0	72.0	100.0
	간섭해서는 안된다	(428)	25.5	74.5	100.0
	개입해야 한다	(572)	29.9	70.1	100.0
인권단체 도움여부		(1000)	28.0	72.0	100.0
	도움이 된다	(508)	37.0	63.0	100.0
	도움이 안된다	(492)	18.7	81.3	100.0

[표 19] 북한인권 관련 이슈 인지 여부 : 탈북어민 북송사건

[문6-12] 북한인권과 관련하여 다음 불러드리는 이슈에 대해 알고 있는지, 아니면 처음 듣는 것인지 말씀해주세요.

(단위 : %)

Base=전체		사례수 (명)	들어 봤거나 알고 있다	처음 듣는다	계
▣ 전체 ▣		(1000)	79.1	20.9	100.0
성별		(1000)	79.1	20.9	100.0
	남자	(495)	82.0	18.0	100.0
	여자	(505)	76.2	23.8	100.0
연령		(1000)	79.1	20.9	100.0
	19-29세	(133)	59.4	40.6	100.0
	30-39세	(153)	56.2	43.8	100.0
	40-49세	(175)	74.9	25.1	100.0
	50-59세	(200)	86.5	13.5	100.0
	60세이상	(339)	95.0	5.0	100.0
권역		(1000)	79.1	20.9	100.0
	서울	(187)	78.6	21.4	100.0
	인천/경기	(323)	75.5	24.5	100.0
	대전/세종/충청	(107)	74.8	25.2	100.0
	광주/전라	(96)	77.1	22.9	100.0
	대구/경북	(96)	84.4	15.6	100.0
	부산/울산/경남	(148)	85.1	14.9	100.0
	강원/제주	(43)	90.7	9.3	100.0
학력		(1000)	79.1	20.9	100.0
	고졸이하	(157)	77.7	22.3	100.0
	대재이상	(843)	79.4	20.6	100.0
직업		(1000)	79.1	20.9	100.0
	농/임/어업	(9)	88.9	11.1	100.0
	자영업	(83)	83.1	16.9	100.0
	판매/영업/서비스직	(61)	68.9	31.1	100.0
	생산/기능/노무직	(77)	77.9	22.1	100.0
	사무/관리/전문직	(540)	78.1	21.9	100.0
	주부	(99)	88.9	11.1	100.0
	학생	(37)	67.6	32.4	100.0
	무직/퇴직/기타	(94)	81.9	18.1	100.0
가구소득		(1000)	79.1	20.9	100.0
	200만원이하	(74)	81.1	18.9	100.0
	201-300만원이하	(133)	66.9	33.1	100.0
	301-400만원이하	(156)	71.8	28.2	100.0
	401-500만원이하	(153)	82.4	17.6	100.0
	501만원 이상	(484)	83.5	16.5	100.0
이념성향		(1000)	79.1	20.9	100.0
	진보	(234)	79.1	20.9	100.0
	중도	(425)	77.4	22.6	100.0
	보수	(341)	81.2	18.8	100.0

[계 속]

[표 19] 북한인권 관련 이슈 인지 여부 : 탈북어민 북송사건

[문6-12] 북한인권과 관련하여 다음 불러드리는 이슈에 대해 알고 있는지, 아니면 처음 듣는 것인지 말씀해주세요.

(단위 : %)

Base=전체	사례수 (명)	들어 봤거나 알고 있다	처음 듣는다	계
▣ 전체 ▣	**(1000)**	**79.1**	**20.9**	**100.0**
북한인권 개선	(1000)	79.1	20.9	100.0
개선되고 있다	(82)	73.2	26.8	100.0
변함없다	(621)	78.6	21.4	100.0
나빠지고 있다	(297)	81.8	18.2	100.0
북한인권 개선 가능성	(1000)	79.1	20.9	100.0
가능성이 있다	(205)	77.6	22.4	100.0
가능성이 없다	(795)	79.5	20.5	100.0
북한인권 관심도	(1000)	79.1	20.9	100.0
관심이 있다	(646)	85.0	15.0	100.0
관심이 없다	(354)	68.4	31.6	100.0
북한인권 심각성	(1000)	79.1	20.9	100.0
심각하다	(948)	80.7	19.3	100.0
심각하지 않다	(52)	50.0	50.0	100.0
북한인권 개입	(1000)	79.1	20.9	100.0
간섭해서는 안된다	(428)	75.7	24.3	100.0
개입해야 한다	(572)	81.6	18.4	100.0
인권단체 도움여부	(1000)	79.1	20.9	100.0
도움이 된다	(508)	81.3	18.7	100.0
도움이 안된다	(492)	76.8	23.2	100.0

[표 20] 북한인권기록센터(통일부) 운영 성과 평가

[문7] 2016년 북한인권법 통과 이후 통일부의 북한인권기록을 위한 북한인권기록센터 운영 성과에 대해 만족하십니까, 만족하지 않으십니까?

(단위 : %)

Base=[문6-11] 1) 응답자	사례수 (명)	매우 만족 한다	대체로 만족 한다	①+②	별로 만족 하지 않는다	전혀 만족하지 않는다	③+④	모름/무응답	계
▣ 전체 ▣	**(280)**	**6.8**	**25.4**	**32.1**	**42.1**	**11.8**	**53.9**	**13.9**	**100.0**
성별	(280)	6.8	25.4	32.1	42.1	11.8	53.9	13.9	100.0
남자	(147)	8.2	24.5	32.7	40.1	14.3	54.4	12.9	100.0
여자	(133)	5.3	26.3	31.6	44.4	9.0	53.4	15.0	100.0
연령	(280)	6.8	25.4	32.1	42.1	11.8	53.9	13.9	100.0
19-29세	(33)	9.1	18.2	27.3	42.4	15.2	57.6	15.2	100.0
30-39세	(43)	9.3	30.2	39.5	32.6	14.0	46.5	14.0	100.0
40-49세	(41)	12.2	22.0	34.1	48.8	9.8	58.5	7.3	100.0
50-59세	(50)	2.0	30.0	32.0	44.0	8.0	52.0	16.0	100.0
60세이상	(113)	5.3	24.8	30.1	42.5	12.4	54.9	15.0	100.0
권역	(280)	6.8	25.4	32.1	42.1	11.8	53.9	13.9	100.0
서울	(56)	7.1	28.6	35.7	46.4	10.7	57.1	7.1	100.0
인천/경기	(90)	4.4	25.6	30.0	40.0	10.0	50.0	20.0	100.0
대전/세종/충청	(24)	8.3	16.7	25.0	50.0	12.5	62.5	12.5	100.0
광주/전라	(21)	14.3	19.0	33.3	42.9	9.5	52.4	14.3	100.0
대구/경북	(34)	5.9	32.4	38.2	35.3	20.6	55.9	5.9	100.0
부산/울산/경남	(43)	7.0	25.6	32.6	39.5	14.0	53.5	14.0	100.0
강원/제주	(12)	8.3	16.7	25.0	50.0	0.0	50.0	25.0	100.0
학력	(280)	6.8	25.4	32.1	42.1	11.8	53.9	13.9	100.0
고졸이하	(48)	10.4	29.2	39.6	39.6	2.1	41.7	18.8	100.0
대재이상	(232)	6.0	24.6	30.6	42.7	13.8	56.5	12.9	100.0
직업	(280)	6.8	25.4	32.1	42.1	11.8	53.9	13.9	100.0
농/임/어업	(1)	100.0	0.0	100.0	0.0	0.0	0.0	0.0	100.0
자영업	(30)	3.3	6.7	10.0	60.0	23.3	83.3	6.7	100.0
판매/영업/서비스직	(14)	14.3	28.6	42.9	42.9	7.1	50.0	7.1	100.0
생산/기능/노무직	(26)	7.7	23.1	30.8	50.0	7.7	57.7	11.5	100.0
사무/관리/전문직	(141)	5.7	34.8	40.4	34.8	10.6	45.4	14.2	100.0
주부	(31)	9.7	12.9	22.6	45.2	12.9	58.1	19.4	100.0
학생	(10)	10.0	30.0	40.0	50.0	10.0	60.0	0.0	100.0
무직/퇴직/기타	(27)	3.7	11.1	14.8	48.1	11.1	59.3	25.9	100.0
가구소득	(280)	6.8	25.4	32.1	42.1	11.8	53.9	13.9	100.0
200만원이하	(22)	18.2	18.2	36.4	18.2	13.6	31.8	31.8	100.0
201-300만원이하	(29)	6.9	41.4	48.3	31.0	10.3	41.4	10.3	100.0
301-400만원이하	(39)	7.7	20.5	28.2	48.7	2.6	51.3	20.5	100.0
401-500만원이하	(43)	0.0	34.9	34.9	46.5	2.3	48.8	16.3	100.0
501만원 이상	(147)	6.8	21.8	28.6	44.9	17.0	61.9	9.5	100.0
이념성향	(280)	6.8	25.4	32.1	42.1	11.8	53.9	13.9	100.0
진보	(63)	12.7	30.2	42.9	34.9	3.2	38.1	19.0	100.0
중도	(112)	5.4	21.4	26.8	42.9	12.5	55.4	17.9	100.0
보수	(105)	4.8	26.7	31.4	45.7	16.2	61.9	6.7	100.0

[계 속]

[표 20] 북한인권기록센터(통일부) 운영 성과 평가

[문7] 2016년 북한인권법 통과 이후 통일부의 북한인권기록을 위한 북한인권기록센터 운영 성과에 대해 만족하십니까, 만족하지 않으십니까?

(단위 : %)

Base=[문6-11] 1) 응답자	사례수 (명)	매우 만족 한다	대체로 만족 한다	①+②	별로 만족 하지 않는다	전혀 만족하 지 않는다	③+④	모름/ 무응답	계
▣ 전체 ▣	**(280)**	**6.8**	**25.4**	**32.1**	**42.1**	**11.8**	**53.9**	**13.9**	**100.0**
북한인권 개선	(280)	6.8	25.4	32.1	42.1	11.8	53.9	13.9	100.0
개선되고 있다	(32)	21.9	53.1	75.0	15.6	6.3	21.9	3.1	100.0
변함없다	(156)	2.6	21.8	24.4	50.0	5.8	55.8	19.9	100.0
나빠지고 있다	(92)	8.7	21.7	30.4	38.0	23.9	62.0	7.6	100.0
북한인권 개선 가능성	(280)	6.8	25.4	32.1	42.1	11.8	53.9	13.9	100.0
가능성이 있다	(74)	16.2	39.2	55.4	37.8	4.1	41.9	2.7	100.0
가능성이 없다	(206)	3.4	20.4	23.8	43.7	14.6	58.3	18.0	100.0
북한인권 관심도	(280)	6.8	25.4	32.1	42.1	11.8	53.9	13.9	100.0
관심이 있다	(236)	8.1	28.4	36.4	41.9	10.6	52.5	11.0	100.0
관심이 없다	(44)	0.0	9.1	9.1	43.2	18.2	61.4	29.5	100.0
북한인권 심각성	(280)	6.8	25.4	32.1	42.1	11.8	53.9	13.9	100.0
심각하다	(269)	6.7	24.9	31.6	42.4	12.3	54.6	13.8	100.0
심각하지 않다	(11)	9.1	36.4	45.5	36.4	0.0	36.4	18.2	100.0
북한인권 개입	(280)	6.8	25.4	32.1	42.1	11.8	53.9	13.9	100.0
간섭해서는 안된다	(109)	10.1	23.9	33.9	41.3	8.3	49.5	16.5	100.0
개입해야 한다	(171)	4.7	26.3	31.0	42.7	14.0	56.7	12.3	100.0
인권단체 도움여부	(280)	6.8	25.4	32.1	42.1	11.8	53.9	13.9	100.0
도움이 된다	(188)	8.5	32.4	41.0	36.2	12.8	48.9	10.1	100.0
도움이 안된다	(92)	3.3	10.9	14.1	54.3	9.8	64.1	21.7	100.0

[표 21] 북한인권기록보존소(법무부) 운영 성과 평가

[문8] 2016년 북한인권법 통과 이후 법무부 북한인권기록보존소 운영 성과에 대해 만족하십니까, 만족하지 않으십니까?

(단위 : %)

BASE: [문6-10] 1) 응답자	사례수 (명)	매우 만족 한다	대체로 만족 한다	①+②	별로 만족 하지 않는다	전혀 만족하 지 않는다	③+④	모름/ 무응답	계
▣ 전체 ▣	(217)	5.5	31.3	36.9	38.7	12.0	50.7	12.4	100.0
성별	(217)	5.5	31.3	36.9	38.7	12.0	50.7	12.4	100.0
남자	(107)	7.5	29.9	37.4	33.6	15.0	48.6	14.0	100.0
여자	(110)	3.6	32.7	36.4	43.6	9.1	52.7	10.9	100.0
연령	(217)	5.5	31.3	36.9	38.7	12.0	50.7	12.4	100.0
19-29세	(25)	8.0	28.0	36.0	32.0	16.0	48.0	16.0	100.0
30-39세	(34)	14.7	35.3	50.0	26.5	11.8	38.2	11.8	100.0
40-49세	(38)	7.9	34.2	42.1	42.1	10.5	52.6	5.3	100.0
50-59세	(36)	2.8	27.8	30.6	44.4	8.3	52.8	16.7	100.0
60세이상	(84)	1.2	31.0	32.1	41.7	13.1	54.8	13.1	100.0
권역	(217)	5.5	31.3	36.9	38.7	12.0	50.7	12.4	100.0
서울	(44)	6.8	38.6	45.5	36.4	11.4	47.7	6.8	100.0
인천/경기	(74)	2.7	31.1	33.8	40.5	9.5	50.0	16.2	100.0
대전/세종/충청	(18)	11.1	16.7	27.8	44.4	11.1	55.6	16.7	100.0
광주/전라	(21)	14.3	19.0	33.3	38.1	19.0	57.1	9.5	100.0
대구/경북	(22)	4.5	40.9	45.5	31.8	18.2	50.0	4.5	100.0
부산/울산/경남	(30)	0.0	30.0	30.0	46.7	13.3	60.0	10.0	100.0
강원/제주	(8)	12.5	37.5	50.0	12.5	0.0	12.5	37.5	100.0
학력	(217)	5.5	31.3	36.9	38.7	12.0	50.7	12.4	100.0
고졸이하	(30)	10.0	40.0	50.0	26.7	6.7	33.3	16.7	100.0
대재이상	(187)	4.8	29.9	34.8	40.6	12.8	53.5	11.8	100.0
직업	(217)	5.5	31.3	36.9	38.7	12.0	50.7	12.4	100.0
농/임/어업	(1)	100.0	0.0	100.0	0.0	0.0	0.0	0.0	100.0
자영업	(14)	0.0	21.4	21.4	50.0	28.6	78.6	0.0	100.0
판매/영업/서비스직	(13)	7.7	30.8	38.5	53.8	0.0	53.8	7.7	100.0
생산/기능/노무직	(22)	9.1	40.9	50.0	27.3	13.6	40.9	9.1	100.0
사무/관리/전문직	(108)	5.6	38.9	44.4	32.4	11.1	43.5	12.0	100.0
주부	(27)	3.7	11.1	14.8	63.0	14.8	77.8	7.4	100.0
학생	(9)	11.1	44.4	55.6	22.2	0.0	22.2	22.2	100.0
무직/퇴직/기타	(23)	0.0	13.0	13.0	43.5	13.0	56.5	30.4	100.0
가구소득	(217)	5.5	31.3	36.9	38.7	12.0	50.7	12.4	100.0
200만원이하	(17)	11.8	23.5	35.3	17.6	17.6	35.3	29.4	100.0
201-300만원이하	(20)	10.0	55.0	65.0	20.0	10.0	30.0	5.0	100.0
301-400만원이하	(31)	0.0	32.3	32.3	45.2	6.5	51.6	16.1	100.0
401-500만원이하	(33)	0.0	45.5	45.5	36.4	9.1	45.5	9.1	100.0
501만원 이상	(116)	6.9	24.1	31.0	44.0	13.8	57.8	11.2	100.0
이념성향	(217)	5.5	31.3	36.9	38.7	12.0	50.7	12.4	100.0
진보	(44)	11.4	31.8	43.2	36.4	9.1	45.5	11.4	100.0
중도	(80)	5.0	32.5	37.5	32.5	8.8	41.3	21.3	100.0
보수	(93)	3.2	30.1	33.3	45.2	16.1	61.3	5.4	100.0

[계 속]

[표 21] 북한인권기록보존소(법무부) 운영 성과 평가

[문8] 2016년 북한인권법 통과 이후 법무부 북한인권기록보존소 운영 성과에 대해 만족하십니까, 만족하지 않으십니까?

(단위 : %)

BASE: [문6-10] 1) 응답자	사례수 (명)	매우 만족 한다	대체로 만족 한다	①+②	별로 만족 하지 않는다	전혀 만족하지 않는다	③+④	모름/무응답	계
▣ 전체 ▣	**(217)**	**5.5**	**31.3**	**36.9**	**38.7**	**12.0**	**50.7**	**12.4**	**100.0**
북한인권 개선	(217)	5.5	31.3	36.9	38.7	12.0	50.7	12.4	100.0
개선되고 있다	(31)	22.6	58.1	80.6	16.1	3.2	19.4	0.0	100.0
변함없다	(117)	1.7	28.2	29.9	47.9	6.0	53.8	16.2	100.0
나빠지고 있다	(69)	4.3	24.6	29.0	33.3	26.1	59.4	11.6	100.0
북한인권 개선 가능성	(217)	5.5	31.3	36.9	38.7	12.0	50.7	12.4	100.0
가능성이 있다	(54)	16.7	46.3	63.0	35.2	1.9	37.0	0.0	100.0
가능성이 없다	(163)	1.8	26.4	28.2	39.9	15.3	55.2	16.6	100.0
북한인권 관심도	(217)	5.5	31.3	36.9	38.7	12.0	50.7	12.4	100.0
관심이 있다	(184)	6.5	34.2	40.8	37.5	11.4	48.9	10.3	100.0
관심이 없다	(33)	0.0	15.2	15.2	45.5	15.2	60.6	24.2	100.0
북한인권 심각성	(217)	5.5	31.3	36.9	38.7	12.0	50.7	12.4	100.0
심각하다	(205)	5.9	30.7	36.6	39.0	11.7	50.7	12.7	100.0
심각하지 않다	(12)	0.0	41.7	41.7	33.3	16.7	50.0	8.3	100.0
북한인권 개입	(217)	5.5	31.3	36.9	38.7	12.0	50.7	12.4	100.0
간섭해서는 안된다	(85)	12.9	29.4	42.4	36.5	7.1	43.5	14.1	100.0
개입해야 한다	(132)	0.8	32.6	33.3	40.2	15.2	55.3	11.4	100.0
인권단체 도움여부	(217)	5.5	31.3	36.9	38.7	12.0	50.7	12.4	100.0
도움이 된다	(147)	7.5	35.4	42.9	39.5	10.2	49.7	7.5	100.0
도움이 안된다	(70)	1.4	22.9	24.3	37.1	15.7	52.9	22.9	100.0

[표 22] 탈북어민 북송사건 적절성 평가

[문9] 2019년 탈북어민 2명을 북송한 것이 적절하였다고 보십니까, 적절하지 않았다고 보십니까?

(단위 : %)

BASE: [문6-12] 1) 응답자	사례수 (명)	매우 만족 한다	대체로 만족 한다	①+②	별로 만족 하지 않는다	전혀 만족하 지 않는다	③+④	모름/ 무응답	계
▣ 전체 ▣	(791)	7.3	25.9	33.2	27.9	25.5	53.5	13.3	100.0
성별	(791)	7.3	25.9	33.2	27.9	25.5	53.5	13.3	100.0
남자	(406)	10.1	27.1	37.2	24.1	30.0	54.2	8.6	100.0
여자	(385)	4.4	24.7	29.1	31.9	20.8	52.7	18.2	100.0
연령	(791)	7.3	25.9	33.2	27.9	25.5	53.5	13.3	100.0
19-29세	(79)	3.8	15.2	19.0	31.6	24.1	55.7	25.3	100.0
30-39세	(86)	7.0	30.2	37.2	24.4	16.3	40.7	22.1	100.0
40-49세	(131)	8.4	26.0	34.4	31.3	16.8	48.1	17.6	100.0
50-59세	(173)	12.7	32.9	45.7	27.7	16.8	44.5	9.8	100.0
60세이상	(322)	5.0	23.6	28.6	26.7	36.6	63.4	8.1	100.0
권역	(791)	7.3	25.9	33.2	27.9	25.5	53.5	13.3	100.0
서울	(147)	10.2	23.1	33.3	30.6	23.8	54.4	12.2	100.0
인천/경기	(244)	6.6	26.6	33.2	31.1	25.8	57.0	9.8	100.0
대전/세종/충청	(80)	7.5	23.8	31.3	22.5	26.3	48.8	20.0	100.0
광주/전라	(74)	9.5	33.8	43.2	28.4	13.5	41.9	14.9	100.0
대구/경북	(81)	6.2	23.5	29.6	25.9	33.3	59.3	11.1	100.0
부산/울산/경남	(126)	4.0	27.0	31.0	28.6	26.2	54.8	14.3	100.0
강원/제주	(39)	10.3	23.1	33.3	10.3	33.3	43.6	23.1	100.0
학력	(791)	7.3	25.9	33.2	27.9	25.5	53.5	13.3	100.0
고졸이하	(122)	7.4	18.9	26.2	27.9	23.0	50.8	23.0	100.0
대재이상	(669)	7.3	27.2	34.5	28.0	26.0	54.0	11.5	100.0
직업	(791)	7.3	25.9	33.2	27.9	25.5	53.5	13.3	100.0
농/임/어업	(8)	25.0	12.5	37.5	12.5	37.5	50.0	12.5	100.0
자영업	(69)	7.2	30.4	37.7	26.1	33.3	59.4	2.9	100.0
판매/영업/서비스직	(42)	9.5	28.6	38.1	33.3	19.0	52.4	9.5	100.0
생산/기능/노무직	(60)	1.7	26.7	28.3	35.0	28.3	63.3	8.3	100.0
사무/관리/전문직	(422)	9.0	27.5	36.5	26.5	22.3	48.8	14.7	100.0
주부	(88)	2.3	22.7	25.0	29.5	31.8	61.4	13.6	100.0
학생	(25)	4.0	4.0	8.0	36.0	24.0	60.0	32.0	100.0
무직/퇴직/기타	(77)	6.5	23.4	29.9	26.0	29.9	55.8	14.3	100.0
가구소득	(791)	7.3	25.9	33.2	27.9	25.5	53.5	13.3	100.0
200만원이하	(60)	10.0	16.7	26.7	26.7	30.0	56.7	16.7	100.0
201-300만원이하	(89)	2.2	21.3	23.6	37.1	18.0	55.1	21.3	100.0
301-400만원이하	(112)	2.7	32.1	34.8	26.8	26.8	53.6	11.6	100.0
401-500만원이하	(126)	6.3	34.9	41.3	27.8	19.0	46.8	11.9	100.0
501만원 이상	(404)	9.7	23.8	33.4	26.5	28.2	54.7	11.9	100.0
이념성향	(791)	7.3	25.9	33.2	27.9	25.5	53.5	13.3	100.0
진보	(185)	14.1	38.9	53.0	25.9	9.7	35.7	11.4	100.0
중도	(329)	6.1	27.7	33.7	28.6	19.1	47.7	18.5	100.0
보수	(277)	4.3	15.2	19.5	28.5	43.7	72.2	8.3	100.0

[계 속]

[표 22] 탈북어민 북송사건 적절성 평가

[문9] 2019년 탈북어민 2명을 북송한 것이 적절하였다고 보십니까, 적절하지 않았다고 보십니까?

(단위 : %)

BASE: [문6-12] 1) 응답자	사례수 (명)	매우 만족 한다	대체로 만족 한다	①+②	별로 만족 하지 않는다	전혀 만족하 지 않는다	③+④	모름/ 무응답	계
▣ 전체 ▣	**(791)**	**7.3**	**25.9**	**33.2**	**27.9**	**25.5**	**53.5**	**13.3**	**100.0**
북한인권 개선	(791)	7.3	25.9	33.2	27.9	25.5	53.5	13.3	100.0
개선되고 있다	(60)	21.7	41.7	63.3	23.3	6.7	30.0	6.7	100.0
변함없다	(488)	6.6	28.1	34.6	32.0	18.9	50.8	14.5	100.0
나빠지고 있다	(243)	5.3	17.7	23.0	21.0	43.6	64.6	12.3	100.0
북한인권 개선 가능성	(791)	7.3	25.9	33.2	27.9	25.5	53.5	13.3	100.0
가능성이 있다	(159)	12.6	39.6	52.2	27.0	9.4	36.5	11.3	100.0
가능성이 없다	(632)	6.0	22.5	28.5	28.2	29.6	57.8	13.8	100.0
북한인권 관심도	(791)	7.3	25.9	33.2	27.9	25.5	53.5	13.3	100.0
관심이 있다	(549)	6.9	26.4	33.3	30.8	29.0	59.7	6.9	100.0
관심이 없다	(242)	8.3	24.8	33.1	21.5	17.8	39.3	27.7	100.0
북한인권 심각성	(791)	7.3	25.9	33.2	27.9	25.5	53.5	13.3	100.0
심각하다	(765)	7.1	26.0	33.1	27.7	26.3	54.0	12.9	100.0
심각하지 않다	(26)	15.4	23.1	38.5	34.6	3.8	38.5	23.1	100.0
북한인권 개입	(791)	7.3	25.9	33.2	27.9	25.5	53.5	13.3	100.0
간섭해서는 안된다	(324)	12.0	31.5	43.5	24.1	14.2	38.3	18.2	100.0
개입해야 한다	(467)	4.1	22.1	26.1	30.6	33.4	64.0	9.9	100.0
인권단체 도움여부	(791)	7.3	25.9	33.2	27.9	25.5	53.5	13.3	100.0
도움이 된다	(413)	5.6	25.4	31.0	30.8	30.5	61.3	7.7	100.0
도움이 안된다	(378)	9.3	26.5	35.7	24.9	20.1	45.0	19.3	100.0

[표 23] 북한인권 피해 조사 및 기록 주체 기관

[문10] 귀하께서는 북한인권 피해를 조사 및 기록하는 활동을 어떻게 진행하는 것이 적절하다고 생각하십니까?

(단위 : %)

Base=전체		사례수 (명)	정부 기관이 단독으로 진행해야 한다	정부와 민간 기관이 협력해야 한다	민간 기관이 단독으로 진행해야 한다	할 필요 없다	기타	계
▣ 전체 ▣		**(1000)**	**11.4**	**74.1**	**6.2**	**7.9**	**0.4**	**100.0**
성별		(1000)	11.4	74.1	6.2	7.9	0.4	100.0
	남자	(495)	9.7	77.0	5.3	8.1	0.0	100.0
	여자	(505)	13.1	71.3	7.1	7.7	0.8	100.0
연령		(1000)	11.4	74.1	6.2	7.9	0.4	100.0
	19-29세	(133)	17.3	62.4	9.0	11.3	0.0	100.0
	30-39세	(153)	20.3	62.1	11.1	6.5	0.0	100.0
	40-49세	(175)	11.4	72.0	6.3	9.7	0.6	100.0
	50-59세	(200)	8.0	82.0	4.0	5.5	0.5	100.0
	60세이상	(339)	7.1	80.5	4.1	7.7	0.6	100.0
권역		(1000)	11.4	74.1	6.2	7.9	0.4	100.0
	서울	(187)	12.8	75.9	5.3	5.3	0.5	100.0
	인천/경기	(323)	11.5	72.4	6.5	9.0	0.6	100.0
	대전/세종/충청	(107)	15.0	69.2	3.7	11.2	0.9	100.0
	광주/전라	(96)	8.3	74.0	12.5	5.2	0.0	100.0
	대구/경북	(96)	13.5	69.8	7.3	9.4	0.0	100.0
	부산/울산/경남	(148)	8.8	80.4	4.1	6.8	0.0	100.0
	강원/제주	(43)	7.0	79.1	4.7	9.3	0.0	100.0
학력		(1000)	11.4	74.1	6.2	7.9	0.4	100.0
	고졸이하	(157)	9.6	64.3	7.6	17.2	1.3	100.0
	대재이상	(843)	11.7	75.9	5.9	6.2	0.2	100.0
직업		(1000)	11.4	74.1	6.2	7.9	0.4	100.0
	농/임/어업	(9)	11.1	55.6	0.0	33.3	0.0	100.0
	자영업	(83)	10.8	78.3	2.4	7.2	1.2	100.0
	판매/영업/서비스직	(61)	8.2	65.6	14.8	11.5	0.0	100.0
	생산/기능/노무직	(77)	10.4	74.0	11.7	3.9	0.0	100.0
	사무/관리/전문직	(540)	12.6	75.4	5.2	6.3	0.6	100.0
	주부	(99)	10.1	72.7	8.1	9.1	0.0	100.0
	학생	(37)	8.1	75.7	5.4	10.8	0.0	100.0
	무직/퇴직/기타	(94)	10.6	71.3	4.3	13.8	0.0	100.0
가구소득		(1000)	11.4	74.1	6.2	7.9	0.4	100.0
	200만원이하	(74)	13.5	60.8	8.1	17.6	0.0	100.0
	201-300만원이하	(133)	13.5	63.9	12.8	7.5	2.3	100.0
	301-400만원이하	(156)	14.1	73.1	5.8	7.1	0.0	100.0
	401-500만원이하	(153)	11.1	73.9	5.9	9.2	0.0	100.0
	501만원 이상	(484)	9.7	79.3	4.3	6.4	0.2	100.0
이념성향		(1000)	11.4	74.1	6.2	7.9	0.4	100.0
	진보	(234)	13.7	79.1	3.4	3.4	0.4	100.0
	중도	(425)	9.9	71.8	5.9	12.0	0.5	100.0
	보수	(341)	11.7	73.6	8.5	5.9	0.3	100.0

[계 속]

[표 23] 북한인권 피해 조사 및 기록 주체 기관

[문10] 귀하께서는 북한인권 피해를 조사 및 기록하는 활동을 어떻게 진행하는 것이 적절하다고 생각하십니까?

(단위 : %)

Base=전체	사례수 (명)	정부 기관이 단독으로 진행해야 한다	정부와 민간 기관이 협력해야 한다	민간 기관이 단독으로 진행해야 한다	할 필요 없다	기타	계
▣ 전체 ▣	**(1000)**	**11.4**	**74.1**	**6.2**	**7.9**	**0.4**	**100.0**
북한인권 개선	(1000)	11.4	74.1	6.2	7.9	0.4	100.0
개선되고 있다	(82)	13.4	72.0	8.5	4.9	1.2	100.0
변함없다	(621)	11.4	71.7	6.4	10.0	0.5	100.0
나빠지고 있다	(297)	10.8	79.8	5.1	4.4	0.0	100.0
북한인권 개선 가능성	(1000)	11.4	74.1	6.2	7.9	0.4	100.0
가능성이 있다	(205)	10.7	79.0	6.8	3.4	0.0	100.0
가능성이 없다	(795)	11.6	72.8	6.0	9.1	0.5	100.0
북한인권 관심도	(1000)	11.4	74.1	6.2	7.9	0.4	100.0
관심이 있다	(646)	10.2	82.5	5.9	1.2	0.2	100.0
관심이 없다	(354)	13.6	58.8	6.8	20.1	0.8	100.0
북한인권 심각성	(1000)	11.4	74.1	6.2	7.9	0.4	100.0
심각하다	(948)	11.8	75.8	5.3	6.6	0.4	100.0
심각하지 않다	(52)	3.8	42.3	23.1	30.8	0.0	100.0
북한인권 개입	(1000)	11.4	74.1	6.2	7.9	0.4	100.0
간섭해서는 안된다	(428)	15.4	60.0	7.7	15.9	0.9	100.0
개입해야 한다	(572)	8.4	84.6	5.1	1.9	0.0	100.0
인권단체 도움여부	(1000)	11.4	74.1	6.2	7.9	0.4	100.0
도움이 된다	(508)	11.6	80.9	6.5	1.0	0.0	100.0
도움이 안된다	(492)	11.2	67.1	5.9	15.0	0.8	100.0

[표 24] 북한인권박물관 건립 및 운영 입장

[문11] 귀하께서는 북한인권박물관 건립 및 운영을 어떻게 진행하는 것이 적절하다고 생각하십니까?

(단위 : %)

Base=전체		사례수 (명)	정부기관이 단독으로 진행해야 한다	정부와 민간기관이 협력해야 한다	민간기관이 단독으로 진행해야 한다	할 필요 없다	기타	계
▣ 전체 ▣		(1000)	11.8	64.3	4.8	18.7	0.4	100.0
성별		(1000)	11.8	64.3	4.8	18.7	0.4	100.0
	남자	(495)	13.1	65.3	4.8	16.8	0.0	100.0
	여자	(505)	10.5	63.4	4.8	20.6	0.8	100.0
연령		(1000)	11.8	64.3	4.8	18.7	0.4	100.0
	19-29세	(133)	21.1	53.4	5.3	19.5	0.8	100.0
	30-39세	(153)	19.6	54.2	10.5	15.0	0.7	100.0
	40-49세	(175)	12.0	62.9	4.6	20.6	0.0	100.0
	50-59세	(200)	5.0	74.5	2.5	18.0	0.0	100.0
	60세이상	(339)	8.6	67.8	3.5	19.5	0.6	100.0
권역		(1000)	11.8	64.3	4.8	18.7	0.4	100.0
	서울	(187)	14.4	62.6	6.4	16.6	0.0	100.0
	인천/경기	(323)	10.5	65.0	4.0	20.1	0.3	100.0
	대전/세종/충청	(107)	16.8	59.8	3.7	18.7	0.9	100.0
	광주/전라	(96)	6.3	69.8	7.3	16.7	0.0	100.0
	대구/경북	(96)	13.5	62.5	3.1	20.8	0.0	100.0
	부산/울산/경남	(148)	9.5	70.3	4.7	14.2	1.4	100.0
	강원/제주	(43)	14.0	48.8	4.7	32.6	0.0	100.0
학력		(1000)	11.8	64.3	4.8	18.7	0.4	100.0
	고졸이하	(157)	12.1	54.8	5.1	28.0	0.0	100.0
	대재이상	(843)	11.7	66.1	4.7	17.0	0.5	100.0
직업		(1000)	11.8	64.3	4.8	18.7	0.4	100.0
	농/임/어업	(9)	11.1	33.3	11.1	44.4	0.0	100.0
	자영업	(83)	7.2	72.3	3.6	16.9	0.0	100.0
	판매/영업/서비스직	(61)	14.8	57.4	9.8	16.4	1.6	100.0
	생산/기능/노무직	(77)	15.6	68.8	9.1	6.5	0.0	100.0
	사무/관리/전문직	(540)	11.9	63.9	4.1	19.8	0.4	100.0
	주부	(99)	9.1	67.7	2.0	21.2	0.0	100.0
	학생	(37)	13.5	64.9	5.4	16.2	0.0	100.0
	무직/퇴직/기타	(94)	12.8	59.6	5.3	21.3	1.1	100.0
가구소득		(1000)	11.8	64.3	4.8	18.7	0.4	100.0
	200만원이하	(74)	12.2	58.1	8.1	20.3	1.4	100.0
	201-300만원이하	(133)	17.3	54.9	5.3	21.8	0.8	100.0
	301-400만원이하	(156)	10.9	67.3	6.4	15.4	0.0	100.0
	401-500만원이하	(153)	11.8	62.7	4.6	20.3	0.7	100.0
	501만원 이상	(484)	10.5	67.4	3.7	18.2	0.2	100.0
이념성향		(1000)	11.8	64.3	4.8	18.7	0.4	100.0
	진보	(234)	10.7	69.2	4.3	15.4	0.4	100.0
	중도	(425)	10.4	61.9	3.8	23.3	0.7	100.0
	보수	(341)	14.4	63.9	6.5	15.2	0.0	100.0

[계 속]

[표 24] 북한인권박물관 건립 및 운영 입장

[문11] 귀하께서는 북한인권박물관 건립 및 운영을 어떻게 진행하는 것이 적절하다고 생각하십니까?

(단위 : %)

Base=전체	사례수 (명)	정부기관이 단독으로 진행해야 한다	정부와 민간기관이 협력해야 한다	민간기관이 단독으로 진행해야 한다	할 필요 없다	기타	계
▣ 전체 ▣	**(1000)**	**11.8**	**64.3**	**4.8**	**18.7**	**0.4**	**100.0**
북한인권 개선	(1000)	11.8	64.3	4.8	18.7	0.4	100.0
개선되고 있다	(82)	15.9	63.4	7.3	13.4	0.0	100.0
변함없다	(621)	11.1	63.0	4.2	21.4	0.3	100.0
나빠지고 있다	(297)	12.1	67.3	5.4	14.5	0.7	100.0
북한인권 개선 가능성	(1000)	11.8	64.3	4.8	18.7	0.4	100.0
가능성이 있다	(205)	14.1	71.2	3.9	10.7	0.0	100.0
가능성이 없다	(795)	11.2	62.5	5.0	20.8	0.5	100.0
북한인권 관심도	(1000)	11.8	64.3	4.8	18.7	0.4	100.0
관심이 있다	(646)	13.3	72.3	4.3	9.6	0.5	100.0
관심이 없다	(354)	9.0	49.7	5.6	35.3	0.3	100.0
북한인권 심각성	(1000)	11.8	64.3	4.8	18.7	0.4	100.0
심각하다	(948)	11.9	66.2	3.9	17.6	0.3	100.0
심각하지 않다	(52)	9.6	28.8	21.2	38.5	1.9	100.0
북한인권 개입	(1000)	11.8	64.3	4.8	18.7	0.4	100.0
간섭해서는 안된다	(428)	13.6	45.1	4.7	36.0	0.7	100.0
개입해야 한다	(572)	10.5	78.7	4.9	5.8	0.2	100.0
인권단체 도움여부	(1000)	11.8	64.3	4.8	18.7	0.4	100.0
도움이 된다	(508)	14.2	75.0	4.7	5.7	0.4	100.0
도움이 안된다	(492)	9.3	53.3	4.9	32.1	0.4	100.0

[표 25] 북한인권에 대한 개입 입장

[문12] 귀하께서는 북한인권과 관련하여 다음 중 어떤 입장이십니까?

(단위 : %)

Base=전체		사례수 (명)	북한인권 문제는 북한 내부의 문제이므로 간섭해서는 안 된다	보편적 인권 차원에서 적극적으로 개입하여야 한다	계
▣ 전체 ▣		**(1000)**	**42.8**	**57.2**	**100.0**
성별		(1000)	42.8	57.2	100.0
	남자	(495)	36.6	63.4	100.0
	여자	(505)	48.9	51.1	100.0
연령		(1000)	42.8	57.2	100.0
	19-29세	(133)	50.4	49.6	100.0
	30-39세	(153)	49.0	51.0	100.0
	40-49세	(175)	49.1	50.9	100.0
	50-59세	(200)	41.5	58.5	100.0
	60세이상	(339)	34.5	65.5	100.0
권역		(1000)	42.8	57.2	100.0
	서울	(187)	42.2	57.8	100.0
	인천/경기	(323)	39.6	60.4	100.0
	대전/세종/충청	(107)	48.6	51.4	100.0
	광주/전라	(96)	38.5	61.5	100.0
	대구/경북	(96)	43.8	56.3	100.0
	부산/울산/경남	(148)	43.9	56.1	100.0
	강원/제주	(43)	58.1	41.9	100.0
학력		(1000)	42.8	57.2	100.0
	고졸이하	(157)	55.4	44.6	100.0
	대재이상	(843)	40.5	59.5	100.0
직업		(1000)	42.8	57.2	100.0
	농/임/어업	(9)	77.8	22.2	100.0
	자영업	(83)	34.9	65.1	100.0
	판매/영업/서비스직	(61)	50.8	49.2	100.0
	생산/기능/노무직	(77)	40.3	59.7	100.0
	사무/관리/전문직	(540)	43.3	56.7	100.0
	주부	(99)	46.5	53.5	100.0
	학생	(37)	43.2	56.8	100.0
	무직/퇴직/기타	(94)	36.2	63.8	100.0
가구소득		(1000)	42.8	57.2	100.0
	200만원이하	(74)	40.5	59.5	100.0
	201-300만원이하	(133)	52.6	47.4	100.0
	301-400만원이하	(156)	42.3	57.7	100.0
	401-500만원이하	(153)	42.5	57.5	100.0
	501만원 이상	(484)	40.7	59.3	100.0
이념성향		(1000)	42.8	57.2	100.0
	진보	(234)	34.6	65.4	100.0
	중도	(425)	48.7	51.3	100.0
	보수	(341)	41.1	58.9	100.0

[계 속]

[표 25] 북한인권에 대한 개입 입장

[문12] 귀하께서는 북한인권과 관련하여 다음 중 어떤 입장이십니까?

(단위 : %)

Base=전체		사례수 (명)	북한인권 문제는 북한 내부의 문제이므로 간섭해서는 안 된다	보편적 인권 차원에서 적극적으로 개입하여야 한다	계
▣ 전체 ▣		**(1000)**	**42.8**	**57.2**	**100.0**
북한인권 개선		(1000)	42.8	57.2	100.0
	개선되고 있다	(82)	57.3	42.7	100.0
	변함없다	(621)	46.2	53.8	100.0
	나빠지고 있다	(297)	31.6	68.4	100.0
북한인권 개선 가능성		(1000)	42.8	57.2	100.0
	가능성이 있다	(205)	51.2	48.8	100.0
	가능성이 없다	(795)	40.6	59.4	100.0
북한인권 관심도		(1000)	42.8	57.2	100.0
	관심이 있다	(646)	31.7	68.3	100.0
	관심이 없다	(354)	63.0	37.0	100.0
북한인권 심각성		(1000)	42.8	57.2	100.0
	심각하다	(948)	42.1	57.9	100.0
	심각하지 않다	(52)	55.8	44.2	100.0
북한인권 개입		(1000)	42.8	57.2	100.0
	간섭해서는 안된다	(428)	100.0	0.0	100.0
	개입해야 한다	(572)	0.0	100.0	100.0
인권단체 도움여부		(1000)	42.8	57.2	100.0
	도움이 된다	(508)	31.5	68.5	100.0
	도움이 안된다	(492)	54.5	45.5	100.0

[표 26] 북한인권법의 효과 평가

[문13] 북한인권법이 북한인권의 개선에 효과가 있을 것이라고 생각하십니까? 없을 것이라고 생각하십니까?

(단위 : %)

Base=전체		사례수 (명)	매우 효과가 있을 것이다	대체로 효과가 있을 것이다	①+②	별로 효과가 없을 것이다	전혀 효과가 없을 것이다	③+④	계
▣ 전체 ▣		(1000)	6.5	34.6	41.1	42.8	16.1	58.9	100.0
성별		(1000)	6.5	34.6	41.1	42.8	16.1	58.9	100.0
	남자	(495)	7.7	33.7	41.4	39.0	19.6	58.6	100.0
	여자	(505)	5.3	35.4	40.8	46.5	12.7	59.2	100.0
연령		(1000)	6.5	34.6	41.1	42.8	16.1	58.9	100.0
	19-29세	(133)	11.3	35.3	46.6	41.4	12.0	53.4	100.0
	30-39세	(153)	10.5	33.3	43.8	41.2	15.0	56.2	100.0
	40-49세	(175)	6.3	36.0	42.3	36.6	21.1	57.7	100.0
	50-59세	(200)	4.0	36.5	40.5	46.5	13.0	59.5	100.0
	60세이상	(339)	4.4	33.0	37.5	45.1	17.4	62.5	100.0
권역		(1000)	6.5	34.6	41.1	42.8	16.1	58.9	100.0
	서울	(187)	9.1	37.4	46.5	37.4	16.0	53.5	100.0
	인천/경기	(323)	5.9	34.1	39.9	42.7	17.3	60.1	100.0
	대전/세종/충청	(107)	10.3	27.1	37.4	45.8	16.8	62.6	100.0
	광주/전라	(96)	5.2	41.7	46.9	46.9	6.3	53.1	100.0
	대구/경북	(96)	4.2	31.3	35.4	43.8	20.8	64.6	100.0
	부산/울산/경남	(148)	4.7	35.1	39.9	44.6	15.5	60.1	100.0
	강원/제주	(43)	4.7	34.9	39.5	41.9	18.6	60.5	100.0
학력		(1000)	6.5	34.6	41.1	42.8	16.1	58.9	100.0
	고졸이하	(157)	7.6	26.8	34.4	45.9	19.7	65.6	100.0
	대재이상	(843)	6.3	36.1	42.3	42.2	15.4	57.7	100.0
직업		(1000)	6.5	34.6	41.1	42.8	16.1	58.9	100.0
	농/임/어업	(9)	11.1	0.0	11.1	55.6	33.3	88.9	100.0
	자영업	(83)	2.4	37.3	39.8	44.6	15.7	60.2	100.0
	판매/영업/서비스직	(61)	13.1	36.1	49.2	39.3	11.5	50.8	100.0
	생산/기능/노무직	(77)	11.7	45.5	57.1	33.8	9.1	42.9	100.0
	사무/관리/전문직	(540)	5.4	36.5	41.9	41.9	16.3	58.1	100.0
	주부	(99)	7.1	32.3	39.4	44.4	16.2	60.6	100.0
	학생	(37)	10.8	32.4	43.2	45.9	10.8	56.8	100.0
	무직/퇴직/기타	(94)	5.3	18.1	23.4	52.1	24.5	76.6	100.0
가구소득		(1000)	6.5	34.6	41.1	42.8	16.1	58.9	100.0
	200만원이하	(74)	12.2	27.0	39.2	41.9	18.9	60.8	100.0
	201-300만원이하	(133)	7.5	37.6	45.1	45.1	9.8	54.9	100.0
	301-400만원이하	(156)	3.2	36.5	39.7	45.5	14.7	60.3	100.0
	401-500만원이하	(153)	4.6	35.9	40.5	43.8	15.7	59.5	100.0
	501만원 이상	(484)	7.0	33.9	40.9	41.1	18.0	59.1	100.0
이념성향		(1000)	6.5	34.6	41.1	42.8	16.1	58.9	100.0
	진보	(234)	6.0	43.6	49.6	41.5	9.0	50.4	100.0
	중도	(425)	4.9	29.4	34.4	47.1	18.6	65.6	100.0
	보수	(341)	8.8	34.9	43.7	38.4	17.9	56.3	100.0

[계 속]

[표 26] 북한인권법의 효과 평가

[문13] 북한인권법이 북한인권의 개선에 효과가 있을 것이라고 생각하십니까? 없을 것이라고 생각하십니까?

(단위 : %)

Base=전체	사례수 (명)	매우 효과가 있을 것이다	대체로 효과가 있을 것이다	①+②	별로 효과가 없을 것이다	전혀 효과가 없을 것이다	③+④	계
▣ 전체 ▣	**(1000)**	**6.5**	**34.6**	**41.1**	**42.8**	**16.1**	**58.9**	**100.0**
북한인권 개선	(1000)	6.5	34.6	41.1	42.8	16.1	58.9	100.0
개선되고 있다	(82)	22.0	46.3	68.3	24.4	7.3	31.7	100.0
변함없다	(621)	4.2	34.3	38.5	45.2	16.3	61.5	100.0
나빠지고 있다	(297)	7.1	32.0	39.1	42.8	18.2	60.9	100.0
북한인권 개선 가능성	(1000)	6.5	34.6	41.1	42.8	16.1	58.9	100.0
가능성이 있다	(205)	13.7	54.1	67.8	24.4	7.8	32.2	100.0
가능성이 없다	(795)	4.7	29.6	34.2	47.5	18.2	65.8	100.0
북한인권 관심도	(1000)	6.5	34.6	41.1	42.8	16.1	58.9	100.0
관심이 있다	(646)	8.8	42.9	51.7	37.2	11.1	48.3	100.0
관심이 없다	(354)	2.3	19.5	21.8	53.1	25.1	78.2	100.0
북한인권 심각성	(1000)	6.5	34.6	41.1	42.8	16.1	58.9	100.0
심각하다	(948)	5.8	35.1	40.9	43.5	15.6	59.1	100.0
심각하지 않다	(52)	19.2	25.0	44.2	30.8	25.0	55.8	100.0
북한인권 개입	(1000)	6.5	34.6	41.1	42.8	16.1	58.9	100.0
간섭해서는 안된다	(428)	5.6	23.6	29.2	45.8	25.0	70.8	100.0
개입해야 한다	(572)	7.2	42.8	50.0	40.6	9.4	50.0	100.0
인권단체 도움여부	(1000)	6.5	34.6	41.1	42.8	16.1	58.9	100.0
도움이 된다	(508)	10.6	53.0	63.6	32.7	3.7	36.4	100.0
도움이 안된다	(492)	2.2	15.7	17.9	53.3	28.9	82.1	100.0

[표 27] 북한인권 개선을 위한 조치 사항

[문14] 북한인권 개선을 위하여 가장 우선적으로 해야 할 일이 무엇이라고 생각하십니까?

(단위 : %)

Base=전체		사례수 (명)	꾸준한 대화를 통한 개선촉구 및 지원	국제사회의 공조를 통한 압박	북한인권피해 기록 및 홍보	국제 사회의 대북지원 확대 및 활성화	기타	계
▣ 전체 ▣		(1000)	25.7	42.1	12.2	18.3	1.7	100.0
성별		(1000)	25.7	42.1	12.2	18.3	1.7	100.0
	남자	(495)	27.9	42.6	10.1	18.0	1.4	100.0
	여자	(505)	23.6	41.6	14.3	18.6	2.0	100.0
연령		(1000)	25.7	42.1	12.2	18.3	1.7	100.0
	19-29세	(133)	22.6	35.3	18.0	21.8	2.3	100.0
	30-39세	(153)	24.8	40.5	14.4	17.0	3.3	100.0
	40-49세	(175)	25.1	40.6	16.0	16.0	2.3	100.0
	50-59세	(200)	35.0	34.5	9.5	20.5	0.5	100.0
	60세이상	(339)	22.1	50.7	8.6	17.4	1.2	100.0
권역		(1000)	25.7	42.1	12.2	18.3	1.7	100.0
	서울	(187)	23.0	46.5	11.8	18.2	0.5	100.0
	인천/경기	(323)	27.6	40.9	11.5	17.0	3.1	100.0
	대전/세종/충청	(107)	24.3	43.9	15.9	14.0	1.9	100.0
	광주/전라	(96)	29.2	31.3	13.5	25.0	1.0	100.0
	대구/경북	(96)	18.8	53.1	13.5	12.5	2.1	100.0
	부산/울산/경남	(148)	29.1	38.5	9.5	22.3	0.7	100.0
	강원/제주	(43)	23.3	39.5	14.0	23.3	0.0	100.0
학력		(1000)	25.7	42.1	12.2	18.3	1.7	100.0
	고졸이하	(157)	24.8	41.4	12.7	17.2	3.8	100.0
	대재이상	(843)	25.9	42.2	12.1	18.5	1.3	100.0
직업		(1000)	25.7	42.1	12.2	18.3	1.7	100.0
	농/임/어업	(9)	33.3	44.4	22.2	0.0	0.0	100.0
	자영업	(83)	26.5	43.4	14.5	15.7	0.0	100.0
	판매/영업/서비스직	(61)	21.3	26.2	19.7	26.2	6.6	100.0
	생산/기능/노무직	(77)	23.4	46.8	9.1	19.5	1.3	100.0
	사무/관리/전문직	(540)	27.4	41.9	12.0	17.2	1.5	100.0
	주부	(99)	22.2	47.5	8.1	20.2	2.0	100.0
	학생	(37)	27.0	29.7	18.9	21.6	2.7	100.0
	무직/퇴직/기타	(94)	22.3	47.9	9.6	19.1	1.1	100.0
가구소득		(1000)	25.7	42.1	12.2	18.3	1.7	100.0
	200만원이하	(74)	31.1	35.1	9.5	21.6	2.7	100.0
	201-300만원이하	(133)	21.1	34.6	18.8	21.1	4.5	100.0
	301-400만원이하	(156)	28.8	39.7	13.5	16.0	1.9	100.0
	401-500만원이하	(153)	22.2	45.8	13.1	17.6	1.3	100.0
	501만원 이상	(484)	26.2	44.8	10.1	18.0	0.8	100.0
이념성향		(1000)	25.7	42.1	12.2	18.3	1.7	100.0
	진보	(234)	34.2	33.8	8.5	22.6	0.9	100.0
	중도	(425)	26.4	39.5	13.6	17.9	2.6	100.0
	보수	(341)	19.1	51.0	12.9	15.8	1.2	100.0

[계 속]

[표 27] 북한인권 개선을 위한 조치 사항

[문14] 북한인권 개선을 위하여 가장 우선적으로 해야 할 일이 무엇이라고 생각하십니까?

(단위 : %)

Base=전체	사례수 (명)	꾸준한 대화를 통한 개선촉구 및 지원	국제사회의 공조를 통한 압박	북한인권피해 기록 및 홍보	국제 사회의 대북지원 확대 및 활성화	기타	계
▣ 전체 ▣	**(1000)**	**25.7**	**42.1**	**12.2**	**18.3**	**1.7**	**100.0**
북한인권 개선	(1000)	25.7	42.1	12.2	18.3	1.7	100.0
개선되고 있다	(82)	40.2	28.0	12.2	18.3	1.2	100.0
변함없다	(621)	26.4	40.3	12.1	19.6	1.6	100.0
나빠지고 있다	(297)	20.2	49.8	12.5	15.5	2.0	100.0
북한인권 개선 가능성	(1000)	25.7	42.1	12.2	18.3	1.7	100.0
가능성이 있다	(205)	36.6	28.8	12.2	22.0	0.5	100.0
가능성이 없다	(795)	22.9	45.5	12.2	17.4	2.0	100.0
북한인권 관심도	(1000)	25.7	42.1	12.2	18.3	1.7	100.0
관심이 있다	(646)	25.5	44.0	12.4	17.5	0.6	100.0
관심이 없다	(354)	26.0	38.7	11.9	19.8	3.7	100.0
북한인권 심각성	(1000)	25.7	42.1	12.2	18.3	1.7	100.0
심각하다	(948)	26.1	43.2	11.4	18.1	1.2	100.0
심각하지 않다	(52)	19.2	21.2	26.9	21.2	11.5	100.0
북한인권 개입	(1000)	25.7	42.1	12.2	18.3	1.7	100.0
간섭해서는 안된다	(428)	25.0	39.3	12.1	20.1	3.5	100.0
개입해야 한다	(572)	26.2	44.2	12.2	17.0	0.3	100.0
인권단체 도움여부	(1000)	25.7	42.1	12.2	18.3	1.7	100.0
도움이 된다	(508)	27.8	39.2	13.8	18.7	0.6	100.0
도움이 안된다	(492)	23.6	45.1	10.6	17.9	2.8	100.0

[표 28] 북한인권 개선을 위한 북한인권단체의 활동

[문15] 북한인권 개선을 위하여 북한인권단체가 가장 우선해야 할 역할은 무엇이라고 생각하십니까?

(단위 : %)

Base=전체	사례수 (명)	북한인권 상황 기록 및 피해상황에 대한 국내외 홍보활동	대북방송 등을 통한 북한주민 의식교육	대북지원	김정은 국제형사재판소 제소 등 국제적, 정치적 활동	기타	계
▣ 전체 ▣	(1000)	48.1	18.5	7.8	23.6	2.0	100.0
성별	(1000)	48.1	18.5	7.8	23.6	2.0	100.0
남자	(495)	48.3	18.6	10.3	20.8	2.0	100.0
여자	(505)	47.9	18.4	5.3	26.3	2.0	100.0
연령	(1000)	48.1	18.5	7.8	23.6	2.0	100.0
19-29세	(133)	39.1	27.8	7.5	24.8	0.8	100.0
30-39세	(153)	34.6	24.2	6.5	32.7	2.0	100.0
40-49세	(175)	41.1	22.9	8.6	24.6	2.9	100.0
50-59세	(200)	53.5	13.0	11.0	20.0	2.5	100.0
60세이상	(339)	58.1	13.3	6.2	20.6	1.8	100.0
권역	(1000)	48.1	18.5	7.8	23.6	2.0	100.0
서울	(187)	49.2	16.6	7.5	25.7	1.1	100.0
인천/경기	(323)	49.8	19.5	8.4	19.8	2.5	100.0
대전/세종/충청	(107)	46.7	16.8	7.5	27.1	1.9	100.0
광주/전라	(96)	51.0	16.7	11.5	17.7	3.1	100.0
대구/경북	(96)	37.5	26.0	5.2	29.2	2.1	100.0
부산/울산/경남	(148)	50.7	15.5	6.8	25.0	2.0	100.0
강원/제주	(43)	41.9	20.9	7.0	30.2	0.0	100.0
학력	(1000)	48.1	18.5	7.8	23.6	2.0	100.0
고졸이하	(157)	49.0	19.7	5.7	21.7	3.8	100.0
대재이상	(843)	47.9	18.3	8.2	24.0	1.7	100.0
직업	(1000)	48.1	18.5	7.8	23.6	2.0	100.0
농/임/어업	(9)	44.4	22.2	11.1	22.2	0.0	100.0
자영업	(83)	50.6	20.5	8.4	19.3	1.2	100.0
판매/영업/서비스직	(61)	54.1	16.4	3.3	19.7	6.6	100.0
생산/기능/노무직	(77)	36.4	32.5	7.8	22.1	1.3	100.0
사무/관리/전문직	(540)	48.5	17.0	9.4	23.1	1.9	100.0
주부	(99)	55.6	14.1	1.0	28.3	1.0	100.0
학생	(37)	51.4	21.6	0.0	27.0	0.0	100.0
무직/퇴직/기타	(94)	40.4	18.1	10.6	27.7	3.2	100.0
가구소득	(1000)	48.1	18.5	7.8	23.6	2.0	100.0
200만원이하	(74)	43.2	24.3	6.8	21.6	4.1	100.0
201-300만원이하	(133)	39.8	23.3	6.0	27.8	3.0	100.0
301-400만원이하	(156)	41.7	23.7	5.8	26.9	1.9	100.0
401-500만원이하	(153)	49.7	17.0	11.1	21.6	0.7	100.0
501만원 이상	(484)	52.7	15.1	8.1	22.3	1.9	100.0
이념성향	(1000)	48.1	18.5	7.8	23.6	2.0	100.0
진보	(234)	57.7	11.1	12.0	18.4	0.9	100.0
중도	(425)	48.7	17.2	7.3	23.5	3.3	100.0
보수	(341)	40.8	25.2	5.6	27.3	1.2	100.0

[계 속]

[표 28] 북한인권 개선을 위한 북한인권단체의 활동

[문15] 북한인권 개선을 위하여 북한인권단체가 가장 우선해야 할 역할은 무엇이라고 생각하십니까?

(단위 : %)

Base=전체	사례수 (명)	북한인권 상황 기록 및 피해상황에 대한 국내외 홍보활동	대북방송 등을 통한 북한주민 의식교육	대북지원	김정은 국제형사재판소 제소 등 국제적, 정치적 활동	기타	계
▣ 전체 ▣	**(1000)**	**48.1**	**18.5**	**7.8**	**23.6**	**2.0**	**100.0**
북한인권 개선	(1000)	48.1	18.5	7.8	23.6	2.0	100.0
개선되고 있다	(82)	41.5	22.0	14.6	20.7	1.2	100.0
변함없다	(621)	50.9	15.3	8.5	22.7	2.6	100.0
나빠지고 있다	(297)	44.1	24.2	4.4	26.3	1.0	100.0
북한인권 개선 가능성	(1000)	48.1	18.5	7.8	23.6	2.0	100.0
가능성이 있다	(205)	44.9	14.6	17.6	22.4	0.5	100.0
가능성이 없다	(795)	48.9	19.5	5.3	23.9	2.4	100.0
북한인권 관심도	(1000)	48.1	18.5	7.8	23.6	2.0	100.0
관심이 있다	(646)	51.9	17.2	8.7	21.7	0.6	100.0
관심이 없다	(354)	41.2	20.9	6.2	27.1	4.5	100.0
북한인권 심각성	(1000)	48.1	18.5	7.8	23.6	2.0	100.0
심각하다	(948)	49.3	18.6	7.3	23.3	1.6	100.0
심각하지 않다	(52)	26.9	17.3	17.3	28.8	9.6	100.0
북한인권 개입	(1000)	48.1	18.5	7.8	23.6	2.0	100.0
간섭해서는 안된다	(428)	39.3	20.1	11.0	25.9	3.7	100.0
개입해야 한다	(572)	54.7	17.3	5.4	21.9	0.7	100.0
인권단체 도움여부	(1000)	48.1	18.5	7.8	23.6	2.0	100.0
도움이 된다	(508)	53.5	19.7	5.3	21.5	0.0	100.0
도움이 안된다	(492)	42.5	17.3	10.4	25.8	4.1	100.0

[표 29] 북한인권단체 활동 필요성 평가 : 대북전단 살포

[문16-1] 이제부터 불러드리는 북한인권개선을 위한 북한인권단체 활동에 대해 필요한 것인지 아니면 필요하지 않는 것인지 말씀해 주십시오.

(단위 : %)

Base=전체		사례수 (명)	매우 필요하다	대체로 필요하다	①+②	별로 필요하지 않다	전혀 필요하지 않다	③+④	계
▣ 전체 ▣		(1000)	10.0	25.4	35.4	39.0	25.6	64.6	100.0
성별		(1000)	10.0	25.4	35.4	39.0	25.6	64.6	100.0
	남자	(495)	12.7	24.2	37.0	33.7	29.3	63.0	100.0
	여자	(505)	7.3	26.5	33.9	44.2	22.0	66.1	100.0
연령		(1000)	10.0	25.4	35.4	39.0	25.6	64.6	100.0
	19-29세	(133)	6.0	32.3	38.3	42.9	18.8	61.7	100.0
	30-39세	(153)	9.8	20.3	30.1	46.4	23.5	69.9	100.0
	40-49세	(175)	8.6	23.4	32.0	42.9	25.1	68.0	100.0
	50-59세	(200)	4.5	21.5	26.0	39.0	35.0	74.0	100.0
	60세이상	(339)	15.6	28.3	44.0	32.2	23.9	56.0	100.0
권역		(1000)	10.0	25.4	35.4	39.0	25.6	64.6	100.0
	서울	(187)	9.6	33.7	43.3	35.8	20.9	56.7	100.0
	인천/경기	(323)	10.8	22.6	33.4	41.5	25.1	66.6	100.0
	대전/세종/충청	(107)	11.2	27.1	38.3	31.8	29.9	61.7	100.0
	광주/전라	(96)	4.2	21.9	26.0	47.9	26.0	74.0	100.0
	대구/경북	(96)	12.5	25.0	37.5	42.7	19.8	62.5	100.0
	부산/울산/경남	(148)	10.8	24.3	35.1	37.8	27.0	64.9	100.0
	강원/제주	(43)	7.0	18.6	25.6	27.9	46.5	74.4	100.0
학력		(1000)	10.0	25.4	35.4	39.0	25.6	64.6	100.0
	고졸이하	(157)	7.6	29.9	37.6	35.0	27.4	62.4	100.0
	대재이상	(843)	10.4	24.6	35.0	39.7	25.3	65.0	100.0
직업		(1000)	10.0	25.4	35.4	39.0	25.6	64.6	100.0
	농/임/어업	(9)	22.2	22.2	44.4	0.0	55.6	55.6	100.0
	자영업	(83)	14.5	24.1	38.6	39.8	21.7	61.4	100.0
	판매/영업/서비스직	(61)	11.5	36.1	47.5	29.5	23.0	52.5	100.0
	생산/기능/노무직	(77)	10.4	35.1	45.5	40.3	14.3	54.5	100.0
	사무/관리/전문직	(540)	8.3	23.3	31.7	40.0	28.3	68.3	100.0
	주부	(99)	14.1	26.3	40.4	37.4	22.2	59.6	100.0
	학생	(37)	5.4	24.3	29.7	45.9	24.3	70.3	100.0
	무직/퇴직/기타	(94)	10.6	23.4	34.0	40.4	25.5	66.0	100.0
가구소득		(1000)	10.0	25.4	35.4	39.0	25.6	64.6	100.0
	200만원이하	(74)	13.5	23.0	36.5	28.4	35.1	63.5	100.0
	201-300만원이하	(133)	6.0	30.8	36.8	45.1	18.0	63.2	100.0
	301-400만원이하	(156)	9.6	26.3	35.9	45.5	18.6	64.1	100.0
	401-500만원이하	(153)	9.2	20.3	29.4	39.9	30.7	70.6	100.0
	501만원 이상	(484)	11.0	25.6	36.6	36.6	26.9	63.4	100.0
이념성향		(1000)	10.0	25.4	35.4	39.0	25.6	64.6	100.0
	진보	(234)	4.7	15.8	20.5	38.0	41.5	79.5	100.0
	중도	(425)	6.4	21.4	27.8	46.4	25.9	72.2	100.0
	보수	(341)	18.2	37.0	55.1	30.5	14.4	44.9	100.0

[계 속]

[표 29] 북한인권단체 활동 필요성 평가 : 대북전단 살포

[문16-1] 이제부터 불러드리는 북한인권개선을 위한 북한인권단체 활동에 대해 필요한 것인지 아니면 필요하지 않는 것인지 말씀해 주십시오.

(단위 : %)

Base=전체	사례수 (명)	매우 필요하다	대체로 필요하다	①+②	별로 필요하지 않다	전혀 필요하지 않다	③+④	계
▣ 전체 ▣	**(1000)**	**10.0**	**25.4**	**35.4**	**39.0**	**25.6**	**64.6**	**100.0**
북한인권 개선	(1000)	10.0	25.4	35.4	39.0	25.6	64.6	100.0
개선되고 있다	(82)	11.0	25.6	36.6	29.3	34.1	63.4	100.0
변함없다	(621)	4.2	24.3	28.5	45.1	26.4	71.5	100.0
나빠지고 있다	(297)	21.9	27.6	49.5	29.0	21.5	50.5	100.0
북한인권 개선 가능성	(1000)	10.0	25.4	35.4	39.0	25.6	64.6	100.0
가능성이 있다	(205)	7.3	22.4	29.8	38.0	32.2	70.2	100.0
가능성이 없다	(795)	10.7	26.2	36.9	39.2	23.9	63.1	100.0
북한인권 관심도	(1000)	10.0	25.4	35.4	39.0	25.6	64.6	100.0
관심이 있다	(646)	13.3	28.9	42.3	35.6	22.1	57.7	100.0
관심이 없다	(354)	4.0	18.9	22.9	45.2	31.9	77.1	100.0
북한인권 심각성	(1000)	10.0	25.4	35.4	39.0	25.6	64.6	100.0
심각하다	(948)	10.4	25.4	35.9	39.5	24.7	64.1	100.0
심각하지 않다	(52)	1.9	25.0	26.9	30.8	42.3	73.1	100.0
북한인권 개입	(1000)	10.0	25.4	35.4	39.0	25.6	64.6	100.0
간섭해서는 안된다	(428)	6.5	18.5	25.0	41.1	33.9	75.0	100.0
개입해야 한다	(572)	12.6	30.6	43.2	37.4	19.4	56.8	100.0
인권단체 도움여부	(1000)	10.0	25.4	35.4	39.0	25.6	64.6	100.0
도움이 된다	(508)	13.0	32.3	45.3	38.0	16.7	54.7	100.0
도움이 안된다	(492)	6.9	18.3	25.2	40.0	34.8	74.8	100.0

[표 30] 북한인권단체 활동 필요성 평가 : 국내외 세미나 등 인권상황 홍보

[문16-2] 이제부터 불러드리는 북한인권개선을 위한 북한인권단체 활동에 대해 필요한 것인지 아니면 필요하지 않는 것인지 말씀해 주십시오.

(단위 : %)

Base=전체		사례수 (명)	매우 필요하다	대체로 필요하다	①+②	별로 필요하지 않다	전혀 필요하지 않다	③+④	계
▣ 전체 ▣		(1000)	19.8	54.3	74.1	19.2	6.7	25.9	100.0
성별		(1000)	19.8	54.3	74.1	19.2	6.7	25.9	100.0
	남자	(495)	22.4	54.1	76.6	17.0	6.5	23.4	100.0
	여자	(505)	17.2	54.5	71.7	21.4	6.9	28.3	100.0
연령		(1000)	19.8	54.3	74.1	19.2	6.7	25.9	100.0
	19-29세	(133)	14.3	49.6	63.9	26.3	9.8	36.1	100.0
	30-39세	(153)	16.3	52.3	68.6	20.3	11.1	31.4	100.0
	40-49세	(175)	19.4	54.3	73.7	17.7	8.6	26.3	100.0
	50-59세	(200)	17.0	59.0	76.0	19.5	4.5	24.0	100.0
	60세이상	(339)	25.4	54.3	79.6	16.5	3.8	20.4	100.0
권역		(1000)	19.8	54.3	74.1	19.2	6.7	25.9	100.0
	서울	(187)	20.9	54.5	75.4	19.8	4.8	24.6	100.0
	인천/경기	(323)	18.3	52.9	71.2	20.4	8.4	28.8	100.0
	대전/세종/충청	(107)	21.5	50.5	72.0	17.8	10.3	28.0	100.0
	광주/전라	(96)	14.6	59.4	74.0	21.9	4.2	26.0	100.0
	대구/경북	(96)	22.9	46.9	69.8	25.0	5.2	30.2	100.0
	부산/울산/경남	(148)	23.0	58.8	81.8	13.5	4.7	18.2	100.0
	강원/제주	(43)	16.3	62.8	79.1	11.6	9.3	20.9	100.0
학력		(1000)	19.8	54.3	74.1	19.2	6.7	25.9	100.0
	고졸이하	(157)	15.3	51.0	66.2	20.4	13.4	33.8	100.0
	대재이상	(843)	20.6	54.9	75.6	19.0	5.5	24.4	100.0
직업		(1000)	19.8	54.3	74.1	19.2	6.7	25.9	100.0
	농/임/어업	(9)	11.1	55.6	66.7	11.1	22.2	33.3	100.0
	자영업	(83)	19.3	57.8	77.1	19.3	3.6	22.9	100.0
	판매/영업/서비스직	(61)	26.2	44.3	70.5	19.7	9.8	29.5	100.0
	생산/기능/노무직	(77)	18.2	51.9	70.1	23.4	6.5	29.9	100.0
	사무/관리/전문직	(540)	19.1	55.7	74.8	18.9	6.3	25.2	100.0
	주부	(99)	19.2	58.6	77.8	16.2	6.1	22.2	100.0
	학생	(37)	18.9	48.6	67.6	18.9	13.5	32.4	100.0
	무직/퇴직/기타	(94)	23.4	48.9	72.3	21.3	6.4	27.7	100.0
가구소득		(1000)	19.8	54.3	74.1	19.2	6.7	25.9	100.0
	200만원이하	(74)	23.0	48.6	71.6	17.6	10.8	28.4	100.0
	201-300만원이하	(133)	13.5	47.4	60.9	29.3	9.8	39.1	100.0
	301-400만원이하	(156)	21.2	51.9	73.1	21.8	5.1	26.9	100.0
	401-500만원이하	(153)	18.3	54.9	73.2	20.3	6.5	26.8	100.0
	501만원 이상	(484)	21.1	57.6	78.7	15.5	5.8	21.3	100.0
이념성향		(1000)	19.8	54.3	74.1	19.2	6.7	25.9	100.0
	진보	(234)	16.7	64.1	80.8	14.5	4.7	19.2	100.0
	중도	(425)	16.9	52.0	68.9	22.1	8.9	31.1	100.0
	보수	(341)	25.5	50.4	76.0	18.8	5.3	24.0	100.0

[계 속]

[표 30] 북한인권단체 활동 필요성 평가 : 국내외 세미나 등 인권상황 홍보

[문16-2] 이제부터 불러드리는 북한인권개선을 위한 북한인권단체 활동에 대해 필요한 것인지 아니면 필요하지 않는 것인지 말씀해 주십시오.

(단위 : %)

Base=전체	사례수(명)	매우 필요하다	대체로 필요하다	①+②	별로 필요하지 않다	전혀 필요하지 않다	③+④	계
▣ 전체 ▣	**(1000)**	**19.8**	**54.3**	**74.1**	**19.2**	**6.7**	**25.9**	**100.0**
북한인권 개선	(1000)	19.8	54.3	74.1	19.2	6.7	25.9	100.0
개선되고 있다	(82)	12.2	61.0	73.2	18.3	8.5	26.8	100.0
변함없다	(621)	15.3	55.2	70.5	22.1	7.4	29.5	100.0
나빠지고 있다	(297)	31.3	50.5	81.8	13.5	4.7	18.2	100.0
북한인권 개선 가능성	(1000)	19.8	54.3	74.1	19.2	6.7	25.9	100.0
가능성이 있다	(205)	13.7	62.4	76.1	19.5	4.4	23.9	100.0
가능성이 없다	(795)	21.4	52.2	73.6	19.1	7.3	26.4	100.0
북한인권 관심도	(1000)	19.8	54.3	74.1	19.2	6.7	25.9	100.0
관심이 있다	(646)	25.1	56.2	81.3	14.9	3.9	18.7	100.0
관심이 없다	(354)	10.2	50.8	61.0	27.1	11.9	39.0	100.0
북한인권 심각성	(1000)	19.8	54.3	74.1	19.2	6.7	25.9	100.0
심각하다	(948)	20.7	55.4	76.1	18.1	5.8	23.9	100.0
심각하지 않다	(52)	3.8	34.6	38.5	38.5	23.1	61.5	100.0
북한인권 개입	(1000)	19.8	54.3	74.1	19.2	6.7	25.9	100.0
간섭해서는 안된다	(428)	10.7	47.9	58.6	28.0	13.3	41.4	100.0
개입해야 한다	(572)	26.6	59.1	85.7	12.6	1.7	14.3	100.0
인권단체 도움여부	(1000)	19.8	54.3	74.1	19.2	6.7	25.9	100.0
도움이 된다	(508)	28.0	57.1	85.0	12.0	3.0	15.0	100.0
도움이 안된다	(492)	11.4	51.4	62.8	26.6	10.6	37.2	100.0

[표 31] 북한인권단체 활동 필요성 평가 : 대북인권방송을 통한 북한주민 의식교육

[문16-3] 이제부터 불러드리는 북한인권개선을 위한 북한인권단체 활동에 대해 필요한 것인지 아니면 필요하지 않는 것인지 말씀해 주십시오.

(단위 : %)

Base=전체		사례수 (명)	매우 필요하다	대체로 필요하다	①+②	별로 필요하지 않다	전혀 필요하지 않다	③+④	계
▣ 전체 ▣		**(1000)**	**18.4**	**43.2**	**61.6**	**26.3**	**12.1**	**38.4**	**100.0**
성별		(1000)	18.4	43.2	61.6	26.3	12.1	38.4	100.0
	남자	(495)	21.2	41.2	62.4	25.3	12.3	37.6	100.0
	여자	(505)	15.6	45.1	60.8	27.3	11.9	39.2	100.0
연령		(1000)	18.4	43.2	61.6	26.3	12.1	38.4	100.0
	19-29세	(133)	18.8	43.6	62.4	25.6	12.0	37.6	100.0
	30-39세	(153)	17.6	40.5	58.2	26.1	15.7	41.8	100.0
	40-49세	(175)	15.4	43.4	58.9	28.6	12.6	41.1	100.0
	50-59세	(200)	13.0	43.0	56.0	31.5	12.5	44.0	100.0
	60세이상	(339)	23.3	44.2	67.6	22.4	10.0	32.4	100.0
권역		(1000)	18.4	43.2	61.6	26.3	12.1	38.4	100.0
	서울	(187)	19.8	44.4	64.2	25.1	10.7	35.8	100.0
	인천/경기	(323)	18.3	42.1	60.4	23.2	16.4	39.6	100.0
	대전/세종/충청	(107)	17.8	41.1	58.9	31.8	9.3	41.1	100.0
	광주/전라	(96)	10.4	51.0	61.5	26.0	12.5	38.5	100.0
	대구/경북	(96)	22.9	34.4	57.3	34.4	8.3	42.7	100.0
	부산/울산/경남	(148)	20.9	46.6	67.6	24.3	8.1	32.4	100.0
	강원/제주	(43)	14.0	41.9	55.8	30.2	14.0	44.2	100.0
학력		(1000)	18.4	43.2	61.6	26.3	12.1	38.4	100.0
	고졸이하	(157)	15.9	41.4	57.3	29.9	12.7	42.7	100.0
	대재이상	(843)	18.9	43.5	62.4	25.6	12.0	37.6	100.0
직업		(1000)	18.4	43.2	61.6	26.3	12.1	38.4	100.0
	농/임/어업	(9)	33.3	33.3	66.7	0.0	33.3	33.3	100.0
	자영업	(83)	21.7	43.4	65.1	25.3	9.6	34.9	100.0
	판매/영업/서비스직	(61)	18.0	50.8	68.9	19.7	11.5	31.1	100.0
	생산/기능/노무직	(77)	20.8	40.3	61.0	35.1	3.9	39.0	100.0
	사무/관리/전문직	(540)	15.4	43.9	59.3	27.0	13.7	40.7	100.0
	주부	(99)	21.2	42.4	63.6	26.3	10.1	36.4	100.0
	학생	(37)	24.3	29.7	54.1	27.0	18.9	45.9	100.0
	무직/퇴직/기타	(94)	24.5	43.6	68.1	22.3	9.6	31.9	100.0
가구소득		(1000)	18.4	43.2	61.6	26.3	12.1	38.4	100.0
	200만원이하	(74)	24.3	41.9	66.2	17.6	16.2	33.8	100.0
	201-300만원이하	(133)	16.5	40.6	57.1	31.6	11.3	42.9	100.0
	301-400만원이하	(156)	16.0	44.9	60.9	29.5	9.6	39.1	100.0
	401-500만원이하	(153)	15.0	41.8	56.9	33.3	9.8	43.1	100.0
	501만원 이상	(484)	19.8	44.0	63.8	22.9	13.2	36.2	100.0
이념성향		(1000)	18.4	43.2	61.6	26.3	12.1	38.4	100.0
	진보	(234)	13.7	47.0	60.7	26.1	13.2	39.3	100.0
	중도	(425)	15.8	41.9	57.6	26.8	15.5	42.4	100.0
	보수	(341)	24.9	42.2	67.2	25.8	7.0	32.8	100.0

[계 속]

[표 31] 북한인권단체 활동 필요성 평가 : 대북인권방송을 통한 북한주민 의식교육

[문16-3] 이제부터 불러드리는 북한인권개선을 위한 북한인권단체 활동에 대해 필요한 것인지 아니면 필요하지 않는 것인지 말씀해 주십시오.

(단위 : %)

Base=전체	사례수 (명)	매우 필요하다	대체로 필요하다	①+②	별로 필요하지 않다	전혀 필요하지 않다	③+④	계
▣ 전체 ▣	**(1000)**	**18.4**	**43.2**	**61.6**	**26.3**	**12.1**	**38.4**	**100.0**
북한인권 개선	(1000)	18.4	43.2	61.6	26.3	12.1	38.4	100.0
개선되고 있다	(82)	11.0	46.3	57.3	26.8	15.9	42.7	100.0
변함없다	(621)	11.9	45.1	57.0	29.1	13.8	43.0	100.0
나빠지고 있다	(297)	34.0	38.4	72.4	20.2	7.4	27.6	100.0
북한인권 개선 가능성	(1000)	18.4	43.2	61.6	26.3	12.1	38.4	100.0
가능성이 있다	(205)	10.7	44.4	55.1	30.2	14.6	44.9	100.0
가능성이 없다	(795)	20.4	42.9	63.3	25.3	11.4	36.7	100.0
북한인권 관심도	(1000)	18.4	43.2	61.6	26.3	12.1	38.4	100.0
관심이 있다	(646)	23.8	44.6	68.4	22.0	9.6	31.6	100.0
관심이 없다	(354)	8.5	40.7	49.2	34.2	16.7	50.8	100.0
북한인권 심각성	(1000)	18.4	43.2	61.6	26.3	12.1	38.4	100.0
심각하다	(948)	19.2	44.4	63.6	25.6	10.8	36.4	100.0
심각하지 않다	(52)	3.8	21.2	25.0	38.5	36.5	75.0	100.0
북한인권 개입	(1000)	18.4	43.2	61.6	26.3	12.1	38.4	100.0
간섭해서는 안된다	(428)	11.4	34.6	46.0	33.4	20.6	54.0	100.0
개입해야 한다	(572)	23.6	49.7	73.3	21.0	5.8	26.7	100.0
인권단체 도움여부	(1000)	18.4	43.2	61.6	26.3	12.1	38.4	100.0
도움이 된다	(508)	25.2	50.8	76.0	19.1	4.9	24.0	100.0
도움이 안된다	(492)	11.4	35.4	46.7	33.7	19.5	53.3	100.0

[표 32] 북한인권단체 활동 필요성 평가 : 북한인권법 시행 등 제도적 준비

[문16-4] 이제부터 불러드리는 북한인권개선을 위한 북한인권단체 활동에 대해 필요한 것인지 아니면 필요하지 않는 것인지 말씀해 주십시오.

(단위 : %)

Base=전체		사례수 (명)	매우 필요하다	대체로 필요하다	①+②	별로 필요하지 않다	전혀 필요하지 않다	③+④	계
▣ 전체 ▣		**(1000)**	**15.9**	**49.1**	**65.0**	**25.7**	**9.3**	**35.0**	**100.0**
성별		(1000)	15.9	49.1	65.0	25.7	9.3	35.0	100.0
	남자	(495)	17.6	47.7	65.3	25.1	9.7	34.7	100.0
	여자	(505)	14.3	50.5	64.8	26.3	8.9	35.2	100.0
연령		(1000)	15.9	49.1	65.0	25.7	9.3	35.0	100.0
	19-29세	(133)	13.5	46.6	60.2	30.1	9.8	39.8	100.0
	30-39세	(153)	15.7	43.1	58.8	27.5	13.7	41.2	100.0
	40-49세	(175)	13.1	49.7	62.9	24.0	13.1	37.1	100.0
	50-59세	(200)	15.0	53.5	68.5	25.0	6.5	31.5	100.0
	60세이상	(339)	18.9	49.9	68.7	24.5	6.8	31.3	100.0
권역		(1000)	15.9	49.1	65.0	25.7	9.3	35.0	100.0
	서울	(187)	15.5	50.3	65.8	27.3	7.0	34.2	100.0
	인천/경기	(323)	14.9	48.0	62.8	24.5	12.7	37.2	100.0
	대전/세종/충청	(107)	18.7	42.1	60.7	28.0	11.2	39.3	100.0
	광주/전라	(96)	14.6	57.3	71.9	21.9	6.3	28.1	100.0
	대구/경북	(96)	16.7	50.0	66.7	27.1	6.3	33.3	100.0
	부산/울산/경남	(148)	16.9	49.3	66.2	27.0	6.8	33.8	100.0
	강원/제주	(43)	16.3	48.8	65.1	23.3	11.6	34.9	100.0
학력		(1000)	15.9	49.1	65.0	25.7	9.3	35.0	100.0
	고졸이하	(157)	14.0	45.2	59.2	28.7	12.1	40.8	100.0
	대재이상	(843)	16.3	49.8	66.1	25.1	8.8	33.9	100.0
직업		(1000)	15.9	49.1	65.0	25.7	9.3	35.0	100.0
	농/임/어업	(9)	11.1	44.4	55.6	11.1	33.3	44.4	100.0
	자영업	(83)	13.3	50.6	63.9	27.7	8.4	36.1	100.0
	판매/영업/서비스직	(61)	21.3	44.3	65.6	23.0	11.5	34.4	100.0
	생산/기능/노무직	(77)	19.5	51.9	71.4	24.7	3.9	28.6	100.0
	사무/관리/전문직	(540)	15.0	49.1	64.1	26.1	9.8	35.9	100.0
	주부	(99)	18.2	49.5	67.7	25.3	7.1	32.3	100.0
	학생	(37)	16.2	51.4	67.6	24.3	8.1	32.4	100.0
	무직/퇴직/기타	(94)	14.9	47.9	62.8	26.6	10.6	37.2	100.0
가구소득		(1000)	15.9	49.1	65.0	25.7	9.3	35.0	100.0
	200만원이하	(74)	17.6	39.2	56.8	35.1	8.1	43.2	100.0
	201-300만원이하	(133)	12.0	46.6	58.6	31.6	9.8	41.4	100.0
	301-400만원이하	(156)	17.9	48.1	66.0	22.4	11.5	34.0	100.0
	401-500만원이하	(153)	11.1	51.0	62.1	28.8	9.2	37.9	100.0
	501만원 이상	(484)	17.6	51.0	68.6	22.7	8.7	31.4	100.0
이념성향		(1000)	15.9	49.1	65.0	25.7	9.3	35.0	100.0
	진보	(234)	15.8	58.1	73.9	21.8	4.3	26.1	100.0
	중도	(425)	13.2	47.3	60.5	27.1	12.5	39.5	100.0
	보수	(341)	19.4	45.2	64.5	26.7	8.8	35.5	100.0

[계 속]

[표 32] 북한인권단체 활동 필요성 평가 : 북한인권법 시행 등 제도적 준비

[문16-4] 이제부터 불러드리는 북한인권개선을 위한 북한인권단체 활동에 대해 필요한 것인지 아니면 필요하지 않는 것인지 말씀해 주십시오.

(단위 : %)

Base=전체	사례수 (명)	매우 필요하다	대체로 필요하다	①+②	별로 필요하지 않다	전혀 필요하지 않다	③+④	계
▣ 전체 ▣	**(1000)**	**15.9**	**49.1**	**65.0**	**25.7**	**9.3**	**35.0**	**100.0**
북한인권 개선	(1000)	15.9	49.1	65.0	25.7	9.3	35.0	100.0
개선되고 있다	(82)	13.4	54.9	68.3	24.4	7.3	31.7	100.0
변함없다	(621)	11.0	49.9	60.9	28.8	10.3	39.1	100.0
나빠지고 있다	(297)	26.9	45.8	72.7	19.5	7.7	27.3	100.0
북한인권 개선 가능성	(1000)	15.9	49.1	65.0	25.7	9.3	35.0	100.0
가능성이 있다	(205)	14.1	56.1	70.2	22.9	6.8	29.8	100.0
가능성이 없다	(795)	16.4	47.3	63.6	26.4	9.9	36.4	100.0
북한인권 관심도	(1000)	15.9	49.1	65.0	25.7	9.3	35.0	100.0
관심이 있다	(646)	20.6	55.0	75.5	18.3	6.2	24.5	100.0
관심이 없다	(354)	7.3	38.4	45.8	39.3	15.0	54.2	100.0
북한인권 심각성	(1000)	15.9	49.1	65.0	25.7	9.3	35.0	100.0
심각하다	(948)	16.7	50.6	67.3	24.7	8.0	32.7	100.0
심각하지 않다	(52)	1.9	21.2	23.1	44.2	32.7	76.9	100.0
북한인권 개입	(1000)	15.9	49.1	65.0	25.7	9.3	35.0	100.0
간섭해서는 안된다	(428)	9.3	36.7	46.0	36.4	17.5	54.0	100.0
개입해야 한다	(572)	20.8	58.4	79.2	17.7	3.1	20.8	100.0
인권단체 도움여부	(1000)	15.9	49.1	65.0	25.7	9.3	35.0	100.0
도움이 된다	(508)	24.2	57.5	81.7	15.0	3.3	18.3	100.0
도움이 안된다	(492)	7.3	40.4	47.8	36.8	15.4	52.2	100.0

[표 33] 북한인권단체 활동 필요성 평가 : 의료지원, 식량지원 등 대북지원

[문16-5] 이제부터 불러드리는 북한인권개선을 위한 북한인권단체 활동에 대해 필요한 것인지 아니면 필요하지 않는 것인지 말씀해 주십시오.

(단위 : %)

Base=전체		사례수 (명)	매우 필요하다	대체로 필요하다	①+②	별로 필요하지 않다	전혀 필요하지 않다	③+④	계
▣ 전체 ▣		**(1000)**	**13.9**	**43.2**	**57.1**	**28.7**	**14.2**	**42.9**	**100.0**
성별		(1000)	13.9	43.2	57.1	28.7	14.2	42.9	100.0
	남자	(495)	17.0	42.2	59.2	26.1	14.7	40.8	100.0
	여자	(505)	10.9	44.2	55.0	31.3	13.7	45.0	100.0
연령		(1000)	13.9	43.2	57.1	28.7	14.2	42.9	100.0
	19-29세	(133)	7.5	33.1	40.6	39.8	19.5	59.4	100.0
	30-39세	(153)	12.4	34.6	47.1	32.0	20.9	52.9	100.0
	40-49세	(175)	10.9	41.1	52.0	30.3	17.7	48.0	100.0
	50-59세	(200)	16.5	53.5	70.0	23.0	7.0	30.0	100.0
	60세이상	(339)	17.1	46.0	63.1	25.4	11.5	36.9	100.0
권역		(1000)	13.9	43.2	57.1	28.7	14.2	42.9	100.0
	서울	(187)	15.0	41.2	56.1	29.4	14.4	43.9	100.0
	인천/경기	(323)	12.4	42.4	54.8	29.1	16.1	45.2	100.0
	대전/세종/충청	(107)	16.8	32.7	49.5	31.8	18.7	50.5	100.0
	광주/전라	(96)	21.9	45.8	67.7	25.0	7.3	32.3	100.0
	대구/경북	(96)	8.3	47.9	56.3	28.1	15.6	43.8	100.0
	부산/울산/경남	(148)	12.2	49.3	61.5	26.4	12.2	38.5	100.0
	강원/제주	(43)	14.0	46.5	60.5	32.6	7.0	39.5	100.0
학력		(1000)	13.9	43.2	57.1	28.7	14.2	42.9	100.0
	고졸이하	(157)	10.8	40.1	51.0	33.1	15.9	49.0	100.0
	대재이상	(843)	14.5	43.8	58.2	27.9	13.9	41.8	100.0
직업		(1000)	13.9	43.2	57.1	28.7	14.2	42.9	100.0
	농/임/어업	(9)	22.2	33.3	55.6	22.2	22.2	44.4	100.0
	자영업	(83)	14.5	43.4	57.8	30.1	12.0	42.2	100.0
	판매/영업/서비스직	(61)	11.5	41.0	52.5	32.8	14.8	47.5	100.0
	생산/기능/노무직	(77)	19.5	44.2	63.6	24.7	11.7	36.4	100.0
	사무/관리/전문직	(540)	14.4	43.7	58.1	28.3	13.5	41.9	100.0
	주부	(99)	10.1	49.5	59.6	24.2	16.2	40.4	100.0
	학생	(37)	5.4	40.5	45.9	29.7	24.3	54.1	100.0
	무직/퇴직/기타	(94)	13.8	36.2	50.0	35.1	14.9	50.0	100.0
가구소득		(1000)	13.9	43.2	57.1	28.7	14.2	42.9	100.0
	200만원이하	(74)	17.6	41.9	59.5	27.0	13.5	40.5	100.0
	201-300만원이하	(133)	9.8	42.9	52.6	34.6	12.8	47.4	100.0
	301-400만원이하	(156)	13.5	36.5	50.0	32.7	17.3	50.0	100.0
	401-500만원이하	(153)	11.1	49.0	60.1	26.8	13.1	39.9	100.0
	501만원 이상	(484)	15.5	43.8	59.3	26.7	14.0	40.7	100.0
이념성향		(1000)	13.9	43.2	57.1	28.7	14.2	42.9	100.0
	진보	(234)	21.4	54.3	75.6	19.2	5.1	24.4	100.0
	중도	(425)	11.1	38.8	49.9	33.6	16.5	50.1	100.0
	보수	(341)	12.3	41.1	53.4	29.0	17.6	46.6	100.0

[계 속]

[표 33] 북한인권단체 활동 필요성 평가 : 의료지원, 식량지원 등 대북지원

[문16-5] 이제부터 불러드리는 북한인권개선을 위한 북한인권단체 활동에 대해 필요한 것인지 아니면 필요하지 않는 것인지 말씀해 주십시오.

(단위 : %)

Base=전체	사례수 (명)	매우 필요하다	대체로 필요하다	①+②	별로 필요하지 않다	전혀 필요하지 않다	③+④	계
▣ 전체 ▣	**(1000)**	**13.9**	**43.2**	**57.1**	**28.7**	**14.2**	**42.9**	**100.0**
북한인권 개선	(1000)	13.9	43.2	57.1	28.7	14.2	42.9	100.0
개선되고 있다	(82)	28.0	39.0	67.1	23.2	9.8	32.9	100.0
변함없다	(621)	11.4	46.4	57.8	29.0	13.2	42.2	100.0
나빠지고 있다	(297)	15.2	37.7	52.9	29.6	17.5	47.1	100.0
북한인권 개선 가능성	(1000)	13.9	43.2	57.1	28.7	14.2	42.9	100.0
가능성이 있다	(205)	22.9	50.7	73.7	19.5	6.8	26.3	100.0
가능성이 없다	(795)	11.6	41.3	52.8	31.1	16.1	47.2	100.0
북한인권 관심도	(1000)	13.9	43.2	57.1	28.7	14.2	42.9	100.0
관심이 있다	(646)	19.3	46.0	65.3	25.4	9.3	34.7	100.0
관심이 없다	(354)	4.0	38.1	42.1	34.7	23.2	57.9	100.0
북한인권 심각성	(1000)	13.9	43.2	57.1	28.7	14.2	42.9	100.0
심각하다	(948)	14.2	43.9	58.1	28.7	13.2	41.9	100.0
심각하지 않다	(52)	7.7	30.8	38.5	28.8	32.7	61.5	100.0
북한인권 개입	(1000)	13.9	43.2	57.1	28.7	14.2	42.9	100.0
간섭해서는 안된다	(428)	9.8	35.7	45.6	31.5	22.9	54.4	100.0
개입해야 한다	(572)	17.0	48.8	65.7	26.6	7.7	34.3	100.0
인권단체 도움여부	(1000)	13.9	43.2	57.1	28.7	14.2	42.9	100.0
도움이 된다	(508)	19.1	51.4	70.5	22.8	6.7	29.5	100.0
도움이 안된다	(492)	8.5	34.8	43.3	34.8	22.0	56.7	100.0

[표 34] 북한인권단체 활동 필요성 평가 : 북한인권 피해 기록 및 보관

[문16-6] 이제부터 불러드리는 북한인권개선을 위한 북한인권단체 활동에 대해 필요한 것인지 아니면 필요하지 않는 것인지 말씀해 주십시오.

(단위 : %)

Base=전체		사례수(명)	매우 필요하다	대체로 필요하다	①+②	별로 필요하지 않다	전혀 필요하지 않다	③+④	계
▣ 전체 ▣		(1000)	20.2	52.0	72.2	20.3	7.5	27.8	100.0
성별		(1000)	20.2	52.0	72.2	20.3	7.5	27.8	100.0
	남자	(495)	22.4	51.3	73.7	19.0	7.3	26.3	100.0
	여자	(505)	18.0	52.7	70.7	21.6	7.7	29.3	100.0
연령		(1000)	20.2	52.0	72.2	20.3	7.5	27.8	100.0
	19-29세	(133)	17.3	47.4	64.7	25.6	9.8	35.3	100.0
	30-39세	(153)	20.9	46.4	67.3	20.3	12.4	32.7	100.0
	40-49세	(175)	16.6	54.3	70.9	20.6	8.6	29.1	100.0
	50-59세	(200)	19.0	55.0	74.0	19.5	6.5	26.0	100.0
	60세이상	(339)	23.6	53.4	77.0	18.6	4.4	23.0	100.0
권역		(1000)	20.2	52.0	72.2	20.3	7.5	27.8	100.0
	서울	(187)	20.9	52.4	73.3	19.3	7.5	26.7	100.0
	인천/경기	(323)	21.7	47.7	69.3	19.8	10.8	30.7	100.0
	대전/세종/충청	(107)	19.6	50.5	70.1	24.3	5.6	29.9	100.0
	광주/전라	(96)	13.5	58.3	71.9	24.0	4.2	28.1	100.0
	대구/경북	(96)	20.8	55.2	76.0	19.8	4.2	24.0	100.0
	부산/울산/경남	(148)	21.6	54.1	75.7	20.3	4.1	24.3	100.0
	강원/제주	(43)	16.3	58.1	74.4	11.6	14.0	25.6	100.0
학력		(1000)	20.2	52.0	72.2	20.3	7.5	27.8	100.0
	고졸이하	(157)	19.1	45.9	65.0	26.8	8.3	35.0	100.0
	대재이상	(843)	20.4	53.1	73.5	19.1	7.4	26.5	100.0
직업		(1000)	20.2	52.0	72.2	20.3	7.5	27.8	100.0
	농/임/어업	(9)	33.3	33.3	66.7	11.1	22.2	33.3	100.0
	자영업	(83)	16.9	57.8	74.7	19.3	6.0	25.3	100.0
	판매/영업/서비스직	(61)	21.3	47.5	68.9	19.7	11.5	31.1	100.0
	생산/기능/노무직	(77)	24.7	48.1	72.7	23.4	3.9	27.3	100.0
	사무/관리/전문직	(540)	19.1	54.4	73.5	18.9	7.6	26.5	100.0
	주부	(99)	18.2	49.5	67.7	24.2	8.1	32.3	100.0
	학생	(37)	27.0	40.5	67.6	21.6	10.8	32.4	100.0
	무직/퇴직/기타	(94)	23.4	47.9	71.3	23.4	5.3	28.7	100.0
가구소득		(1000)	20.2	52.0	72.2	20.3	7.5	27.8	100.0
	200만원이하	(74)	29.7	47.3	77.0	17.6	5.4	23.0	100.0
	201-300만원이하	(133)	16.5	48.1	64.7	27.1	8.3	35.3	100.0
	301-400만원이하	(156)	17.3	51.9	69.2	19.9	10.9	30.8	100.0
	401-500만원이하	(153)	16.3	49.0	65.4	28.8	5.9	34.6	100.0
	501만원 이상	(484)	21.9	54.8	76.7	16.3	7.0	23.3	100.0
이념성향		(1000)	20.2	52.0	72.2	20.3	7.5	27.8	100.0
	진보	(234)	23.9	58.5	82.5	14.5	3.0	17.5	100.0
	중도	(425)	16.5	51.3	67.8	21.4	10.8	32.2	100.0
	보수	(341)	22.3	48.4	70.7	22.9	6.5	29.3	100.0

[계 속]

[표 34] 북한인권단체 활동 필요성 평가 : 북한인권 피해 기록 및 보관

[문16-6] 이제부터 불러드리는 북한인권개선을 위한 북한인권단체 활동에 대해 필요한 것인지 아니면 필요하지 않는 것인지 말씀해 주십시오.

(단위 : %)

Base=전체	사례수 (명)	매우 필요하다	대체로 필요하다	①+②	별로 필요하지 않다	전혀 필요하지 않다	③+④	계
▣ 전체 ▣	**(1000)**	**20.2**	**52.0**	**72.2**	**20.3**	**7.5**	**27.8**	**100.0**
북한인권 개선	(1000)	20.2	52.0	72.2	20.3	7.5	27.8	100.0
개선되고 있다	(82)	19.5	45.1	64.6	28.0	7.3	35.4	100.0
변함없다	(621)	14.8	54.8	69.6	21.6	8.9	30.4	100.0
나빠지고 있다	(297)	31.6	48.1	79.8	15.5	4.7	20.2	100.0
북한인권 개선 가능성	(1000)	20.2	52.0	72.2	20.3	7.5	27.8	100.0
가능성이 있다	(205)	16.6	54.1	70.7	23.9	5.4	29.3	100.0
가능성이 없다	(795)	21.1	51.4	72.6	19.4	8.1	27.4	100.0
북한인권 관심도	(1000)	20.2	52.0	72.2	20.3	7.5	27.8	100.0
관심이 있다	(646)	26.0	53.1	79.1	16.9	4.0	20.9	100.0
관심이 없다	(354)	9.6	50.0	59.6	26.6	13.8	40.4	100.0
북한인권 심각성	(1000)	20.2	52.0	72.2	20.3	7.5	27.8	100.0
심각하다	(948)	21.0	53.1	74.1	19.5	6.4	25.9	100.0
심각하지 않다	(52)	5.8	32.7	38.5	34.6	26.9	61.5	100.0
북한인권 개입	(1000)	20.2	52.0	72.2	20.3	7.5	27.8	100.0
간섭해서는 안된다	(428)	11.0	42.3	53.3	31.8	15.0	46.7	100.0
개입해야 한다	(572)	27.1	59.3	86.4	11.7	1.9	13.6	100.0
인권단체 도움여부	(1000)	20.2	52.0	72.2	20.3	7.5	27.8	100.0
도움이 된다	(508)	28.7	56.1	84.8	12.8	2.4	15.2	100.0
도움이 안된다	(492)	11.4	47.8	59.1	28.0	12.8	40.9	100.0

[표 35] 북한인권단체 활동 필요성 평가 : 북한인권 문제에 대한 과거청산 준비

[문16-7] 이제부터 불러드리는 북한인권개선을 위한 북한인권단체 활동에 대해 필요한 것인지 아니면 필요하지 않는 것인지 말씀해 주십시오.

(단위 : %)

Base=전체		사례수 (명)	매우 필요하다	대체로 필요하다	①+②	별로 필요하지 않다	전혀 필요하지 않다	③+④	계
■ 전체 ■		**(1000)**	**12.3**	**47.5**	**59.8**	**30.8**	**9.4**	**40.2**	**100.0**
성별		(1000)	12.3	47.5	59.8	30.8	9.4	40.2	100.0
	남자	(495)	14.3	48.3	62.6	27.1	10.3	37.4	100.0
	여자	(505)	10.3	46.7	57.0	34.5	8.5	43.0	100.0
연령		(1000)	12.3	47.5	59.8	30.8	9.4	40.2	100.0
	19-29세	(133)	14.3	41.4	55.6	30.8	13.5	44.4	100.0
	30-39세	(153)	11.8	45.1	56.9	27.5	15.7	43.1	100.0
	40-49세	(175)	12.6	46.3	58.9	31.4	9.7	41.1	100.0
	50-59세	(200)	11.0	48.0	59.0	34.5	6.5	41.0	100.0
	60세이상	(339)	12.4	51.3	63.7	29.8	6.5	36.3	100.0
권역		(1000)	12.3	47.5	59.8	30.8	9.4	40.2	100.0
	서울	(187)	12.3	52.4	64.7	27.8	7.5	35.3	100.0
	인천/경기	(323)	13.6	45.2	58.8	28.8	12.4	41.2	100.0
	대전/세종/충청	(107)	12.1	40.2	52.3	38.3	9.3	47.7	100.0
	광주/전라	(96)	9.4	52.1	61.5	29.2	9.4	38.5	100.0
	대구/경북	(96)	14.6	44.8	59.4	36.5	4.2	40.6	100.0
	부산/울산/경남	(148)	11.5	50.7	62.2	30.4	7.4	37.8	100.0
	강원/제주	(43)	7.0	46.5	53.5	32.6	14.0	46.5	100.0
학력		(1000)	12.3	47.5	59.8	30.8	9.4	40.2	100.0
	고졸이하	(157)	12.7	41.4	54.1	35.0	10.8	45.9	100.0
	대재이상	(843)	12.2	48.6	60.9	30.0	9.1	39.1	100.0
직업		(1000)	12.3	47.5	59.8	30.8	9.4	40.2	100.0
	농/임/어업	(9)	33.3	11.1	44.4	22.2	33.3	55.6	100.0
	자영업	(83)	10.8	49.4	60.2	33.7	6.0	39.8	100.0
	판매/영업/서비스직	(61)	13.1	45.9	59.0	24.6	16.4	41.0	100.0
	생산/기능/노무직	(77)	16.9	50.6	67.5	28.6	3.9	32.5	100.0
	사무/관리/전문직	(540)	11.1	47.8	58.9	31.7	9.4	41.1	100.0
	주부	(99)	10.1	47.5	57.6	35.4	7.1	42.4	100.0
	학생	(37)	21.6	40.5	62.2	21.6	16.2	37.8	100.0
	무직/퇴직/기타	(94)	12.8	48.9	61.7	28.7	9.6	38.3	100.0
가구소득		(1000)	12.3	47.5	59.8	30.8	9.4	40.2	100.0
	200만원이하	(74)	17.6	52.7	70.3	20.3	9.5	29.7	100.0
	201-300만원이하	(133)	11.3	41.4	52.6	34.6	12.8	47.4	100.0
	301-400만원이하	(156)	9.6	52.6	62.2	28.2	9.6	37.8	100.0
	401-500만원이하	(153)	9.8	47.7	57.5	34.6	7.8	42.5	100.0
	501만원 이상	(484)	13.4	46.7	60.1	31.0	8.9	39.9	100.0
이념성향		(1000)	12.3	47.5	59.8	30.8	9.4	40.2	100.0
	진보	(234)	13.7	53.8	67.5	26.9	5.6	32.5	100.0
	중도	(425)	10.4	46.4	56.7	31.1	12.2	43.3	100.0
	보수	(341)	13.8	44.6	58.4	33.1	8.5	41.6	100.0

[계 속]

[표 35] 북한인권단체 활동 필요성 평가 : 북한인권 문제에 대한 과거청산 준비

[문16-7] 이제부터 불러드리는 북한인권개선을 위한 북한인권단체 활동에 대해 필요한 것인지 아니면 필요하지 않는 것인지 말씀해 주십시오.

(단위 : %)

Base=전체	사례수 (명)	매우 필요하다	대체로 필요하다	①+②	별로 필요하지 않다	전혀 필요하지 않다	③+④	계
▣ 전체 ▣	**(1000)**	**12.3**	**47.5**	**59.8**	**30.8**	**9.4**	**40.2**	**100.0**
북한인권 개선	(1000)	12.3	47.5	59.8	30.8	9.4	40.2	100.0
개선되고 있다	(82)	13.4	54.9	68.3	22.0	9.8	31.7	100.0
변함없다	(621)	7.6	49.3	56.8	32.2	11.0	43.2	100.0
나빠지고 있다	(297)	21.9	41.8	63.6	30.3	6.1	36.4	100.0
북한인권 개선 가능성	(1000)	12.3	47.5	59.8	30.8	9.4	40.2	100.0
가능성이 있다	(205)	11.2	53.2	64.4	28.3	7.3	35.6	100.0
가능성이 없다	(795)	12.6	46.0	58.6	31.4	9.9	41.4	100.0
북한인권 관심도	(1000)	12.3	47.5	59.8	30.8	9.4	40.2	100.0
관심이 있다	(646)	16.7	52.5	69.2	24.9	5.9	30.8	100.0
관심이 없다	(354)	4.2	38.4	42.7	41.5	15.8	57.3	100.0
북한인권 심각성	(1000)	12.3	47.5	59.8	30.8	9.4	40.2	100.0
심각하다	(948)	12.8	48.2	61.0	30.9	8.1	39.0	100.0
심각하지 않다	(52)	3.8	34.6	38.5	28.8	32.7	61.5	100.0
북한인권 개입	(1000)	12.3	47.5	59.8	30.8	9.4	40.2	100.0
간섭해서는 안된다	(428)	7.0	35.5	42.5	39.3	18.2	57.5	100.0
개입해야 한다	(572)	16.3	56.5	72.7	24.5	2.8	27.3	100.0
인권단체 도움여부	(1000)	12.3	47.5	59.8	30.8	9.4	40.2	100.0
도움이 된다	(508)	18.1	57.3	75.4	22.2	2.4	24.6	100.0
도움이 안된다	(492)	6.3	37.4	43.7	39.6	16.7	56.3	100.0

[표 36] 전반적 북한인권단체 활동의 북한인권 개선 도움 여부
[문17] 전반적으로 북한인권단체의 활동이 북한인권 개선에 도움이 된다고 생각하십니까,
아니면 도움이 되지 않는다고 생각하십니까?

(단위 : %)

Base=전체	사례수 (명)	매우 도움이 된다	대체로 도움이 된다	별로 도움이 안된다	전혀 도움이 안된다	계
▣ 전체 ▣	**(1000)**	**7.3**	**43.5**	**38.5**	**10.7**	**100.0**
성별	(1000)	7.3	43.5	38.5	10.7	100.0
남자	(495)	9.5	39.2	37.4	13.9	100.0
여자	(505)	5.1	47.7	39.6	7.5	100.0
연령	(1000)	7.3	43.5	38.5	10.7	100.0
19-29세	(133)	6.8	41.4	39.1	12.8	100.0
30-39세	(153)	7.8	39.2	41.8	11.1	100.0
40-49세	(175)	2.9	45.7	37.7	13.7	100.0
50-59세	(200)	3.0	49.5	36.5	11.0	100.0
60세이상	(339)	12.1	41.6	38.3	8.0	100.0
권역	(1000)	7.3	43.5	38.5	10.7	100.0
서울	(187)	5.3	52.4	31.6	10.7	100.0
인천/경기	(323)	8.0	40.2	40.2	11.5	100.0
대전/세종/충청	(107)	10.3	31.8	43.9	14.0	100.0
광주/전라	(96)	3.1	46.9	44.8	5.2	100.0
대구/경북	(96)	7.3	50.0	30.2	12.5	100.0
부산/울산/경남	(148)	7.4	46.6	37.2	8.8	100.0
강원/제주	(43)	11.6	25.6	51.2	11.6	100.0
학력	(1000)	7.3	43.5	38.5	10.7	100.0
고졸이하	(157)	6.4	35.7	45.9	12.1	100.0
대재이상	(843)	7.5	45.0	37.1	10.4	100.0
직업	(1000)	7.3	43.5	38.5	10.7	100.0
농/임/어업	(9)	11.1	11.1	44.4	33.3	100.0
자영업	(83)	7.2	45.8	34.9	12.0	100.0
판매/영업/서비스직	(61)	6.6	45.9	37.7	9.8	100.0
생산/기능/노무직	(77)	5.2	51.9	33.8	9.1	100.0
사무/관리/전문직	(540)	6.3	44.6	37.2	11.9	100.0
주부	(99)	11.1	43.4	39.4	6.1	100.0
학생	(37)	10.8	48.6	35.1	5.4	100.0
무직/퇴직/기타	(94)	9.6	27.7	53.2	9.6	100.0
가구소득	(1000)	7.3	43.5	38.5	10.7	100.0
200만원이하	(74)	12.2	36.5	44.6	6.8	100.0
201-300만원이하	(133)	3.8	45.1	41.4	9.8	100.0
301-400만원이하	(156)	7.7	42.9	39.1	10.3	100.0
401-500만원이하	(153)	7.2	43.1	40.5	9.2	100.0
501만원 이상	(484)	7.4	44.4	36.0	12.2	100.0
이념성향	(1000)	7.3	43.5	38.5	10.7	100.0
진보	(234)	6.4	49.1	39.3	5.1	100.0
중도	(425)	5.2	38.6	42.4	13.9	100.0
보수	(341)	10.6	45.7	33.1	10.6	100.0

[계 속]

[표 36] 전반적 북한인권단체 활동의 북한인권 개선 도움 여부

[문17] 전반적으로 북한인권단체의 활동이 북한인권 개선에 도움이 된다고 생각하십니까,
아니면 도움이 되지 않는다고 생각하십니까?

(단위 : %)

Base=전체	사례수 (명)	매우 도움이 된다	대체로 도움이 된다	별로 도움이 안된다	전혀 도움이 안된다	계
▣ 전체 ▣	**(1000)**	**7.3**	**43.5**	**38.5**	**10.7**	**100.0**
북한인권 개선	(1000)	7.3	43.5	38.5	10.7	100.0
개선되고 있다	(82)	14.6	56.1	23.2	6.1	100.0
변함없다	(621)	3.9	42.4	42.4	11.4	100.0
나빠지고 있다	(297)	12.5	42.4	34.7	10.4	100.0
북한인권 개선 가능성	(1000)	7.3	43.5	38.5	10.7	100.0
가능성이 있다	(205)	9.3	56.1	27.3	7.3	100.0
가능성이 없다	(795)	6.8	40.3	41.4	11.6	100.0
북한인권 관심도	(1000)	7.3	43.5	38.5	10.7	100.0
관심이 있다	(646)	10.4	51.2	32.4	6.0	100.0
관심이 없다	(354)	1.7	29.4	49.7	19.2	100.0
북한인권 심각성	(1000)	7.3	43.5	38.5	10.7	100.0
심각하다	(948)	7.5	44.6	38.4	9.5	100.0
심각하지 않다	(52)	3.8	23.1	40.4	32.7	100.0
북한인권 개입	(1000)	7.3	43.5	38.5	10.7	100.0
간섭해서는 안된다	(428)	4.7	32.7	43.9	18.7	100.0
개입해야 한다	(572)	9.3	51.6	34.4	4.7	100.0
인권단체 도움여부	(1000)	7.3	43.5	38.5	10.7	100.0
도움이 된다	(508)	14.4	85.6	0.0	0.0	100.0
도움이 안된다	(492)	0.0	0.0	78.3	21.7	100.0

[표 37] 북한인권단체 활동 도움 여부 평가 : 대북전단 살포

[문18-1] 그렇다면, 북한인권단체가 수행하는 각 활동들이 북한인권 개선에 도움이 된다고 생각하십니까, 아니면 도움이 되지 않는다고 생각하십니까?

(단위 : %)

Base=전체		사례수 (명)	매우 도움이 된다	대체로 도움이 된다	①+②	별로 도움이 안된다	전혀 도움이 안된다	③+④	계
▣ 전체 ▣		(1000)	8.5	23.5	32.0	40.4	27.6	68.0	100.0
성별		(1000)	8.5	23.5	32.0	40.4	27.6	68.0	100.0
	남자	(495)	10.7	21.2	31.9	35.8	32.3	68.1	100.0
	여자	(505)	6.3	25.7	32.1	45.0	23.0	67.9	100.0
연령		(1000)	8.5	23.5	32.0	40.4	27.6	68.0	100.0
	19-29세	(133)	5.3	24.8	30.1	45.9	24.1	69.9	100.0
	30-39세	(153)	9.8	24.8	34.6	38.6	26.8	65.4	100.0
	40-49세	(175)	6.3	16.6	22.9	43.4	33.7	77.1	100.0
	50-59세	(200)	5.0	23.5	28.5	38.5	33.0	71.5	100.0
	60세이상	(339)	12.4	26.0	38.3	38.6	23.0	61.7	100.0
권역		(1000)	8.5	23.5	32.0	40.4	27.6	68.0	100.0
	서울	(187)	8.0	32.1	40.1	35.8	24.1	59.9	100.0
	인천/경기	(323)	9.3	20.1	29.4	44.0	26.6	70.6	100.0
	대전/세종/충청	(107)	10.3	20.6	30.8	35.5	33.6	69.2	100.0
	광주/전라	(96)	3.1	24.0	27.1	43.8	29.2	72.9	100.0
	대구/경북	(96)	9.4	22.9	32.3	45.8	21.9	67.7	100.0
	부산/울산/경남	(148)	8.1	25.0	33.1	38.5	28.4	66.9	100.0
	강원/제주	(43)	11.6	14.0	25.6	32.6	41.9	74.4	100.0
학력		(1000)	8.5	23.5	32.0	40.4	27.6	68.0	100.0
	고졸이하	(157)	7.6	22.9	30.6	41.4	28.0	69.4	100.0
	대재이상	(843)	8.7	23.6	32.3	40.2	27.5	67.7	100.0
직업		(1000)	8.5	23.5	32.0	40.4	27.6	68.0	100.0
	농/임/어업	(9)	11.1	11.1	22.2	22.2	55.6	77.8	100.0
	자영업	(83)	10.8	21.7	32.5	42.2	25.3	67.5	100.0
	판매/영업/서비스직	(61)	6.6	32.8	39.3	36.1	24.6	60.7	100.0
	생산/기능/노무직	(77)	7.8	31.2	39.0	48.1	13.0	61.0	100.0
	사무/관리/전문직	(540)	7.8	23.0	30.7	37.6	31.7	69.3	100.0
	주부	(99)	13.1	23.2	36.4	42.4	21.2	63.6	100.0
	학생	(37)	8.1	16.2	24.3	51.4	24.3	75.7	100.0
	무직/퇴직/기타	(94)	7.4	20.2	27.7	46.8	25.5	72.3	100.0
가구소득		(1000)	8.5	23.5	32.0	40.4	27.6	68.0	100.0
	200만원이하	(74)	10.8	20.3	31.1	33.8	35.1	68.9	100.0
	201-300만원이하	(133)	4.5	26.3	30.8	48.9	20.3	69.2	100.0
	301-400만원이하	(156)	9.0	30.1	39.1	39.7	21.2	60.9	100.0
	401-500만원이하	(153)	5.2	21.6	26.8	43.1	30.1	73.2	100.0
	501만원 이상	(484)	10.1	21.7	31.8	38.4	29.8	68.2	100.0
이념성향		(1000)	8.5	23.5	32.0	40.4	27.6	68.0	100.0
	진보	(234)	5.6	14.1	19.7	38.5	41.9	80.3	100.0
	중도	(425)	4.5	20.7	25.2	45.4	29.4	74.8	100.0
	보수	(341)	15.5	33.4	49.0	35.5	15.5	51.0	100.0

[계 속]

[표 37] 북한인권단체 활동 도움 여부 평가 : 대북전단 살포

[문18-1] 그렇다면, 북한인권단체가 수행하는 각 활동들이 북한인권 개선에 도움이 된다고 생각하십니까, 아니면 도움이 되지 않는다고 생각하십니까?

(단위 : %)

Base=전체	사례수 (명)	매우 도움이 된다	대체로 도움이 된다	①+②	별로 도움이 안된다	전혀 도움이 안된다	③+④	계
▣ 전체 ▣	**(1000)**	**8.5**	**23.5**	**32.0**	**40.4**	**27.6**	**68.0**	**100.0**
북한인권 개선	(1000)	8.5	23.5	32.0	40.4	27.6	68.0	100.0
개선되고 있다	(82)	12.2	26.8	39.0	28.0	32.9	61.0	100.0
변함없다	(621)	3.9	20.9	24.8	46.2	29.0	75.2	100.0
나빠지고 있다	(297)	17.2	27.9	45.1	31.6	23.2	54.9	100.0
북한인권 개선 가능성	(1000)	8.5	23.5	32.0	40.4	27.6	68.0	100.0
가능성이 있다	(205)	8.3	24.4	32.7	35.6	31.7	67.3	100.0
가능성이 없다	(795)	8.6	23.3	31.8	41.6	26.5	68.2	100.0
북한인권 관심도	(1000)	8.5	23.5	32.0	40.4	27.6	68.0	100.0
관심이 있다	(646)	11.3	28.0	39.3	36.1	24.6	60.7	100.0
관심이 없다	(354)	3.4	15.3	18.6	48.3	33.1	81.4	100.0
북한인권 심각성	(1000)	8.5	23.5	32.0	40.4	27.6	68.0	100.0
심각하다	(948)	8.8	23.7	32.5	41.0	26.5	67.5	100.0
심각하지 않다	(52)	3.8	19.2	23.1	28.8	48.1	76.9	100.0
북한인권 개입	(1000)	8.5	23.5	32.0	40.4	27.6	68.0	100.0
간섭해서는 안된다	(428)	5.4	17.8	23.1	42.5	34.3	76.9	100.0
개입해야 한다	(572)	10.8	27.8	38.6	38.8	22.6	61.4	100.0
인권단체 도움여부	(1000)	8.5	23.5	32.0	40.4	27.6	68.0	100.0
도움이 된다	(508)	13.2	32.9	46.1	36.8	17.1	53.9	100.0
도움이 안된다	(492)	3.7	13.8	17.5	44.1	38.4	82.5	100.0

[표 38] 북한인권단체 활동 도움 여부 평가 : 국내외 세미나 등 인권상황 홍보

[문18-1] 그렇다면, 북한인권단체가 수행하는 각 활동들이 북한인권 개선에 도움이 된다고 생각하십니까, 아니면 도움이 되지 않는다고 생각하십니까?

(단위 : %)

Base=전체		사례수 (명)	매우 도움이 된다	대체로 도움이 된다	①+②	별로 도움이 안된다	전혀 도움이 안된다	③+④	계
▣ 전체 ▣		(1000)	12.5	48.9	61.4	26.8	11.8	38.6	100.0
성별		(1000)	12.5	48.9	61.4	26.8	11.8	38.6	100.0
	남자	(495)	14.5	48.5	63.0	24.8	12.1	37.0	100.0
	여자	(505)	10.5	49.3	59.8	28.7	11.5	40.2	100.0
연령		(1000)	12.5	48.9	61.4	26.8	11.8	38.6	100.0
	19-29세	(133)	11.3	39.1	50.4	32.3	17.3	49.6	100.0
	30-39세	(153)	11.8	45.8	57.5	24.2	18.3	42.5	100.0
	40-49세	(175)	13.1	42.9	56.0	29.1	14.9	44.0	100.0
	50-59세	(200)	10.0	57.5	67.5	22.5	10.0	32.5	100.0
	60세이상	(339)	14.5	52.2	66.7	27.1	6.2	33.3	100.0
권역		(1000)	12.5	48.9	61.4	26.8	11.8	38.6	100.0
	서울	(187)	13.9	49.7	63.6	23.5	12.8	36.4	100.0
	인천/경기	(323)	11.5	48.6	60.1	25.7	14.2	39.9	100.0
	대전/세종/충청	(107)	15.9	36.4	52.3	35.5	12.1	47.7	100.0
	광주/전라	(96)	5.2	57.3	62.5	33.3	4.2	37.5	100.0
	대구/경북	(96)	13.5	52.1	65.6	26.0	8.3	34.4	100.0
	부산/울산/경남	(148)	14.2	51.4	65.5	25.7	8.8	34.5	100.0
	강원/제주	(43)	14.0	44.2	58.1	18.6	23.3	41.9	100.0
학력		(1000)	12.5	48.9	61.4	26.8	11.8	38.6	100.0
	고졸이하	(157)	8.3	38.2	46.5	36.9	16.6	53.5	100.0
	대재이상	(843)	13.3	50.9	64.2	24.9	10.9	35.8	100.0
직업		(1000)	12.5	48.9	61.4	26.8	11.8	38.6	100.0
	농/임/어업	(9)	11.1	22.2	33.3	33.3	33.3	66.7	100.0
	자영업	(83)	15.7	47.0	62.7	27.7	9.6	37.3	100.0
	판매/영업/서비스직	(61)	14.8	44.3	59.0	24.6	16.4	41.0	100.0
	생산/기능/노무직	(77)	14.3	48.1	62.3	29.9	7.8	37.7	100.0
	사무/관리/전문직	(540)	11.7	50.0	61.7	25.9	12.4	38.3	100.0
	주부	(99)	11.1	50.5	61.6	29.3	9.1	38.4	100.0
	학생	(37)	18.9	45.9	64.9	24.3	10.8	35.1	100.0
	무직/퇴직/기타	(94)	10.6	50.0	60.6	27.7	11.7	39.4	100.0
가구소득		(1000)	12.5	48.9	61.4	26.8	11.8	38.6	100.0
	200만원이하	(74)	12.2	41.9	54.1	29.7	16.2	45.9	100.0
	201-300만원이하	(133)	6.8	45.9	52.6	36.1	11.3	47.4	100.0
	301-400만원이하	(156)	16.7	41.7	58.3	30.8	10.9	41.7	100.0
	401-500만원이하	(153)	7.8	51.0	58.8	27.5	13.7	41.2	100.0
	501만원 이상	(484)	14.3	52.5	66.7	22.3	11.0	33.3	100.0
이념성향		(1000)	12.5	48.9	61.4	26.8	11.8	38.6	100.0
	진보	(234)	10.3	56.4	66.7	26.5	6.8	33.3	100.0
	중도	(425)	10.6	45.9	56.5	27.3	16.2	43.5	100.0
	보수	(341)	16.4	47.5	63.9	26.4	9.7	36.1	100.0

[계 속]

[표 38] 북한인권단체 활동 도움 여부 평가 : 국내외 세미나 등 인권상황 홍보

[문18-1] 그렇다면, 북한인권단체가 수행하는 각 활동들이 북한인권 개선에 도움이 된다고 생각하십니까, 아니면 도움이 되지 않는다고 생각하십니까?

(단위 : %)

Base=전체	사례수 (명)	매우 도움이 된다	대체로 도움이 된다	①+②	별로 도움이 안된다	전혀 도움이 안된다	③+④	계
▣ 전체 ▣	**(1000)**	**12.5**	**48.9**	**61.4**	**26.8**	**11.8**	**38.6**	**100.0**
북한인권 개선	(1000)	12.5	48.9	61.4	26.8	11.8	38.6	100.0
개선되고 있다	(82)	11.0	50.0	61.0	25.6	13.4	39.0	100.0
변함없다	(621)	7.7	50.1	57.8	28.8	13.4	42.2	100.0
나빠지고 있다	(297)	22.9	46.1	69.0	22.9	8.1	31.0	100.0
북한인권 개선 가능성	(1000)	12.5	48.9	61.4	26.8	11.8	38.6	100.0
가능성이 있다	(205)	11.7	53.2	64.9	24.9	10.2	35.1	100.0
가능성이 없다	(795)	12.7	47.8	60.5	27.3	12.2	39.5	100.0
북한인권 관심도	(1000)	12.5	48.9	61.4	26.8	11.8	38.6	100.0
관심이 있다	(646)	16.7	54.5	71.2	22.6	6.2	28.8	100.0
관심이 없다	(354)	4.8	38.7	43.5	34.5	22.0	56.5	100.0
북한인권 심각성	(1000)	12.5	48.9	61.4	26.8	11.8	38.6	100.0
심각하다	(948)	13.0	50.5	63.5	26.2	10.3	36.5	100.0
심각하지 않다	(52)	3.8	19.2	23.1	38.5	38.5	76.9	100.0
북한인권 개입	(1000)	12.5	48.9	61.4	26.8	11.8	38.6	100.0
간섭해서는 안된다	(428)	6.1	37.6	43.7	34.3	22.0	56.3	100.0
개입해야 한다	(572)	17.3	57.3	74.7	21.2	4.2	25.3	100.0
인권단체 도움여부	(1000)	12.5	48.9	61.4	26.8	11.8	38.6	100.0
도움이 된다	(508)	20.3	62.8	83.1	14.2	2.8	16.9	100.0
도움이 안된다	(492)	4.5	34.6	39.0	39.8	21.1	61.0	100.0

[표 39] 북한인권단체 활동 도움 여부 평가 : 대북인권방송을 통한 북한주민 의식교육

[문18-1] 그렇다면, 북한인권단체가 수행하는 각 활동들이 북한인권 개선에 도움이 된다고 생각하십니까, 아니면 도움이 되지 않는다고 생각하십니까?

(단위 : %)

Base=전체	사례수 (명)	매우 도움이 된다	대체로 도움이 된다	①+②	별로 도움이 안된다	전혀 도움이 안된다	③+④	계
▣ 전체 ▣	(1000)	12.9	41.3	54.2	31.5	14.3	45.8	100.0
성별	(1000)	12.9	41.3	54.2	31.5	14.3	45.8	100.0
남자	(495)	16.0	39.2	55.2	30.5	14.3	44.8	100.0
여자	(505)	9.9	43.4	53.3	32.5	14.3	46.7	100.0
연령	(1000)	12.9	41.3	54.2	31.5	14.3	45.8	100.0
19-29세	(133)	12.8	38.3	51.1	30.8	18.0	48.9	100.0
30-39세	(153)	11.1	43.8	54.9	28.1	17.0	45.1	100.0
40-49세	(175)	9.1	40.6	49.7	31.4	18.9	50.3	100.0
50-59세	(200)	7.5	43.0	50.5	36.0	13.5	49.5	100.0
60세이상	(339)	18.9	40.7	59.6	30.7	9.7	40.4	100.0
권역	(1000)	12.9	41.3	54.2	31.5	14.3	45.8	100.0
서울	(187)	14.4	40.1	54.5	32.1	13.4	45.5	100.0
인천/경기	(323)	11.1	44.9	56.0	27.6	16.4	44.0	100.0
대전/세종/충청	(107)	17.8	29.0	46.7	36.4	16.8	53.3	100.0
광주/전라	(96)	6.3	50.0	56.3	30.2	13.5	43.8	100.0
대구/경북	(96)	17.7	41.7	59.4	31.3	9.4	40.6	100.0
부산/울산/경남	(148)	13.5	39.2	52.7	37.2	10.1	47.3	100.0
강원/제주	(43)	9.3	37.2	46.5	30.2	23.3	53.5	100.0
학력	(1000)	12.9	41.3	54.2	31.5	14.3	45.8	100.0
고졸이하	(157)	14.6	34.4	49.0	33.8	17.2	51.0	100.0
대재이상	(843)	12.6	42.6	55.2	31.1	13.8	44.8	100.0
직업	(1000)	12.9	41.3	54.2	31.5	14.3	45.8	100.0
농/임/어업	(9)	11.1	22.2	33.3	22.2	44.4	66.7	100.0
자영업	(83)	12.0	50.6	62.7	27.7	9.6	37.3	100.0
판매/영업/서비스직	(61)	19.7	44.3	63.9	21.3	14.8	36.1	100.0
생산/기능/노무직	(77)	11.7	49.4	61.0	28.6	10.4	39.0	100.0
사무/관리/전문직	(540)	11.3	39.6	50.9	33.3	15.7	49.1	100.0
주부	(99)	17.2	39.4	56.6	31.3	12.1	43.4	100.0
학생	(37)	21.6	29.7	51.4	32.4	16.2	48.6	100.0
무직/퇴직/기타	(94)	11.7	42.6	54.3	34.0	11.7	45.7	100.0
가구소득	(1000)	12.9	41.3	54.2	31.5	14.3	45.8	100.0
200만원이하	(74)	18.9	43.2	62.2	20.3	17.6	37.8	100.0
201-300만원이하	(133)	12.8	39.1	51.9	33.8	14.3	48.1	100.0
301-400만원이하	(156)	15.4	41.0	56.4	31.4	12.2	43.6	100.0
401-500만원이하	(153)	9.2	39.2	48.4	34.6	17.0	51.6	100.0
501만원 이상	(484)	12.4	42.4	54.8	31.6	13.6	45.2	100.0
이념성향	(1000)	12.9	41.3	54.2	31.5	14.3	45.8	100.0
진보	(234)	10.7	42.7	53.4	33.8	12.8	46.6	100.0
중도	(425)	8.9	38.8	47.8	33.6	18.6	52.2	100.0
보수	(341)	19.4	43.4	62.8	27.3	10.0	37.2	100.0

[계 속]

[표 39] 북한인권단체 활동 도움 여부 평가 : 대북인권방송을 통한 북한주민 의식교육

[문18-1] 그렇다면, 북한인권단체가 수행하는 각 활동들이 북한인권 개선에 도움이 된다고 생각하십니까, 아니면 도움이 되지 않는다고 생각하십니까?

(단위 : %)

Base=전체	사례수 (명)	매우 도움이 된다	대체로 도움이 된다	①+②	별로 도움이 안된다	전혀 도움이 안된다	③+④	계
▣ 전체 ▣	**(1000)**	**12.9**	**41.3**	**54.2**	**31.5**	**14.3**	**45.8**	**100.0**
북한인권 개선	(1000)	12.9	41.3	54.2	31.5	14.3	45.8	100.0
개선되고 있다	(82)	11.0	45.1	56.1	24.4	19.5	43.9	100.0
변함없다	(621)	6.9	42.8	49.8	35.6	14.7	50.2	100.0
나빠지고 있다	(297)	25.9	37.0	63.0	24.9	12.1	37.0	100.0
북한인권 개선 가능성	(1000)	12.9	41.3	54.2	31.5	14.3	45.8	100.0
가능성이 있다	(205)	8.8	39.0	47.8	38.0	14.1	52.2	100.0
가능성이 없다	(795)	14.0	41.9	55.8	29.8	14.3	44.2	100.0
북한인권 관심도	(1000)	12.9	41.3	54.2	31.5	14.3	45.8	100.0
관심이 있다	(646)	18.4	45.7	64.1	26.5	9.4	35.9	100.0
관심이 없다	(354)	2.8	33.3	36.2	40.7	23.2	63.8	100.0
북한인권 심각성	(1000)	12.9	41.3	54.2	31.5	14.3	45.8	100.0
심각하다	(948)	13.3	42.2	55.5	31.6	12.9	44.5	100.0
심각하지 않다	(52)	5.8	25.0	30.8	28.8	40.4	69.2	100.0
북한인권 개입	(1000)	12.9	41.3	54.2	31.5	14.3	45.8	100.0
간섭해서는 안된다	(428)	7.5	32.2	39.7	36.9	23.4	60.3	100.0
개입해야 한다	(572)	17.0	48.1	65.0	27.4	7.5	35.0	100.0
인권단체 도움여부	(1000)	12.9	41.3	54.2	31.5	14.3	45.8	100.0
도움이 된다	(508)	19.7	53.3	73.0	22.8	4.1	27.0	100.0
도움이 안된다	(492)	5.9	28.9	34.8	40.4	24.8	65.2	100.0

[표 40] 북한인권단체 활동 도움 여부 평가 : 북한인권법 시행 등 제도적 준비

[문18-1] 그렇다면, 북한인권단체가 수행하는 각 활동들이 북한인권 개선에 도움이 된다고 생각하십니까, 아니면 도움이 되지 않는다고 생각하십니까?

(단위 : %)

Base=전체		사례수 (명)	매우 도움이 된다	대체로 도움이 된다	①+②	별로 도움이 안된다	전혀 도움이 안된다	③+④	계
▣ 전체 ▣		(1000)	11.0	43.8	54.8	31.3	13.9	45.2	100.0
성별		(1000)	11.0	43.8	54.8	31.3	13.9	45.2	100.0
	남자	(495)	12.9	39.8	52.7	30.5	16.8	47.3	100.0
	여자	(505)	9.1	47.7	56.8	32.1	11.1	43.2	100.0
연령		(1000)	11.0	43.8	54.8	31.3	13.9	45.2	100.0
	19-29세	(133)	8.3	42.9	51.1	30.1	18.8	48.9	100.0
	30-39세	(153)	9.8	41.2	51.0	32.7	16.3	49.0	100.0
	40-49세	(175)	9.1	40.6	49.7	31.4	18.9	50.3	100.0
	50-59세	(200)	11.0	46.5	57.5	29.0	13.5	42.5	100.0
	60세이상	(339)	13.6	45.4	59.0	32.4	8.6	41.0	100.0
권역		(1000)	11.0	43.8	54.8	31.3	13.9	45.2	100.0
	서울	(187)	10.7	46.5	57.2	30.5	12.3	42.8	100.0
	인천/경기	(323)	10.2	43.0	53.3	30.7	16.1	46.7	100.0
	대전/세종/충청	(107)	8.4	43.0	51.4	33.6	15.0	48.6	100.0
	광주/전라	(96)	11.5	45.8	57.3	34.4	8.3	42.7	100.0
	대구/경북	(96)	12.5	41.7	54.2	29.2	16.7	45.8	100.0
	부산/울산/경남	(148)	12.2	44.6	56.8	31.8	11.5	43.2	100.0
	강원/제주	(43)	16.3	37.2	53.5	30.2	16.3	46.5	100.0
학력		(1000)	11.0	43.8	54.8	31.3	13.9	45.2	100.0
	고졸이하	(157)	9.6	40.1	49.7	32.5	17.8	50.3	100.0
	대재이상	(843)	11.3	44.5	55.8	31.1	13.2	44.2	100.0
직업		(1000)	11.0	43.8	54.8	31.3	13.9	45.2	100.0
	농/임/어업	(9)	11.1	22.2	33.3	22.2	44.4	66.7	100.0
	자영업	(83)	8.4	50.6	59.0	27.7	13.3	41.0	100.0
	판매/영업/서비스직	(61)	11.5	45.9	57.4	23.0	19.7	42.6	100.0
	생산/기능/노무직	(77)	14.3	45.5	59.7	31.2	9.1	40.3	100.0
	사무/관리/전문직	(540)	10.6	42.2	52.8	33.0	14.3	47.2	100.0
	주부	(99)	13.1	45.5	58.6	31.3	10.1	41.4	100.0
	학생	(37)	13.5	45.9	59.5	27.0	13.5	40.5	100.0
	무직/퇴직/기타	(94)	9.6	43.6	53.2	33.0	13.8	46.8	100.0
가구소득		(1000)	11.0	43.8	54.8	31.3	13.9	45.2	100.0
	200만원이하	(74)	13.5	43.2	56.8	27.0	16.2	43.2	100.0
	201-300만원이하	(133)	9.8	37.6	47.4	39.8	12.8	52.6	100.0
	301-400만원이하	(156)	10.3	44.2	54.5	34.6	10.9	45.5	100.0
	401-500만원이하	(153)	8.5	45.8	54.2	29.4	16.3	45.8	100.0
	501만원 이상	(484)	12.0	44.8	56.8	29.1	14.0	43.2	100.0
이념성향		(1000)	11.0	43.8	54.8	31.3	13.9	45.2	100.0
	진보	(234)	11.1	52.1	63.2	25.6	11.1	36.8	100.0
	중도	(425)	8.9	41.6	50.6	32.9	16.5	49.4	100.0
	보수	(341)	13.5	40.8	54.3	33.1	12.6	45.7	100.0

[계 속]

[표 40] 북한인권단체 활동 도움 여부 평가 : 북한인권법 시행 등 제도적 준비

[문18-1] 그렇다면, 북한인권단체가 수행하는 각 활동들이 북한인권 개선에 도움이 된다고 생각하십니까, 아니면 도움이 되지 않는다고 생각하십니까?

(단위 : %)

Base=전체	사례수 (명)	매우 도움이 된다	대체로 도움이 된다	①+②	별로 도움이 안된다	전혀 도움이 안된다	③+④	계
▣ 전체 ▣	**(1000)**	**11.0**	**43.8**	**54.8**	**31.3**	**13.9**	**45.2**	**100.0**
북한인권 개선	(1000)	11.0	43.8	54.8	31.3	13.9	45.2	100.0
개선되고 있다	(82)	13.4	46.3	59.8	29.3	11.0	40.2	100.0
변함없다	(621)	6.6	45.2	51.9	33.0	15.1	48.1	100.0
나빠지고 있다	(297)	19.5	40.1	59.6	28.3	12.1	40.4	100.0
북한인권 개선 가능성	(1000)	11.0	43.8	54.8	31.3	13.9	45.2	100.0
가능성이 있다	(205)	11.7	47.8	59.5	29.3	11.2	40.5	100.0
가능성이 없다	(795)	10.8	42.8	53.6	31.8	14.6	46.4	100.0
북한인권 관심도	(1000)	11.0	43.8	54.8	31.3	13.9	45.2	100.0
관심이 있다	(646)	15.6	49.5	65.2	27.1	7.7	34.8	100.0
관심이 없다	(354)	2.5	33.3	35.9	39.0	25.1	64.1	100.0
북한인권 심각성	(1000)	11.0	43.8	54.8	31.3	13.9	45.2	100.0
심각하다	(948)	11.4	44.9	56.3	31.0	12.7	43.7	100.0
심각하지 않다	(52)	3.8	23.1	26.9	36.5	36.5	73.1	100.0
북한인권 개입	(1000)	11.0	43.8	54.8	31.3	13.9	45.2	100.0
간섭해서는 안된다	(428)	5.4	30.8	36.2	40.4	23.4	63.8	100.0
개입해야 한다	(572)	15.2	53.5	68.7	24.5	6.8	31.3	100.0
인권단체 도움여부	(1000)	11.0	43.8	54.8	31.3	13.9	45.2	100.0
도움이 된다	(508)	18.9	59.8	78.7	17.3	3.9	21.3	100.0
도움이 안된다	(492)	2.8	27.2	30.1	45.7	24.2	69.9	100.0

[표 41] 북한인권단체 활동 도움 여부 평가 : 의료지원, 식량지원 등 대북지원

[문18-1] 그렇다면, 북한인권단체가 수행하는 각 활동들이 북한인권 개선에 도움이 된다고 생각하십니까, 아니면 도움이 되지 않는다고 생각하십니까?

(단위 : %)

Base=전체		사례수 (명)	매우 도움이 된다	대체로 도움이 된다	①+②	별로 도움이 안된다	전혀 도움이 안된다	③+④	계
▣ 전체 ▣		**(1000)**	**12.8**	**40.7**	**53.5**	**31.4**	**15.1**	**46.5**	**100.0**
성별		(1000)	12.8	40.7	53.5	31.4	15.1	46.5	100.0
	남자	(495)	14.1	41.4	55.6	27.3	17.2	44.4	100.0
	여자	(505)	11.5	40.0	51.5	35.4	13.1	48.5	100.0
연령		(1000)	12.8	40.7	53.5	31.4	15.1	46.5	100.0
	19-29세	(133)	11.3	31.6	42.9	37.6	19.5	57.1	100.0
	30-39세	(153)	11.1	37.9	49.0	31.4	19.6	51.0	100.0
	40-49세	(175)	9.1	36.6	45.7	37.1	17.1	54.3	100.0
	50-59세	(200)	14.0	49.5	63.5	26.5	10.0	36.5	100.0
	60세이상	(339)	15.3	42.5	57.8	28.9	13.3	42.2	100.0
권역		(1000)	12.8	40.7	53.5	31.4	15.1	46.5	100.0
	서울	(187)	14.4	41.7	56.1	31.6	12.3	43.9	100.0
	인천/경기	(323)	9.9	39.6	49.5	35.3	15.2	50.5	100.0
	대전/세종/충청	(107)	16.8	36.4	53.3	30.8	15.9	46.7	100.0
	광주/전라	(96)	18.8	45.8	64.6	21.9	13.5	35.4	100.0
	대구/경북	(96)	8.3	44.8	53.1	29.2	17.7	46.9	100.0
	부산/울산/경남	(148)	12.2	41.9	54.1	30.4	15.5	45.9	100.0
	강원/제주	(43)	16.3	30.2	46.5	32.6	20.9	53.5	100.0
학력		(1000)	12.8	40.7	53.5	31.4	15.1	46.5	100.0
	고졸이하	(157)	15.9	31.8	47.8	34.4	17.8	52.2	100.0
	대재이상	(843)	12.2	42.3	54.6	30.8	14.6	45.4	100.0
직업		(1000)	12.8	40.7	53.5	31.4	15.1	46.5	100.0
	농/임/어업	(9)	11.1	22.2	33.3	33.3	33.3	66.7	100.0
	자영업	(83)	12.0	45.8	57.8	31.3	10.8	42.2	100.0
	판매/영업/서비스직	(61)	14.8	31.1	45.9	41.0	13.1	54.1	100.0
	생산/기능/노무직	(77)	23.4	41.6	64.9	19.5	15.6	35.1	100.0
	사무/관리/전문직	(540)	11.5	42.2	53.7	30.9	15.4	46.3	100.0
	주부	(99)	11.1	41.4	52.5	33.3	14.1	47.5	100.0
	학생	(37)	13.5	35.1	48.6	35.1	16.2	51.4	100.0
	무직/퇴직/기타	(94)	12.8	36.2	48.9	34.0	17.0	51.1	100.0
가구소득		(1000)	12.8	40.7	53.5	31.4	15.1	46.5	100.0
	200만원이하	(74)	20.3	43.2	63.5	24.3	12.2	36.5	100.0
	201-300만원이하	(133)	6.8	40.6	47.4	36.1	16.5	52.6	100.0
	301-400만원이하	(156)	9.6	38.5	48.1	35.3	16.7	51.9	100.0
	401-500만원이하	(153)	11.8	42.5	54.2	28.1	17.6	45.8	100.0
	501만원 이상	(484)	14.7	40.5	55.2	31.0	13.8	44.8	100.0
이념성향		(1000)	12.8	40.7	53.5	31.4	15.1	46.5	100.0
	진보	(234)	17.5	52.6	70.1	22.6	7.3	29.9	100.0
	중도	(425)	9.9	37.4	47.3	34.1	18.6	52.7	100.0
	보수	(341)	13.2	36.7	49.9	34.0	16.1	50.1	100.0

[계 속]

[표 41] 북한인권단체 활동 도움 여부 평가 : 의료지원, 식량지원 등 대북지원

[문18-1] 그렇다면, 북한인권단체가 수행하는 각 활동들이 북한인권 개선에 도움이 된다고 생각하십니까, 아니면 도움이 되지 않는다고 생각하십니까?

(단위 : %)

Base=전체	사례수 (명)	매우 도움이 된다	대체로 도움이 된다	①+②	별로 도움이 안된다	전혀 도움이 안된다	③+④	계
▣ 전체 ▣	**(1000)**	**12.8**	**40.7**	**53.5**	**31.4**	**15.1**	**46.5**	**100.0**
북한인권 개선	(1000)	12.8	40.7	53.5	31.4	15.1	46.5	100.0
개선되고 있다	(82)	23.2	40.2	63.4	29.3	7.3	36.6	100.0
변함없다	(621)	10.1	43.5	53.6	31.6	14.8	46.4	100.0
나빠지고 있다	(297)	15.5	35.0	50.5	31.6	17.8	49.5	100.0
북한인권 개선 가능성	(1000)	12.8	40.7	53.5	31.4	15.1	46.5	100.0
가능성이 있다	(205)	18.0	50.2	68.3	25.4	6.3	31.7	100.0
가능성이 없다	(795)	11.4	38.2	49.7	33.0	17.4	50.3	100.0
북한인권 관심도	(1000)	12.8	40.7	53.5	31.4	15.1	46.5	100.0
관심이 있다	(646)	17.0	46.0	63.0	27.1	9.9	37.0	100.0
관심이 없다	(354)	5.1	31.1	36.2	39.3	24.6	63.8	100.0
북한인권 심각성	(1000)	12.8	40.7	53.5	31.4	15.1	46.5	100.0
심각하다	(948)	13.0	41.5	54.4	31.2	14.3	45.6	100.0
심각하지 않다	(52)	9.6	26.9	36.5	34.6	28.8	63.5	100.0
북한인권 개입	(1000)	12.8	40.7	53.5	31.4	15.1	46.5	100.0
간섭해서는 안된다	(428)	9.1	30.4	39.5	36.7	23.8	60.5	100.0
개입해야 한다	(572)	15.6	48.4	64.0	27.4	8.6	36.0	100.0
인권단체 도움여부	(1000)	12.8	40.7	53.5	31.4	15.1	46.5	100.0
도움이 된다	(508)	18.5	52.2	70.7	24.2	5.1	29.3	100.0
도움이 안된다	(492)	6.9	28.9	35.8	38.8	25.4	64.2	100.0

[표 42] 북한인권단체 활동 도움 여부 평가 : 북한인권 피해 기록 및 보관

[문18-1] 그렇다면, 북한인권단체가 수행하는 각 활동들이 북한인권 개선에 도움이 된다고 생각하십니까, 아니면 도움이 되지 않는다고 생각하십니까?

(단위 : %)

Base=전체		사례수 (명)	매우 도움이 된다	대체로 도움이 된다	①+②	별로 도움이 안된다	전혀 도움이 안된다	③+④	계
▣ 전체 ▣		(1000)	14.3	46.9	61.2	27.8	11.0	38.8	100.0
성별		(1000)	14.3	46.9	61.2	27.8	11.0	38.8	100.0
	남자	(495)	15.8	44.8	60.6	26.5	12.9	39.4	100.0
	여자	(505)	12.9	48.9	61.8	29.1	9.1	38.2	100.0
연령		(1000)	14.3	46.9	61.2	27.8	11.0	38.8	100.0
	19-29세	(133)	14.3	43.6	57.9	28.6	13.5	42.1	100.0
	30-39세	(153)	10.5	49.7	60.1	18.3	21.6	39.9	100.0
	40-49세	(175)	11.4	40.0	51.4	38.3	10.3	48.6	100.0
	50-59세	(200)	14.0	52.5	66.5	24.0	9.5	33.5	100.0
	60세이상	(339)	17.7	47.2	64.9	28.6	6.5	35.1	100.0
권역		(1000)	14.3	46.9	61.2	27.8	11.0	38.8	100.0
	서울	(187)	16.6	49.7	66.3	25.7	8.0	33.7	100.0
	인천/경기	(323)	13.3	46.7	60.1	26.0	13.9	39.9	100.0
	대전/세종/충청	(107)	18.7	36.4	55.1	33.6	11.2	44.9	100.0
	광주/전라	(96)	13.5	45.8	59.4	34.4	6.3	40.6	100.0
	대구/경북	(96)	11.5	54.2	65.6	24.0	10.4	34.4	100.0
	부산/울산/경남	(148)	12.8	50.7	63.5	27.0	9.5	36.5	100.0
	강원/제주	(43)	14.0	34.9	48.8	32.6	18.6	51.2	100.0
학력		(1000)	14.3	46.9	61.2	27.8	11.0	38.8	100.0
	고졸이하	(157)	14.0	35.7	49.7	33.1	17.2	50.3	100.0
	대재이상	(843)	14.4	49.0	63.3	26.8	9.8	36.7	100.0
직업		(1000)	14.3	46.9	61.2	27.8	11.0	38.8	100.0
	농/임/어업	(9)	11.1	44.4	55.6	11.1	33.3	44.4	100.0
	자영업	(83)	10.8	50.6	61.4	28.9	9.6	38.6	100.0
	판매/영업/서비스직	(61)	23.0	36.1	59.0	27.9	13.1	41.0	100.0
	생산/기능/노무직	(77)	15.6	45.5	61.0	29.9	9.1	39.0	100.0
	사무/관리/전문직	(540)	12.6	49.6	62.2	26.5	11.3	37.8	100.0
	주부	(99)	13.1	45.5	58.6	33.3	8.1	41.4	100.0
	학생	(37)	24.3	37.8	62.2	21.6	16.2	37.8	100.0
	무직/퇴직/기타	(94)	18.1	41.5	59.6	30.9	9.6	40.4	100.0
가구소득		(1000)	14.3	46.9	61.2	27.8	11.0	38.8	100.0
	200만원이하	(74)	17.6	47.3	64.9	21.6	13.5	35.1	100.0
	201-300만원이하	(133)	9.0	45.1	54.1	34.6	11.3	45.9	100.0
	301-400만원이하	(156)	14.7	42.9	57.7	30.8	11.5	42.3	100.0
	401-500만원이하	(153)	13.1	45.1	58.2	30.7	11.1	41.8	100.0
	501만원 이상	(484)	15.5	49.2	64.7	25.0	10.3	35.3	100.0
이념성향		(1000)	14.3	46.9	61.2	27.8	11.0	38.8	100.0
	진보	(234)	15.8	59.8	75.6	17.5	6.8	24.4	100.0
	중도	(425)	10.4	44.0	54.4	31.5	14.1	45.6	100.0
	보수	(341)	18.2	41.6	59.8	30.2	10.0	40.2	100.0

[계 속]

[표 42] 북한인권단체 활동 도움 여부 평가 : 북한인권 피해 기록 및 보관

[문18-1] 그렇다면, 북한인권단체가 수행하는 각 활동들이 북한인권 개선에 도움이 된다고 생각하십니까, 아니면 도움이 되지 않는다고 생각하십니까?

(단위 : %)

Base=전체	사례수 (명)	매우 도움이 된다	대체로 도움이 된다	①+②	별로 도움이 안된다	전혀 도움이 안된다	③+④	계
▣ 전체 ▣	**(1000)**	**14.3**	**46.9**	**61.2**	**27.8**	**11.0**	**38.8**	**100.0**
북한인권 개선	(1000)	14.3	46.9	61.2	27.8	11.0	38.8	100.0
개선되고 있다	(82)	15.9	48.8	64.6	22.0	13.4	35.4	100.0
변함없다	(621)	9.5	48.1	57.6	30.6	11.8	42.4	100.0
나빠지고 있다	(297)	23.9	43.8	67.7	23.6	8.8	32.3	100.0
북한인권 개선 가능성	(1000)	14.3	46.9	61.2	27.8	11.0	38.8	100.0
가능성이 있다	(205)	14.1	53.2	67.3	24.9	7.8	32.7	100.0
가능성이 없다	(795)	14.3	45.3	59.6	28.6	11.8	40.4	100.0
북한인권 관심도	(1000)	14.3	46.9	61.2	27.8	11.0	38.8	100.0
관심이 있다	(646)	19.5	51.7	71.2	22.4	6.3	28.8	100.0
관심이 없다	(354)	4.8	38.1	42.9	37.6	19.5	57.1	100.0
북한인권 심각성	(1000)	14.3	46.9	61.2	27.8	11.0	38.8	100.0
심각하다	(948)	15.0	48.0	63.0	27.0	10.0	37.0	100.0
심각하지 않다	(52)	1.9	26.9	28.8	42.3	28.8	71.2	100.0
북한인권 개입	(1000)	14.3	46.9	61.2	27.8	11.0	38.8	100.0
간섭해서는 안된다	(428)	6.8	35.5	42.3	38.1	19.6	57.7	100.0
개입해야 한다	(572)	19.9	55.4	75.3	20.1	4.5	24.7	100.0
인권단체 도움여부	(1000)	14.3	46.9	61.2	27.8	11.0	38.8	100.0
도움이 된다	(508)	22.2	60.8	83.1	14.2	2.8	16.9	100.0
도움이 안된다	(492)	6.1	32.5	38.6	41.9	19.5	61.4	100.0

[표 43] 북한인권단체 활동 도움 여부 평가 : 북한인권 문제에 대한 과거청산 준비

[문18-1] 그렇다면, 북한인권단체가 수행하는 각 활동들이 북한인권 개선에 도움이 된다고 생각하십니까, 아니면 도움이 되지 않는다고 생각하십니까?

(단위 : %)

Base=전체		사례수 (명)	매우 도움이 된다	대체로 도움이 된다	①+②	별로 도움이 안된다	전혀 도움이 안된다	③+④	계
▣ 전체 ▣		**(1000)**	**9.2**	**40.0**	**49.2**	**38.1**	**12.7**	**50.8**	**100.0**
성별		(1000)	9.2	40.0	49.2	38.1	12.7	50.8	100.0
	남자	(495)	11.1	41.4	52.5	33.7	13.7	47.5	100.0
	여자	(505)	7.3	38.6	45.9	42.4	11.7	54.1	100.0
연령		(1000)	9.2	40.0	49.2	38.1	12.7	50.8	100.0
	19-29세	(133)	12.0	31.6	43.6	42.1	14.3	56.4	100.0
	30-39세	(153)	7.2	40.5	47.7	36.6	15.7	52.3	100.0
	40-49세	(175)	9.7	34.9	44.6	38.9	16.6	55.4	100.0
	50-59세	(200)	6.5	46.5	53.0	34.0	13.0	47.0	100.0
	60세이상	(339)	10.3	41.9	52.2	39.2	8.6	47.8	100.0
권역		(1000)	9.2	40.0	49.2	38.1	12.7	50.8	100.0
	서울	(187)	9.1	45.5	54.5	35.3	10.2	45.5	100.0
	인천/경기	(323)	9.6	36.8	46.4	38.4	15.2	53.6	100.0
	대전/세종/충청	(107)	10.3	30.8	41.1	43.0	15.9	58.9	100.0
	광주/전라	(96)	7.3	44.8	52.1	41.7	6.3	47.9	100.0
	대구/경북	(96)	9.4	44.8	54.2	32.3	13.5	45.8	100.0
	부산/울산/경남	(148)	9.5	40.5	50.0	39.9	10.1	50.0	100.0
	강원/제주	(43)	7.0	39.5	46.5	34.9	18.6	53.5	100.0
학력		(1000)	9.2	40.0	49.2	38.1	12.7	50.8	100.0
	고졸이하	(157)	8.9	30.6	39.5	41.4	19.1	60.5	100.0
	대재이상	(843)	9.3	41.8	51.0	37.5	11.5	49.0	100.0
직업		(1000)	9.2	40.0	49.2	38.1	12.7	50.8	100.0
	농/임/어업	(9)	11.1	22.2	33.3	33.3	33.3	66.7	100.0
	자영업	(83)	8.4	45.8	54.2	33.7	12.0	45.8	100.0
	판매/영업/서비스직	(61)	11.5	32.8	44.3	39.3	16.4	55.7	100.0
	생산/기능/노무직	(77)	13.0	54.5	67.5	26.0	6.5	32.5	100.0
	사무/관리/전문직	(540)	7.8	39.6	47.4	39.1	13.5	52.6	100.0
	주부	(99)	8.1	38.4	46.5	43.4	10.1	53.5	100.0
	학생	(37)	18.9	24.3	43.2	43.2	13.5	56.8	100.0
	무직/퇴직/기타	(94)	10.6	39.4	50.0	38.3	11.7	50.0	100.0
가구소득		(1000)	9.2	40.0	49.2	38.1	12.7	50.8	100.0
	200만원이하	(74)	12.2	40.5	52.7	35.1	12.2	47.3	100.0
	201-300만원이하	(133)	6.8	36.1	42.9	44.4	12.8	57.1	100.0
	301-400만원이하	(156)	10.3	39.1	49.4	39.7	10.9	50.6	100.0
	401-500만원이하	(153)	7.8	40.5	48.4	37.3	14.4	51.6	100.0
	501만원 이상	(484)	9.5	41.1	50.6	36.6	12.8	49.4	100.0
이념성향		(1000)	9.2	40.0	49.2	38.1	12.7	50.8	100.0
	진보	(234)	9.8	47.4	57.3	33.8	9.0	42.7	100.0
	중도	(425)	7.1	37.9	44.9	39.1	16.0	55.1	100.0
	보수	(341)	11.4	37.5	49.0	39.9	11.1	51.0	100.0

[계 속]

[표 43] 북한인권단체 활동 도움 여부 평가 : 북한인권 문제에 대한 과거청산 준비

[문18-1] 그렇다면, 북한인권단체가 수행하는 각 활동들이 북한인권 개선에 도움이 된다고 생각하십니까, 아니면 도움이 되지 않는다고 생각하십니까?

(단위 : %)

Base=전체	사례수 (명)	매우 도움이 된다	대체로 도움이 된다	①+②	별로 도움이 안된다	전혀 도움이 안된다	③+④	계
▣ 전체 ▣	**(1000)**	**9.2**	**40.0**	**49.2**	**38.1**	**12.7**	**50.8**	**100.0**
북한인권 개선	(1000)	9.2	40.0	49.2	38.1	12.7	50.8	100.0
개선되고 있다	(82)	12.2	45.1	57.3	29.3	13.4	42.7	100.0
변함없다	(621)	6.4	38.6	45.1	40.9	14.0	54.9	100.0
나빠지고 있다	(297)	14.1	41.4	55.6	34.7	9.8	44.4	100.0
북한인권 개선 가능성	(1000)	9.2	40.0	49.2	38.1	12.7	50.8	100.0
가능성이 있다	(205)	11.2	43.4	54.6	35.6	9.8	45.4	100.0
가능성이 없다	(795)	8.7	39.1	47.8	38.7	13.5	52.2	100.0
북한인권 관심도	(1000)	9.2	40.0	49.2	38.1	12.7	50.8	100.0
관심이 있다	(646)	13.0	47.2	60.2	32.8	7.0	39.8	100.0
관심이 없다	(354)	2.3	26.8	29.1	47.7	23.2	70.9	100.0
북한인권 심각성	(1000)	9.2	40.0	49.2	38.1	12.7	50.8	100.0
심각하다	(948)	9.6	40.7	50.3	38.0	11.7	49.7	100.0
심각하지 않다	(52)	1.9	26.9	28.8	40.4	30.8	71.2	100.0
북한인권 개입	(1000)	9.2	40.0	49.2	38.1	12.7	50.8	100.0
간섭해서는 안된다	(428)	5.4	27.8	33.2	44.4	22.4	66.8	100.0
개입해야 한다	(572)	12.1	49.1	61.2	33.4	5.4	38.8	100.0
인권단체 도움여부	(1000)	9.2	40.0	49.2	38.1	12.7	50.8	100.0
도움이 된다	(508)	15.9	54.9	70.9	26.4	2.8	29.1	100.0
도움이 안된다	(492)	2.2	24.6	26.8	50.2	23.0	73.2	100.0

[표 44] 문제 제기시 남북관계에 미칠 영향

[문19] 한국 정부가 북한 당국에 북한인권 문제점을 제기하는 것이 남북관계에 어떤 영향을 미칠 것이라고 생각하십니까?

(단위 : %)

Base=전체	사례수 (명)	북한인권 개선에 있어서 긍정적으로 영향을 미칠 것이다	남북관계가 악화되거나 긴장이 강화되는 등 부정적으로 영향을 미칠 것이다	아무 영향을 미치지 않을 것이다	계
▣ 전체 ▣	**(1000)**	**16.9**	**67.3**	**15.8**	**100.0**
성별	(1000)	16.9	67.3	15.8	100.0
남자	(495)	20.0	63.8	16.2	100.0
여자	(505)	13.9	70.7	15.4	100.0
연령	(1000)	16.9	67.3	15.8	100.0
19-29세	(133)	15.0	62.4	22.6	100.0
30-39세	(153)	19.6	59.5	20.9	100.0
40-49세	(175)	18.3	68.0	13.7	100.0
50-59세	(200)	15.0	71.0	14.0	100.0
60세이상	(339)	16.8	70.2	13.0	100.0
권역	(1000)	16.9	67.3	15.8	100.0
서울	(187)	18.2	69.0	12.8	100.0
인천/경기	(323)	17.6	62.2	20.1	100.0
대전/세종/충청	(107)	16.8	69.2	14.0	100.0
광주/전라	(96)	19.8	69.8	10.4	100.0
대구/경북	(96)	15.6	63.5	20.8	100.0
부산/울산/경남	(148)	11.5	77.7	10.8	100.0
강원/제주	(43)	20.9	60.5	18.6	100.0
학력	(1000)	16.9	67.3	15.8	100.0
고졸이하	(157)	13.4	63.1	23.6	100.0
대재이상	(843)	17.6	68.1	14.4	100.0
직업	(1000)	16.9	67.3	15.8	100.0
농/임/어업	(9)	22.2	44.4	33.3	100.0
자영업	(83)	20.5	65.1	14.5	100.0
판매/영업/서비스직	(61)	13.1	72.1	14.8	100.0
생산/기능/노무직	(77)	15.6	68.8	15.6	100.0
사무/관리/전문직	(540)	18.3	66.5	15.2	100.0
주부	(99)	16.2	65.7	18.2	100.0
학생	(37)	16.2	59.5	24.3	100.0
무직/퇴직/기타	(94)	9.6	76.6	13.8	100.0
가구소득	(1000)	16.9	67.3	15.8	100.0
200만원이하	(74)	16.2	59.5	24.3	100.0
201-300만원이하	(133)	13.5	68.4	18.0	100.0
301-400만원이하	(156)	17.3	67.3	15.4	100.0
401-500만원이하	(153)	16.3	71.9	11.8	100.0
501만원 이상	(484)	18.0	66.7	15.3	100.0
이념성향	(1000)	16.9	67.3	15.8	100.0
진보	(234)	18.8	68.8	12.4	100.0
중도	(425)	14.6	65.6	19.8	100.0
보수	(341)	18.5	68.3	13.2	100.0

[계 속]

[표 44] 문제 제기시 남북관계에 미칠 영향

[문19] 한국 정부가 북한 당국에 북한인권 문제점을 제기하는 것이 남북관계에 어떤 영향을 미칠 것이라고 생각하십니까?

(단위 : %)

Base=전체	사례수 (명)	북한인권 개선에 있어서 긍정적으로 영향을 미칠 것이다	남북관계가 악화되거나 긴장이 강화되는 등 부정적으로 영향을 미칠 것이다	아무 영향을 미치지 않을 것이다	계
▣ 전체 ▣	**(1000)**	**16.9**	**67.3**	**15.8**	**100.0**
북한인권 개선	(1000)	16.9	67.3	15.8	100.0
개선되고 있다	(82)	35.4	57.3	7.3	100.0
변함없다	(621)	12.4	69.6	18.0	100.0
나빠지고 있다	(297)	21.2	65.3	13.5	100.0
북한인권 개선 가능성	(1000)	16.9	67.3	15.8	100.0
가능성이 있다	(205)	23.9	66.3	9.8	100.0
가능성이 없다	(795)	15.1	67.5	17.4	100.0
북한인권 관심도	(1000)	16.9	67.3	15.8	100.0
관심이 있다	(646)	22.4	67.3	10.2	100.0
관심이 없다	(354)	6.8	67.2	26.0	100.0
북한인권 심각성	(1000)	16.9	67.3	15.8	100.0
심각하다	(948)	17.5	67.7	14.8	100.0
심각하지 않다	(52)	5.8	59.6	34.6	100.0
북한인권 개입	(1000)	16.9	67.3	15.8	100.0
간섭해서는 안된다	(428)	10.5	69.4	20.1	100.0
개입해야 한다	(572)	21.7	65.7	12.6	100.0
인권단체 도움여부	(1000)	16.9	67.3	15.8	100.0
도움이 된다	(508)	29.3	62.0	8.7	100.0
도움이 안된다	(492)	4.1	72.8	23.2	100.0

[표 45] 정부차원의 문제 제기 필요성 평가

[문20] 북한인권 개선을 위해서 한국 정부가 북한인권문제를 북한 당국에 공식적으로 제기해야 한다고 생각하십니까, 제기하면 안된다고 생각하십니까?

(단위 : %)

Base=전체		사례수 (명)	제기해야 한다	제기하면 안된다	계
▣ 전체 ▣		(1000)	51.7	48.3	100.0
성별		(1000)	51.7	48.3	100.0
	남자	(495)	58.6	41.4	100.0
	여자	(505)	45.0	55.0	100.0
연령		(1000)	51.7	48.3	100.0
	19-29세	(133)	49.6	50.4	100.0
	30-39세	(153)	47.7	52.3	100.0
	40-49세	(175)	46.3	53.7	100.0
	50-59세	(200)	51.0	49.0	100.0
	60세이상	(339)	57.5	42.5	100.0
권역		(1000)	51.7	48.3	100.0
	서울	(187)	51.3	48.7	100.0
	인천/경기	(323)	52.3	47.7	100.0
	대전/세종/충청	(107)	50.5	49.5	100.0
	광주/전라	(96)	47.9	52.1	100.0
	대구/경북	(96)	63.5	36.5	100.0
	부산/울산/경남	(148)	48.6	51.4	100.0
	강원/제주	(43)	44.2	55.8	100.0
학력		(1000)	51.7	48.3	100.0
	고졸이하	(157)	43.3	56.7	100.0
	대재이상	(843)	53.3	46.7	100.0
직업		(1000)	51.7	48.3	100.0
	농/임/어업	(9)	33.3	66.7	100.0
	자영업	(83)	68.7	31.3	100.0
	판매/영업/서비스직	(61)	54.1	45.9	100.0
	생산/기능/노무직	(77)	51.9	48.1	100.0
	사무/관리/전문직	(540)	49.6	50.4	100.0
	주부	(99)	47.5	52.5	100.0
	학생	(37)	64.9	35.1	100.0
	무직/퇴직/기타	(94)	47.9	52.1	100.0
가구소득		(1000)	51.7	48.3	100.0
	200만원이하	(74)	48.6	51.4	100.0
	201-300만원이하	(133)	41.4	58.6	100.0
	301-400만원이하	(156)	53.8	46.2	100.0
	401-500만원이하	(153)	52.3	47.7	100.0
	501만원 이상	(484)	54.1	45.9	100.0
이념성향		(1000)	51.7	48.3	100.0
	진보	(234)	46.6	53.4	100.0
	중도	(425)	43.3	56.7	100.0
	보수	(341)	65.7	34.3	100.0

[계 속]

[표 45] 정부차원의 문제 제기 필요성 평가

[문20] 북한인권 개선을 위해서 한국 정부가 북한인권문제를 북한 당국에 공식적으로 제기해야 한다고 생각하십니까, 제기하면 안된다고 생각하십니까?

(단위 : %)

Base=전체	사례수 (명)	제기해야 한다	제기하면 안된다	계
▣ 전체 ▣	**(1000)**	**51.7**	**48.3**	**100.0**
북한인권 개선	(1000)	51.7	48.3	100.0
개선되고 있다	(82)	48.8	51.2	100.0
변함없다	(621)	45.4	54.6	100.0
나빠지고 있다	(297)	65.7	34.3	100.0
북한인권 개선 가능성	(1000)	51.7	48.3	100.0
가능성이 있다	(205)	51.7	48.3	100.0
가능성이 없다	(795)	51.7	48.3	100.0
북한인권 관심도	(1000)	51.7	48.3	100.0
관심이 있다	(646)	61.1	38.9	100.0
관심이 없다	(354)	34.5	65.5	100.0
북한인권 심각성	(1000)	51.7	48.3	100.0
심각하다	(948)	53.1	46.9	100.0
심각하지 않다	(52)	26.9	73.1	100.0
북한인권 개입	(1000)	51.7	48.3	100.0
간섭해서는 안된다	(428)	30.4	69.6	100.0
개입해야 한다	(572)	67.7	32.3	100.0
인권단체 도움여부	(1000)	51.7	48.3	100.0
도움이 된다	(508)	67.7	32.3	100.0
도움이 안된다	(492)	35.2	64.8	100.0

[표 46] 북한인권 개선 노력 주체

[문21] 북한인권 개선을 위해서 다음 중 누가 가장 노력해야 한다고 생각하십니까?

(단위 : %)

Base=전체		사례수 (명)	우리 정부	북한 정부	국내 북한인권 단체	국제인권 단체	미국 등 각국 정부	유엔	계
▣ 전체 ▣		**(1000)**	**11.8**	**36.5**	**4.6**	**21.2**	**10.1**	**15.8**	**100.0**
성별		(1000)	11.8	36.5	4.6	21.2	10.1	15.8	100.0
	남자	(495)	16.0	34.1	4.4	18.0	12.5	14.9	100.0
	여자	(505)	7.7	38.8	4.8	24.4	7.7	16.6	100.0
연령		(1000)	11.8	36.5	4.6	21.2	10.1	15.8	100.0
	19-29세	(133)	12.8	36.1	9.8	9.8	18.0	13.5	100.0
	30-39세	(153)	8.5	37.9	5.9	13.7	13.7	20.3	100.0
	40-49세	(175)	11.4	40.6	2.9	17.1	12.0	16.0	100.0
	50-59세	(200)	10.0	39.0	3.0	23.0	8.5	16.5	100.0
	60세이상	(339)	14.2	32.4	3.8	30.1	5.3	14.2	100.0
권역		(1000)	11.8	36.5	4.6	21.2	10.1	15.8	100.0
	서울	(187)	12.8	32.1	3.2	20.9	12.8	18.2	100.0
	인천/경기	(323)	13.6	34.1	5.6	20.1	9.3	17.3	100.0
	대전/세종/충청	(107)	9.3	36.4	5.6	27.1	6.5	15.0	100.0
	광주/전라	(96)	5.2	33.3	7.3	21.9	11.5	20.8	100.0
	대구/경북	(96)	15.6	42.7	5.2	15.6	7.3	13.5	100.0
	부산/울산/경남	(148)	10.8	42.6	2.7	24.3	10.8	8.8	100.0
	강원/제주	(43)	9.3	46.5	0.0	16.3	14.0	14.0	100.0
학력		(1000)	11.8	36.5	4.6	21.2	10.1	15.8	100.0
	고졸이하	(157)	8.3	37.6	5.7	21.7	8.9	17.8	100.0
	대재이상	(843)	12.5	36.3	4.4	21.1	10.3	15.4	100.0
직업		(1000)	11.8	36.5	4.6	21.2	10.1	15.8	100.0
	농/임/어업	(9)	0.0	66.7	0.0	22.2	0.0	11.1	100.0
	자영업	(83)	14.5	31.3	1.2	25.3	12.0	15.7	100.0
	판매/영업/서비스직	(61)	11.5	39.3	8.2	16.4	16.4	8.2	100.0
	생산/기능/노무직	(77)	10.4	26.0	9.1	23.4	14.3	16.9	100.0
	사무/관리/전문직	(540)	11.1	39.4	4.4	18.5	8.7	17.8	100.0
	주부	(99)	11.1	35.4	2.0	33.3	8.1	10.1	100.0
	학생	(37)	16.2	21.6	10.8	16.2	21.6	13.5	100.0
	무직/퇴직/기타	(94)	14.9	35.1	3.2	23.4	7.4	16.0	100.0
가구소득		(1000)	11.8	36.5	4.6	21.2	10.1	15.8	100.0
	200만원이하	(74)	9.5	27.0	4.1	20.3	13.5	25.7	100.0
	201-300만원이하	(133)	7.5	48.1	4.5	16.5	9.0	14.3	100.0
	301-400만원이하	(156)	10.9	34.6	4.5	23.1	12.8	14.1	100.0
	401-500만원이하	(153)	15.0	33.3	5.9	20.3	9.8	15.7	100.0
	501만원 이상	(484)	12.6	36.4	4.3	22.3	9.1	15.3	100.0
이념성향		(1000)	11.8	36.5	4.6	21.2	10.1	15.8	100.0
	진보	(234)	8.1	37.2	4.7	22.2	7.7	20.1	100.0
	중도	(425)	8.9	39.1	4.7	20.0	12.5	14.8	100.0
	보수	(341)	17.9	32.8	4.4	22.0	8.8	14.1	100.0

[계 속]

[표 46] 북한인권 개선 노력 주체

[문21] 북한인권 개선을 위해서 다음 중 누가 가장 노력해야 한다고 생각하십니까?

(단위 : %)

Base=전체	사례수 (명)	우리 정부	북한 정부	국내 북한인권 단체	국제인권 단체	미국 등 각국 정부	유엔	계
▣ 전체 ▣	**(1000)**	**11.8**	**36.5**	**4.6**	**21.2**	**10.1**	**15.8**	**100.0**
북한인권 개선	(1000)	11.8	36.5	4.6	21.2	10.1	15.8	100.0
개선되고 있다	(82)	8.5	32.9	9.8	29.3	9.8	9.8	100.0
변함없다	(621)	9.8	36.9	4.7	22.1	10.3	16.3	100.0
나빠지고 있다	(297)	16.8	36.7	3.0	17.2	9.8	16.5	100.0
북한인권 개선 가능성	(1000)	11.8	36.5	4.6	21.2	10.1	15.8	100.0
가능성이 있다	(205)	8.8	33.7	7.8	21.0	13.2	15.6	100.0
가능성이 없다	(795)	12.6	37.2	3.8	21.3	9.3	15.8	100.0
북한인권 관심도	(1000)	11.8	36.5	4.6	21.2	10.1	15.8	100.0
관심이 있다	(646)	14.6	31.7	5.1	21.7	11.3	15.6	100.0
관심이 없다	(354)	6.8	45.2	3.7	20.3	7.9	16.1	100.0
북한인권 심각성	(1000)	11.8	36.5	4.6	21.2	10.1	15.8	100.0
심각하다	(948)	11.9	36.9	4.3	21.2	10.0	15.6	100.0
심각하지 않다	(52)	9.6	28.8	9.6	21.2	11.5	19.2	100.0
북한인권 개입	(1000)	11.8	36.5	4.6	21.2	10.1	15.8	100.0
간섭해서는 안된다	(428)	5.8	46.7	3.3	18.0	11.9	14.3	100.0
개입해야 한다	(572)	16.3	28.8	5.6	23.6	8.7	17.0	100.0
인권단체 도움여부	(1000)	11.8	36.5	4.6	21.2	10.1	15.8	100.0
도움이 된다	(508)	17.5	31.1	6.3	21.1	9.6	14.4	100.0
도움이 안된다	(492)	5.9	42.1	2.8	21.3	10.6	17.3	100.0

[표 47] 북한 주민의 인권 침해자에 대한 처벌 필요성

[문22] 북한 주민의 인권을 침해한 가해자에 대한 처벌이 필요하다고 생각하십니까, 필요하지 않다고 생각하십니까?

(단위 : %)

Base=전체		사례수 (명)	강력하게 처벌해야 한다	침해유형이나 피해정도를 따져 어느 정도 처벌이 필요하다	사회통합을 위해 용서해야 한다	계
▣ 전체 ▣		**(1000)**	**33.8**	**61.9**	**4.3**	**100.0**
성별		(1000)	33.8	61.9	4.3	100.0
	남자	(495)	38.4	57.2	4.4	100.0
	여자	(505)	29.3	66.5	4.2	100.0
연령		(1000)	33.8	61.9	4.3	100.0
	19-29세	(133)	30.8	63.9	5.3	100.0
	30-39세	(153)	33.3	59.5	7.2	100.0
	40-49세	(175)	28.6	65.7	5.7	100.0
	50-59세	(200)	27.5	68.0	4.5	100.0
	60세이상	(339)	41.6	56.6	1.8	100.0
권역		(1000)	33.8	61.9	4.3	100.0
	서울	(187)	32.1	62.6	5.3	100.0
	인천/경기	(323)	31.3	63.8	5.0	100.0
	대전/세종/충청	(107)	35.5	62.6	1.9	100.0
	광주/전라	(96)	28.1	67.7	4.2	100.0
	대구/경북	(96)	41.7	56.3	2.1	100.0
	부산/울산/경남	(148)	33.1	61.5	5.4	100.0
	강원/제주	(43)	53.5	44.2	2.3	100.0
학력		(1000)	33.8	61.9	4.3	100.0
	고졸이하	(157)	38.9	55.4	5.7	100.0
	대재이상	(843)	32.9	63.1	4.0	100.0
직업		(1000)	33.8	61.9	4.3	100.0
	농/임/어업	(9)	55.6	44.4	0.0	100.0
	자영업	(83)	43.4	53.0	3.6	100.0
	판매/영업/서비스직	(61)	42.6	54.1	3.3	100.0
	생산/기능/노무직	(77)	33.8	53.2	13.0	100.0
	사무/관리/전문직	(540)	30.2	65.7	4.1	100.0
	주부	(99)	33.3	64.6	2.0	100.0
	학생	(37)	35.1	62.2	2.7	100.0
	무직/퇴직/기타	(94)	38.3	58.5	3.2	100.0
가구소득		(1000)	33.8	61.9	4.3	100.0
	200만원이하	(74)	39.2	55.4	5.4	100.0
	201-300만원이하	(133)	33.8	59.4	6.8	100.0
	301-400만원이하	(156)	31.4	64.1	4.5	100.0
	401-500만원이하	(153)	28.8	67.3	3.9	100.0
	501만원 이상	(484)	35.3	61.2	3.5	100.0
이념성향		(1000)	33.8	61.9	4.3	100.0
	진보	(234)	26.5	70.5	3.0	100.0
	중도	(425)	32.5	63.3	4.2	100.0
	보수	(341)	40.5	54.3	5.3	100.0

[계 속]

[표 47] 북한 주민의 인권 침해자에 대한 처벌 필요성

[문22] 북한 주민의 인권을 침해한 가해자에 대한 처벌이 필요하다고 생각하십니까, 필요하지 않다고 생각하십니까?

(단위 : %)

Base=전체		사례수 (명)	강력하게 처벌해야 한다	침해유형이나 피해정도를 따져 어느 정도 처벌이 필요하다	사회통합을 위해 용서해야 한다	계
▣ 전체 ▣		**(1000)**	**33.8**	**61.9**	**4.3**	**100.0**
북한인권 개선		(1000)	33.8	61.9	4.3	100.0
	개선되고 있다	(82)	25.6	69.5	4.9	100.0
	변함없다	(621)	28.0	67.6	4.3	100.0
	나빠지고 있다	(297)	48.1	47.8	4.0	100.0
북한인권 개선 가능성		(1000)	33.8	61.9	4.3	100.0
	가능성이 있다	(205)	22.9	71.7	5.4	100.0
	가능성이 없다	(795)	36.6	59.4	4.0	100.0
북한인권 관심도		(1000)	33.8	61.9	4.3	100.0
	관심이 있다	(646)	38.4	57.6	4.0	100.0
	관심이 없다	(354)	25.4	69.8	4.8	100.0
북한인권 심각성		(1000)	33.8	61.9	4.3	100.0
	심각하다	(948)	35.1	61.5	3.4	100.0
	심각하지 않다	(52)	9.6	69.2	21.2	100.0
북한인권 개입		(1000)	33.8	61.9	4.3	100.0
	간섭해서는 안된다	(428)	27.8	67.5	4.7	100.0
	개입해야 한다	(572)	38.3	57.7	4.0	100.0
인권단체 도움여부		(1000)	33.8	61.9	4.3	100.0
	도움이 된다	(508)	38.6	57.9	3.5	100.0
	도움이 안된다	(492)	28.9	66.1	5.1	100.0

북한인권정보센터

출판도서 목록 및 소개

(사)북한인권정보센터 출판도서 목록

도서명		저자	출판연도	가격
연례도서				
북한인권통계백서(국문)				
	2007 북한인권통계백서	윤여상 외	2007	20,000원
	2008 북한인권백서	북한인권기록보존소 윤여상 외	2008	20,000원
	2009 북한인권백서	북한인권기록보존소 윤여상 외	2009	20,000원
	2010 북한인권백서	북한인권기록보존소 윤여상 외	2010	20,000원
	2011 북한인권백서	북한인권기록보존소 윤여상 외	2011	30,000원
	2012 북한인권백서	북한인권기록보존소 윤여상 외	2012	30,000원

	2013 북한인권백서	북한인권기록보존소 윤여상 외	2013	30,000원
	2014 북한인권백서	북한인권기록보존소 윤여상 외	2014	30,000원
	2015 북한인권백서	북한인권기록보존소 윤여상 외	2015	30,000원
	2016 북한인권백서	북한인권기록보존소 안현민 외	2016	30,000원
	2017 북한인권백서	북한인권기록보존소 최선영 외	2017	30,000원
	2018 북한인권백서	북한인권기록보존소 임순희 외	2018	30,000원
	2019 북한인권백서	북한인권기록보존소 임순희 외	2019	30,000원

<table>
<tr><td></td><td>2020 북한인권백서</td><td>북한인권기록보존소
안현민 외</td><td>2020</td><td>30,000원</td></tr>
<tr><td></td><td>2024 북한인권백서</td><td>북한인권기록보존소
윤여상 외</td><td>2024</td><td>30,000원</td></tr>
<tr><td></td><td>2025 북한인권백서
(온라인판)</td><td>북한인권기록보존소
윤여상 외</td><td>2025</td><td>비매품</td></tr>
<tr><td colspan="5">북한인권통계백서(영문)</td></tr>
<tr><td>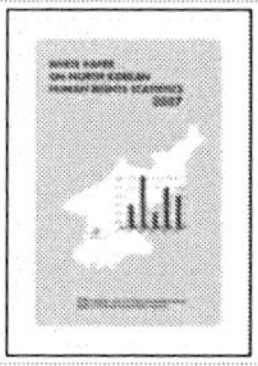</td><td>White Paper on North Korean Human Rights Statistics 2007</td><td>북한인권기록보존소
윤여상 외</td><td>2008</td><td>20,000원</td></tr>
<tr><td>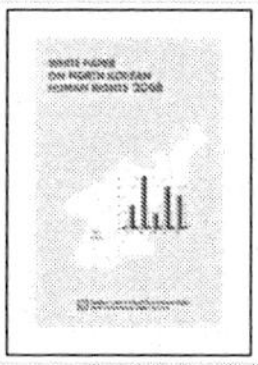</td><td>White Paper on North Korean Human Rights 2008</td><td>북한인권기록보존소
윤여상 외</td><td>2008</td><td>20,000원</td></tr>
<tr><td>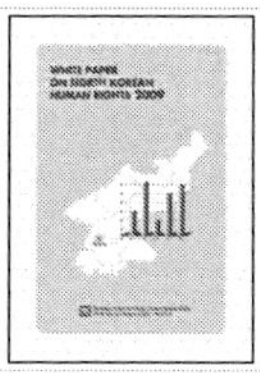</td><td>White Paper on North Korean Human Rights 2009</td><td>북한인권기록보존소
윤여상 외</td><td>2009</td><td>20,000원</td></tr>
</table>

	White Paper on North Korean Human Rights 2010	북한인권기록보존소 윤여상 외	2010	20,000원
	White Paper on North Korean Human Rights 2011	북한인권기록보존소 윤여상 외	2011	30,000원
	White Paper on North Korean Human Rights 2012	북한인권기록보존소 윤여상 외	2012	30,000원
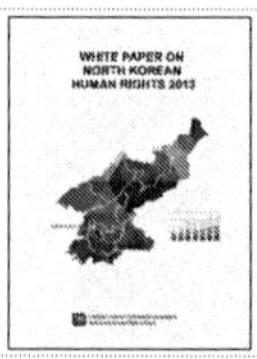	White Paper on North Korean Human Rights 2013	북한인권기록보존소 윤여상 외	2013	30,000원
	White Paper on North Korean Human Rights 2014	북한인권기록보존소 윤여상 외	2014	30,000원
	White Paper on North Korean Human Rights 2015	북한인권기록보존소 윤여상 외	2015	30,000원
	White Paper on North Korean Human Rights 2016	북한인권기록보존소 윤여상 외	2016	30,000원

	White Paper on North Korean Human Rights 2017	북한인권기록보존소 최선영 외	2018	30,000원
	White Paper on North Korean Human Rights 2018	북한인권기록보존소 임순희 외	2019	30,000원
	White Paper on North Korean Human Rights 2019	북한인권기록보존소 임순희 외	2019	30,000원
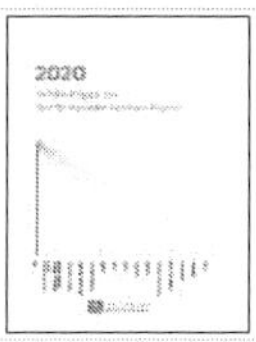	White Paper on North Korean Human Rights 2020	북한인권기록보존소 임순희 외	2019	30,000원
북한종교자유백서(국문)				
	2008 북한종교자유백서	윤여상, 한선영	2008	10,000원
	2009 북한종교자유백서	윤여상, 한선영	2009	10,000원
	2010 북한종교자유백서	윤여상, 한선영	2010	10,000원

	2011 북한종교자유백서	윤여상, 한선영, 윤중근	2012	10,000원
	2012 북한종교자유백서	윤여상, 한선영, 장은실	2013	20,000원
	2013 북한종교자유백서	윤여상, 정재호, 안현민	2013	20,000원
	2014 북한종교자유백서	윤여상, 정재호, 안현민	2014	20,000원
	2015 북한종교자유백서	윤여상, 정재호, 안현민	2015	20,000원
	2016 북한종교자유백서	정재호, 안현민, 윤여상	2016	20,000원
	2017 북한종교자유백서	안현민, 윤여상, 정재호	2017	20,000원

	2018 북한종교자유백서	안현민, 윤여상, 정재호	2018	20,000원
	2019 북한종교자유백서	안현민, 윤여상, 정재호	2019	20,000원
	2020 북한종교자유백서	안현민, 윤여상, 정재호	2020	20,000원
	2024 북한종교자유백서	양수영, 김유니크	2024	20,000원
	2025 북한종교자유백서	임순희	2025	20,000원
북한종교자유백서(영문)				
	White Paper on Religious Freedom in North Korea 2009	윤여상, 한선영, 장은실	2009	10,000원
	White Paper on Religious Freedom in North Korea 2012	윤여상, 한선영 장은실, 최선영	2013	10,000원

	White Paper on Religious Freedom in North Korea 2013	윤여상, 정재호, 안현민	2013	20,000원
	White Paper on Religious Freedom in North Korea 2014	윤여상, 정재호, 안현민	2014	20,000원
	White Paper on Religious Freedom in North Korea 2015	윤여상, 정재호, 안현민	2015	20,000원
	White Paper on Religious Freedom in North Korea 2016	정재호, 안현민, 윤여상	2016	20,000원
	White Paper on Religious Freedom in North Korea 2017	안현민, 윤여상, 정재호	2018	20,000원
	White Paper on Religious Freedom in North Korea 2018	안현민, 윤여상, 정재호	2019	20,000원
북한이탈주민 경제활동 동향(국문)				

	2006 북한이탈주민 경제활동 동향 - 취업,실업,소득	엄홍석, 윤여상, 허선행	2007	5,000원
	2007 북한이탈주민 경제활동 동향 - 취업,실업,소득	윤여상, 허선행	2008	5,000원
	2008 북한이탈주민 경제활동 동향 - 취업,실업,소득	북한인권정보센터	2009	5,000원
	2009 북한이탈주민 경제활동 동향 - 취업,실업,소득	허선행, 임순희	2010	5,000원
	2010 북한이탈주민 경제활동 동향 - 취업,실업,소득	서윤환, 이용화	2011	10,000원
	2011 북한이탈주민 경제활동 동향 - 취업,실업,소득	서윤환, 이용화	2012	10,000원
	2012 북한이탈주민 경제활동 동향 - 취업,실업,소득	서윤환, 신효선	2013	10,000원

	2013 북한이탈주민 경제활동 동향 - 취업,실업,소득	서윤환, 신효선, 박성철	2014	12,000원
	2014 북한이탈주민 경제활동 동향 - 취업,실업,소득	임순희, 안현민	2015	12,000원
	2015 북한이탈주민 경제사회통합 실태	윤여상, 임순희	2016	17,000원
	2016 북한이탈주민 경제사회통합 실태	임순희, 윤인진, 양진아	2017	17,000원
	2017 북한이탈주민 경제사회통합 실태	임순희, 윤인진, 김슬기	2018	17,000원
	2018 북한이탈주민 경제사회통합 실태	임순희, 김석창	2019	17,000원
	2019 북한이탈주민 경제사회통합 실태	안현민, 김성남	2019	17,000원

	2020 북한이탈주민 경제사회통합 실태	김성남, 김소원	2020	17,000원
	2021 북한이탈주민 경제사회통합 실태	임순희, 김가영, 성민주	2021	17,000원
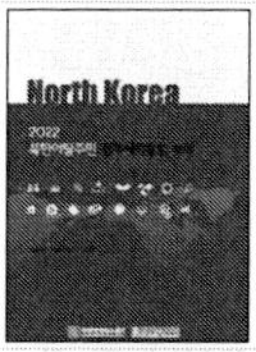	2022 북한이탈주민 경제사회통합 실태	임순희, 성민주, 이경현	2022	17,000원
	2023 북한이탈주민 경제사회통합 실태	임순희, 성민주, 이승엽	2023	17,000원
	북한이탈주민 경제활동 동향(영문)			
	2009/2010 Trends in Economic Activities of North Korean Defectors	허선행, 임순희 서윤환, 이용화	2011	15,000원
	2018 Social and Economic Integration of North Korean Defectors in South Korea	임순희, 김석창	2019	17,000원
	북한인권에 대한 국민 인식 조사(국문)			

	2014 북한인권에 대한 국민 인식 조사	윤여상, 임순희	2014	15,000원
	2015 북한인권에 대한 국민 인식 조사	윤여상, 임순희	2015	15,000원
	2016 북한인권에 대한 국민 인식 조사	윤여상, 임순희	2016	15,000원
	2017 북한인권에 대한 국민 인식 조사	임순희	2018	10,000원
	2018 북한인권에 대한 국민 인식 조사	윤여상, 임순희	2019	10,000원
	2019 북한인권에 대한 국민 인식 조사	윤여상, 임순희	2019	10,000원
	2020 북한인권에 대한 국민 인식 조사	윤여상, 임순희	2020	10,000원

	2021 북한인권에 대한 국민 인식 조사	윤여상, 임순희, 지성호	2021	비매품/무료
	2022 북한인권에 대한 국민 인식 조사	윤여상, 임순희, 윤기웅	2022	20,000원
	2023 북한인권에 대한 국민 인식 조사	윤여상, 서보배	2023	20,000원
	2024 북한인권에 대한 국민 인식 조사	임순희. 이승엽	2024	20,000원
		단행본		
	Are They Telling Us the Truth?	Hiroshi Kato, 김상헌, 윤여상, Tim Peters	2003	¥2,500
	북한 정치범수용소 완전통제구역 세상 밖으로 나오다	신동혁	2007	13,000원

	서독 잘쯔기터 인권침해 중앙기록보존소	Heiner Sauer, Hans-Otto Plumeyer(이건호 譯)	2008	12,000원
	북한 인권 문헌 분석	윤여상 외	2008	20,000원
	국군포로 문제의 종합적 이해	오경섭, 윤여상, 허선행	2008	15,000원
	북한의 반인도적 범죄에 대한 국제사회의 긴급대응	세계기독연대(북한인권정 보센터 譯)	2011	15,000원
	북한 정치범수용소의 운영체계와 인권실태	윤여상, 이자은, 한선영	2011	30,000원
	북한 구금시설 운영체계와 인권실태	윤여상, 구현자, 김인성, 이지현	2011	25,000원
	Political Prison Camps in North Korea Today	윤여상, 이자은, 한선영	2011	20$

	Prisoners in North Korea Today	윤여상, 구현자, 김인성, 이지현	2011	20$
	북한인권사건리포트: VICTIMS' VOICES 제1권	북한인권기록보존소	2013	비매품
	北韓人権事件レポート: VICTIMS' VOICES 第1巻	북한인권정보센터	2013	비매품
	North Korean Human Rights Case Report: VICTIMS' VOICES Volume I	북한인권정보센터	2013	비매품
	북한인권사건리포트: VICTIMS' VOICES 제2권	북한인권정보센터	2013	비매품
	北韓人権事件レポート: VICTIMS' VOICES 第2巻	북한인권정보센터	2013	비매품

	North Korean Human Rights Case Report: VICTIMS' VOICES Volume II	북한인권정보센터	2013	비매품
	중국의 탈북자 강제송환과 인권실태	윤여상, 박성철, 임순희	2013	20,000원
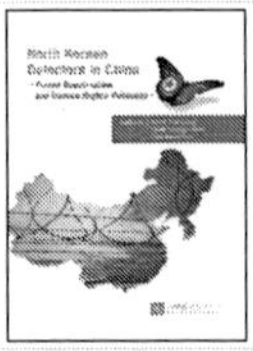	North Korean Defectors in China - Forced Repatriation and Human Rights Violations -	윤여상, 박성철, 임순희	2014	20$
	Nordkoreanischer Menschenrechtsfallbericht VICTIMS' VOICES	북한인권정보센터	2014	20$
	Cahiers d'observations des droits de l'Homme en Corée du Nord VICTIMS' VOICES	북한인권정보센터	2014	20$
	북한 해외 노동자 현황과 인권실태	윤여상, 이승주	2015	17,000원
	Human rights and North Korea's Overseas Laborers: Dilemmas and Policy Challenges	윤여상, 이승주	2015	17,000원

	북한 구금시설 총서I: 북한 구금시설 현황과 개선방안	북한인권정보센터	2016	10,000원
	북한 구금시설 총서I: 개천 1호 교화소	이승주	2016	10,000원
	북한 구금시설 총서I: 강동 4호 교화소	유혜정	2016	7,000원
	북한 구금시설 총서I: 함흥 9호 교화소	안현민	2016	10,000원
	북한 구금시설 총서I: 증산 11호 교화소	임순희	2016	10,000원
	북한 구금시설 총서I: 전거리 12호 교화소	김인성	2016	10,000원

	북한 구금시설 총서I: 오로 22호 교화소	서윤환	2016	7,000원
	2014 유엔 북한인권조사위원회(COI) 보고서 발간 이후 북한 인권 평가보고서 : 북한인권정보센터의 DB 분석을 중심으로	북한인권정보센터	2016	비매품
	An Evaluation Report of the North Korean Human Rights Situation after the 2014 UN Commission on Inquiry Report-Based on an Analysis of NKDB's Database	북한인권정보센터	2016	비매품
	북한 밖의 북한	윤여상, 이승주	2016	20,000원
	북한 정치범수용소 근무자, 수감자 및 실종자 인명사전	북한인권정보센터	2016	비매품
	North Korean Political Prison Camps A Catalogue of Political Prison Camp Staff, Detainees, and Victims of Enforced Disappearance	북한인권정보센터	2016	비매품
	北朝鮮政治犯収容所 勤務者､収監者および失踪者　人名事典	북한인권정보센터	2016	비매품

	Campos de Concentración para Prisioneros Políticos Norcoreanos	북한인권정보센터	2016	비매품
	러시아 지역 북한 노동자의 근로와 인권 실태	박찬홍	2016	20,000
	North Korean Overseas Laborers in Russia	박찬홍	2016	20,000
	The North Korea outside the North Korean State	Yoon Yeo-sang, Lee Seung Ju	2017	$20
	유엔인권이사회 제1차 보편적 정례검토와 북한	최선영, 양진아, 이나경, 송한나	2017	20,000
	The UN Universal Periodic Review and the DPRK	최선영, 양진아, 이나경, 송한나	2017	$20
	군복 입은 수감자 북한군 인권 실태 보고서	김인성, 안현민, 송한나	2018	15,000

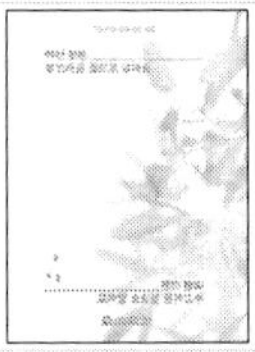	북한 여성 생리 관련 실태 - 이런 것은 부끄러운 것으로 알아요	안현민, 심진아	2018	비매품
	The State of Menstrual Health of North Korean Women - "Periods are a shameful thing in North Korea"	안현민, 심진아	2018	비매품
	두 번째 기회: 제2차 보편적 정례검토 권고사항의 수용 및 실행에 대한 모니터링	송한나	2019	20,000
	UN 지속가능발전목표(SDGs)와 인권의 결합 - SDG 목표3: 건강권을 중심으로	임순희	2019	비매품
	UN Sustainable Development Goals and Human Rights - SDG 3: The Right to Health in North Korea	임순희	2019	비매품
	스토리북: 나의 세 번째 집	김동주	2019	비매품
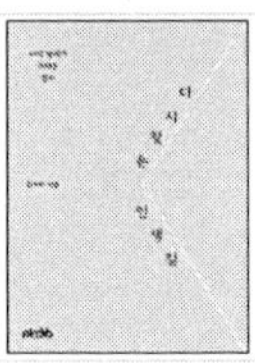	스토리북: 다시 찾은 인생길	김주희	2019	비매품

	스토리북: 푸르른 삼각산아	박용석	2019	비매품
	2020 초기 정착 생활 길라잡이	정착지원본부	2020	비매품
	북한 ‘사회주의 대가정’의 노동 정책과 ‘세포 가정’의 균열: 성역할의 탈가부장적 재구성의 강제와 부부갈등	최선영	2020	비매품
	스토리북: 내 마음의 보물섬	한나라	2020	비매품
	스토리북: 까만 가로등	정진	2020	비매품
	북한의 SDGs와 인권 연계 프로젝트	북한인권정보센터	2021	비매품
	THe Human Rights Guide to DPRK's SDGs	북한인권정보센터	2021	비매품

	Democratic People's Republic of Korea 2021 Progress Report on the Implementation of the Sustainable Development Goals	Chad Miller Hanna Song	2021	비매품
	Prisoners In Military Uniform: Human Rights In The North Korean Military	김인성, 안현민, 송한나, 이승주	2022	20,000원 $20
	The North Korean Conundrum: Balancing Human Rights and Nuclear Security 북한의 난제: 인권과 핵안보의 균형	로버트 킹, 신기욱 편집 북한인권정보센터 옮김	2022	30,000원
	파놉티콘 사회 속 감시자들: 북한 비사회주의 그루빠 인권침해 실태 및 가해 메커니즘을 중심으로	서보배, 성민주, 양수영	2023	비매품
	North Korea's 'Non-Socialist Group': Inspections, Crackdowns and Human Rights Violations in a Panoptic Society	Bobae Su, Minju Sung, Suyoung Yang	2023	비매품
	닫힌 문 너머: 보위부와 안전부의 명령체계 중심으로	양수영, 성민주, 송한나	2023	15,000원
	Behind Closed Doors: Mapping the System of Command in the Ministry of State Security & Social Security	Suyoung Yang, Minju Sung, Hanna Song	2023	$12

	스토리북: 마지막 항해	이재근	2023	비매품
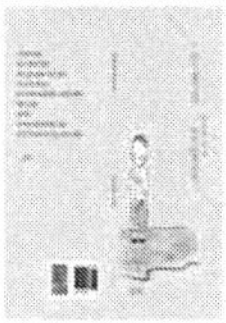	스토리북: 인생의 갈림길	유상혁	2023	비매품
	스토리북: 삶의 굴곡 한가운데	박순실	2023	비매품
	도록: 낯선 말_표현의 그림자	북한인권정보센터 북한인권박물관건립추진위원회	2024	비매품
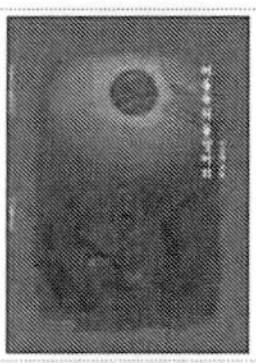	스토리북: 어둠 속의 불덩어리	이상철	2024	비매품
	스토리북: 압록강 저 너머	이동일	2024	비매품
	스토리북: 잊혀진 70년, 우리는 그곳에 있었다	유영복	2024	비매품

	스토리북: 감나무밭, 작은 집	남상식	2024	비매품
	스토리북: 두승산 밑 골짜기	한만석	2024	비매품
	세 번째 기회: 북한 제3차 보편적 정례검토 실행에 대하여	송한나, 옥주연, 윤여상	2024	20,000원
	Third Time's a Charm? North Korea's Implementations of its Recommendations during its Third Universal Periodic Review	Hanna Song, Juyeon Ok, Yeosang Yoon	2024	$20
	스토리북 : 고향으로 향하는 발자국	노만식	2024	비매품
	스토리북 : 흙먼지 길을 지나 별빛 아래로	최상철	2024	비매품

	스토리북 : 남북의 끝마을	박명일	2024	비매품
	러시아 내 북한 노동자에 대한 초국가적 억압과 착취	김유니크	2025	20,000원
	Transnational Repression and Exploitation of North Korean Workers in Russia	Unique KIM	2025	20,000원
	중국의 불법 체류 외국인 정책과 디지털 감시 체계 - 재중 탈북민 식별·등록·통제 메커니즘	신동휘, 윤여상, 이지안, 임순희	2025	비매품
	Caught in the Net - China's Digital Surveillance of North Korean Refugees	Donghwi SHIN, Jian LEE, Soonhee LIM, Yeosang YOON	2025	Not for Sale

About NKDB

북한인권정보센터(이하 NKDB)는 2003년 설립되어 북한인권 침해를 기록한 Database(사건·인물 기록 146,136건, 2025 북한인권백서 기준)를 관리운영하고 있습니다.

이는 세계에서 가장 많은 북한인권 침해 사실이 기록된 DB로서, NKDB는 이를 바탕으로 북한인권 피해자들의 목소리를 국제사회에 지속적으로 알리고 있는 ECOSOC 특별협의지위 NGO입니다.

NKDB는 인권 피해자에 대한 조사와 기록을 시작으로 과거와 현재를 잊지 않고 기억하는 것, 진실을 규명하는 노력을 지속하는 것, 피해자를 구제하고 명예 회복을 돕는 것이 북한인권 개선을 위해 종합적으로 중요한 과제임을 느끼며, 시민사회 NGO로써 아래와 같은 포괄적인 활동들을 전개하고 있습니다.

주요 활동

- 북한인권 조사 연구
- 북한인권 침해 기록 및 보존
- 북한인권 문제의 국제적 인식 제고 활동, 국제기구 및 국제NGO 협력
- 북한인권 문제의 기억화를 위한 활동(북한인권박물관 추진, 팝업 전시 등)
- 북한인권 피해자 심리상담, 정착 지원
- 고문 및 장기 구금 피해자(PTSD) 지원
- 북한인권 문제에 대한 시민사회 인식 제고 활동(교육 등)
- 피해자 구제 활동(법적·비법적)

북한인권정보센터
DATABASE CENTER FOR NORTH KOREAN HUMAN RIGHTS

NKDB의 이러한 활동들은 북한 주민들이 자유와 존엄을 회복하는 그날까지 계속될 것입니다.

여러분의 지속적인 관심과 지원은 북한 주민들에게 큰 희망이 될 수 있습니다.

북한인권 개선을 위한 NKDB의 사명을 함께 이루어나가고자 하는 분들의 후원을 부탁드립니다.

북한인권정보센터의 활동 및 후원과 관련한 자세한 내용은 우측 아래 QR코드 또는 **www.nkdb.org** 에 접속해 확인해 주시기 바랍니다.

일시후원

신한은행 140-010-048898 (사) 북한인권정보센터 후원회